华东政法大学
教材建设和管理委员会

主　　任：郭为禄　叶　青
副 主 任：张明军　陈晶莹
部门委员：虞潇浩　赵庆寺　王月明
　　　　　洪冬英　屈文生
专家委员：王　迁　孙万怀　杜素娟
　　　　　余素青　任　勇　钱玉林

突发公共事件
应急知识与技能

汪伟全 主编

北京大学出版社
PEKING UNIVERSITY PRESS

图书在版编目(CIP)数据

突发公共事件应急知识与技能/汪伟全主编. —北京:北京大学出版社,2021.2
ISBN 978-7-301-32031-0

Ⅰ. ①突… Ⅱ. ①汪… Ⅲ. ①突发事件—公共管理—高等学校—教材 Ⅳ. ①D035

中国版本图书馆 CIP 数据核字(2021)第 036244 号

书　　　　名	突发公共事件应急知识与技能 TUFA GONGGONG SHIJIAN YINGJI ZHISHI YU JINENG
著作责任者	汪伟全　主　编
责 任 编 辑	孙维玲
标 准 书 号	ISBN 978-7-301-32031-0
出 版 发 行	北京大学出版社
地　　　　址	北京市海淀区成府路 205 号　100871
网　　　　址	http://www.pup.cn　新浪微博:@北京大学出版社
电 子 信 箱	sdyy_2005@126.com
电　　　　话	邮购部 010-62752015　发行部 010-62750672　编辑部 021-62071998
印 　刷　 者	北京圣夫亚美印刷有限公司
经 　销　 者	新华书店 730 毫米×980 毫米　16 开本　12.75 印张　215 千字 2021 年 2 月第 1 版　2022 年 7 月第 2 次印刷
定　　　　价	38.00 元

未经许可,不得以任何方式复制或抄袭本书之部分或全部内容。
版权所有,侵权必究
举报电话: 010-62752024　电子信箱: fd@pup.pku.edu.cn
图书如有印装质量问题,请与出版部联系,电话: 010-62756370

前　言

　　风险是与人类共存的,当今社会的冲突与动荡、层出不穷的自然灾害、突如其来的安全事故和恐怖袭击事件等,都给人类的生存和发展带来了很多的不稳定因素。正如德国社会学家乌尔里希·贝克在《风险社会:新的现代性之路》一书中提出的,风险社会是指在全球化发展背景下,由于人类实践所导致的全球性风险占据主导地位的社会发展阶段。在这样的社会里,各种全球性风险对人类的生存和发展造成严重的威胁。随着人类成为风险的主要诱因和作用对象,风险的结构和特征也发生了根本性的变化,产生了现代意义的"风险"和"风险社会"雏形。

　　风险社会的形成,归根结底在于风险从传统性向现代性的转变:在漫长的历史过程中,传统风险的表现形式以自然灾害为主,现代风险社会的形成则是多种因素共同作用的结果,如资源环境、科学技术、组织制度和社会经济结构等。在现代社会,风险给人类带来的损害是巨大的,除了造成人员伤亡、建筑毁坏、基础设施破坏外,还会影响经济运行和发展,干扰社会秩序正常运转,包括社会关系受到影响、公众心理紧张等,以及造成政府形象受损和公信力下降等负面影响。

　　人类社会面临着各类风险,与之相伴的是人类社会积极寻找应对风险社会的方法。这种应对方法是多方面、多层次的。一方面,作为风险治理的实施者,政府应当在风险治理的组织建设、制度创新、资源保障、文化培育等方面予以全方位的支持,并针对具体风险的治理发挥不同的作用。另一方面,风险社会的有效治理离不开全社会各方力量的聚合与参与。除了政府和企业外,各种各样的社会组织、社区组织、志愿者组织等也是风险治理的重要实施者和参与力量,它们能够在广泛的风险领域施加独特影响,弥补政府力量之不足。

　　近些年来,随着经济、科技的高速发展,社会的进步以及生态环境的改变,各种自然灾害、公共卫生、安全事件等突发事件频发。如何有效推广和加强应急知识与技能,已经成为当前社会的一个热点问题。提升民众的应急知识与技能,具有重要的社会意义。

　　与此同时,民众在各类灾害中受到的伤害也在逐年上升。由自然、人为或社会等因素引起的公共安全事件,都会对民众的学习、生活、工作秩序等造成一定冲击和伤害。例如,自然灾害、事故灾难、突发公共卫生事件、社会安全事件等不同类型的突发公共事件都会对民众造成不同方面、不同程度的损害,轻则扰乱人心,重则造成重大生命财产损失。然而,目前民众应急知识教育远未精细化和常规化,应急知识与技能教育多浮于表面,流于形式。

以高校安全教育为例,大多数高校应急知识理论教育课安排比较简单,仅仅是在新生开学教育环节中开设了相关应急知识讲座,并没有开设专门的应急知识教育理论课程,也没有将其纳入学校常规类教育课程。这样就导致大学生不能系统全面地学习应急知识,再加上他们自我学习意识较差,不会去主动自学,这些因素的综合导致大学生普遍缺乏扎实的应急知识与技能。现实中,大学生获取应急知识的途径比较单一,救护理念薄弱,且心理承受力不高,一般不能对事故现场进行有效的评估和采取准确、及时的救护措施。

本书系统地梳理了民众应知应会的应急知识与技能,对提升民众应急能力具有指导意义。在章节编排上,本书依据 2007 年《中华人民共和国突发事件应对法》(以下简称《突发事件应对法》)对突发事件的分类进行编排。该法第 3 条第 1 款规定:"本法所称突发事件,是指突然发生,造成或者可能造成严重社会危害,需要采取应急处置措施予以应对的自然灾害、事故灾难、突发公共卫生事件和社会安全事件。"按照突发事件的致灾因子,该法将突发事件分成四大类:自然灾害、事故灾难、突发公共卫生事件和社会安全事件。据此,本书按照引致突发事件的致灾因子编排具体内容,以各类突发事件的安全隐患、隐患因素以及应急知识与技能为主体,从知识层面总结民众应该掌握的相关应急知识与技能。

目 录

第一章 自然灾害及其应急知识与技能 ……………………………………… 1
  第一节 自然灾害类突发事件 ………………………………………………… 1
  第二节 地震应急知识与技能 ………………………………………………… 10
  第三节 暴雨应急知识与技能 ………………………………………………… 19
  第四节 雪灾应急知识与技能 ………………………………………………… 26

第二章 事故灾难及其应急知识与技能 ……………………………………… 32
  第一节 事故灾难类突发事件 ………………………………………………… 32
  第二节 火灾类突发事件 ……………………………………………………… 44
  第三节 环境污染和生态破坏类突发事件 …………………………………… 60
  第四节 道路交通事故类突发事件 …………………………………………… 72
  第五节 地铁出行安全应急知识与技能 ……………………………………… 87
  第六节 公交车出行安全应急知识与技能 …………………………………… 94
  第七节 飞机出行安全应急知识与技能 ……………………………………… 109

第三章 突发公共卫生事件及其应急知识与技能 …………………………… 121
  第一节 突发公共卫生事件 …………………………………………………… 121
  第二节 流感类公共卫生事件应急知识与技能 ……………………………… 130
  第三节 食物中毒类公共卫生事件应急知识与技能 ………………………… 139
  第四节 职业中毒类公共卫生事件应急知识与技能 ………………………… 148

第四章　社会安全事件及其应急知识与技能 …………………… 161

　　第一节　突发社会安全事件 ………………………………………… 161

　　第二节　突发社会安全事件的演变规律 …………………………… 165

　　第三节　群体踩踏类事件及其应急知识与技能 …………………… 169

　　第四节　恐怖袭击及其应急知识与技能 …………………………… 181

　　第五节　涉外突发事件及其应急知识与技能 ……………………… 188

主要参考文献 ……………………………………………………………… 195

后记 ………………………………………………………………………… 197

第一章 自然灾害及其应急知识与技能

第一节 自然灾害类突发事件

一、自然灾害类突发事件内涵

自然灾害类突发事件,是指因为自然现象的某些异常变化作用于人类社会,造成人员伤亡、财产损失、社会秩序混乱,对社会经济发展造成影响或阻碍的事件。自然灾害包括气候变化、天体运动、地壳运动等引发的灾害。诱发自然灾害的原因主要有两种:一种是自然原因,如气候变化;另一种是人为原因,如未熄灭的烟头引起的森林火灾、水库放水而加重的洪灾等。

致灾因子理论认为,自然界是造成灾害的重要诱因。对于致灾因子,学术界目前主要有两种分类方法:第一种是将致灾因子分为自然致灾因子、人为致灾因子的二分法,强调自然灾害的突发性,但这种分类方法忽视了自然灾害的渐发性;第二种是将致灾因子分为自然致灾因子、人为致灾因子和自然—人为致灾因子的三分法。[1]

米切尔·K. 林德尔(Michael K. Lindell)等在《应急管理概论》一书中将自然致灾因子具体分为气象致灾因子、水文致灾因子、地质致灾因子等。其中,气象致灾因子主要包括风暴、雷击、冰雹、山洪、龙卷风、飓风(台风)、山火等;水文致灾因子主要包括洪水(河流洪水、山洪暴发、冲积扇洪水、溃坝、地面积水、湖泊水位波动、堰塞湖)、风暴潮、海啸等;地质灾害主要包括火山喷发、地震等。[2]

联合国人道主义事务部对自然灾害的定义是:某种自然危害对于具有一定水平脆弱性的社会经济体系产生影响的结果,这种脆弱性妨碍着社会经济体系充分地应对这种冲击。[3] 自然危害本身并不一定造成灾害,影响的是自然危害

---

[1] 参见史培军:《再论灾害研究的理论与实践》,载《自然灾害学报》1996年第4期。
[2] 参见〔美〕米切尔·K. 林德尔等:《应急管理概论》,王宏伟译,中国人民大学出版社2011年版,第2—3页。
[3] 参见王绍玉、唐桂娟:《综合自然灾害风险管理理论依据探析》,载《自然灾害学报》2009年第2期。

与人和环境之间的相互作用,这种影响有时会达到灾害的程度。灾害的通常含义是,社会的正常运转受到严重破坏,造成的广泛损失超出了受影响社会单靠自身资源加以应付的能力。

作为世界上自然灾害最严重的国家之一,中国的自然灾害具有灾害种类多、频率高、季节性强等特征。同时,由于人口分布、区域发展不平衡,各个地区的自然灾害属性也有很大差异。广大农村尤其是中西部地区承受和抵御自然灾害的能力较差,东部及沿海地区则是各种自然灾害易发、多发地区,造成的经济损失也呈逐年上升趋势。

不同类型的自然灾害的形成原因和特点各不相同,给人们造成的影响和危害在范围、程度上也各不相同。自然灾害作为突发事件的一种类型,往往会导致人们生命财产的损失,因此应当采取积极措施进行应对,尽可能降低其造成的损失。

灾害的发生和环境破坏之间有着复杂的联系,我们要从自然力和人类行为两方面来认识自然灾害的发生、发展。同时,更要从管理的角度来解决自然灾害产生、发展过程中一系列问题,比如预测预警、应急预案、组织体系、法制体系、运行机制以及灾后重建等,以防患于未然,最大限度减轻自然灾害给民众带来的损失,以及有效管理自然灾害的目的。

二、自然灾害类突发事件分类

2016年3月10日,国务院办公厅修订并印发《国家自然灾害救助应急预案》。该预案将自然灾害类突发事件分为气象灾害、地质灾害、海洋灾害和森林草原火灾等。具体如下:(1)气象灾害,主要有洪水、暴雨、内涝、台风、干旱、寒潮、低温冻害、高温、冰雹、霜冻、雷电、大雾及其他气象灾害;(2)地质灾害主要包括地震、火山、滑坡、泥石流、山体崩塌等;(3)海洋灾害主要包括风暴潮、灾害海浪、海冰、赤潮和海啸五种;(4)森林火灾主要包括特大森林火灾、重大森林火灾、一般森林火灾。

三、自然灾害突发事件特征

1. 突发事件的特征

突发事件包括自然灾害、事故灾难、公共卫生事件、社会安全事件四大类,各类突发事件都有其特殊性,但是观察、总结其发生的规律,各类突发事件主要具

有如下共同特征：①

第一，危害性。世界各国、各地区之所以都特别重视各类突发事件的应急管理工作，其中最重要的一点就是因为突发事件都是具有危害性的。可以说，任何类型、任何形式的突发事件都会对人类的生命安全和生产生活造成不同程度的破坏。例如，自然灾害往往会对人们的生命安全和财产造成威胁，恐怖袭击会威胁人们的生命安全和造成社会恐慌，金融风暴会使个人和国家经济遭受重大损失等。因此，危害性是突发事件最本质的特征之一。

第二，突发性。根据事物发展的一般规律，任何事物的发展都是一个由量变到质变的过程。事物的变化首先是从量变开始的，量变是达到质变的必要准备和前提条件，只有达到一定程度的量时才可能引起质变。同样地，突发事件的产生也是一个由量变到质变的过程，但它也具有一定的特殊性，这种特殊性主要表现在其突发性上。各种问题、矛盾甚至冲突的发生往往都是由于平时一步步积累但又未能得到有效预防和控制，在达到一定量之后就会转变为突发事件。

第三，不确定性。突发事件的不确定性主要表现在发生时间的不确定性、发生地点的不确定性、事件状况的不确定性、后果和严重程度的不确定性等几个方面。同时，在发生突发事件后，各方面的信息交融混杂，以至于人们往往很难在第一时间用常规途径和手段去衡量、判断事件发生的原因。

第四，关联性与复杂性。突发事件发生之后一般都会导致连锁反应，即引发其他相关突发事件。比如，日本福岛核电站泄漏事件导致核污染的发生，同时还导致食品安全问题以及民众对核能源使用合理性、合法性的质疑和抗议等。可以说，某一因素引起的突发事件一般很快就会扩展蔓延到另外的相关领域，并在一定程度上使原本简单的问题变得复杂起来。

2. 自然灾害类突发事件的特征

自然灾害作为突发事件的一种，不仅具有危害性、突发性、不确定性、关联性与复杂性等突发事件的共同特征，还有其自身的特殊性，具体如下：

第一，时间的季节性和地点的差异性。自然灾害由于受到气候因素的影响，因而多展现出季节性强的特点。同时，自然灾害发生时间的季节性和地点的差异性一般是相交织的。较典型的例子是，我国东南沿海地区夏秋季往往多台风、暴雨，容易造成洪涝灾害；东北地区冬季多雨雪，加之温度过低，容易造成低温冻

---

① 参见汪伟全：《区域应急联动》，中央编译出版社2014年版，第8—9页。

窘。同时,由于我国幅员辽阔,不同地区因季节因素导致的自然灾害种类也具有一定的差异性。

第二,普遍性。自然灾害不仅在空间上日趋普遍化,在时间上也愈发普遍。同时,虽然自然灾害发生的范围存在逐渐扩大的趋势,但仍呈现极端不均匀性的分布,有时某些小范围的受灾损失可能占据总损失的极大部分。

第三,影响大。自然灾害的影响不仅范围广,而且跨度大。其一,自然灾害类突发事件所影响的群体范围较广,老人、儿童、军人、普通职员等各类社会群体和职业成员都会受到影响。其二,自然灾害不仅对人们的生命财产安全造成极大的威胁,还会严重破坏社会环境,扰乱人们的正常生活,因此必须由政府进行应对处理,以保障社会公共安全和公共秩序。我国2019年全年各种自然灾害共造成1.3亿人次受灾,12.6万间房屋倒塌,农作物受灾面积19256.9千公顷,直接经济损失高达3270.9亿元人民币。[①]

第四,灾害种类多。由于我国幅员辽阔,大陆部分受到极地大陆气团和热带海洋气团的交互控制,加之地势、地形的影响,因此气候现象及其有关的水文现象非常复杂。在地质灾害方面,由于受到地质构造的影响,灾害明显分布在二三级阶地之间;在海洋环境方面,由于我国南北天气气候的分异,加之广阔的大陆架和复杂的海岸带,导致海洋环境有较大分异。这些因素都成为我国灾害种类多的诱因。

第五,资源的短缺性。救灾资源短缺是突发自然灾害出现后的最大问题,因为事发突然,往往缺乏准备,有关信息也往往无法充分掌握,加之可能传达不及时、不准确,这些因素会导致应对能力特别是救灾所需的人、财、物等资源严重不足。同时,突发事件往往还会对基础设施条件、政府调控能力、国家公务人员的应变处置能力等提出较高的要求,加重应对突发事件资源的不足。

四、自然灾害类突发事件的演变规律

自然灾害类突发事件通常都会遵循一定的发展规律,经历从诱因积累到事件爆发,再到问题解决的演变周期。一般来说,整个周期大体分为潜伏期、爆发期、发展期、衰退期和消亡期,而且伴随着从量的积累到质的改变,每个阶段都呈

---

① 参见杜燕飞:《应急管理部:去年自然灾害导致直接经济损失3270.9亿元》,http://env.people.com.cn/n1/2020/0117/c1010-31553777.html,2020年8月12日访问。

现出不同的特点,具体演变规律如图 1-1 所示。①

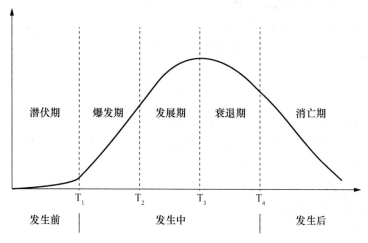

图 1-1　自然灾害类突发事件演变规律图

1. 潜伏期

潜伏期是自然灾害类突发事件不断积累诱因但尚未完全爆发的阶段。在这个阶段,社会和自然系统的变化虽然是渐进式的,但仍具有较大的随机性和隐蔽性,并会通过某些细微的信号来表现其异常情况。一般来讲,自然灾害类突发事件爆发的源头来自两方面:社会系统的不稳定和自然系统的异常表现。所以,在这一阶段,要注重观察预警系统,收集相关信息,尽可能全面地捕捉异常的信号,特别是在监测到有关自然灾害类突发事件的异常情况时,相关部门要立刻采取积极的措施。

在这个阶段,对于自然灾害,相关部门应当采取的措施包括:一是在可能的情况下,迅速采取有效的途径和措施减缓或阻止其爆发;二是如果无法阻止其爆发,相关部门应该根据其所掌握的信息尽可能准确地推断事件爆发的时间、地点、危害程度以及影响范围,提早采取措施使可能受影响的人员尽快离开事发地点,减轻灾害的影响和损失;三是平时要做好应急知识的培训和教育,开展应急演练,应尽可能地避免灾害爆发后的二次伤害。

2. 爆发期

如果引发自然灾害类突发事件的进程不能被中断,当聚集的能量超过临界

---

① 参见何佳、苏筠:《极端气候事件及重大灾害事件演化研究进展》,载《灾害学》2018 年第 4 期。

点后,就会由量变达到质变,导致自然灾害类突发事件的爆发。在这个阶段,突发事件已经呈现出较完整的特性,但仍未完全成熟,受到影响的人要尽可能保持头脑清醒,利用自己掌握的应急知识合理选择最佳逃生路线和自救的方式;相关部门的应急管理人员应积极采取措施,开展救援行动,以减轻自然灾害造成的人员伤亡与财产损失。

3. 发展期

在发展期,自然灾害造成的影响开始显现,表现为危害强度的增加和危害空间的扩大。特别需要注意的是,在这一阶段容易衍生出次生灾害,可能导致社会公众恐慌心理不断加剧,受灾人员的日常生活会受到不同程度的影响等。此时,如果没有强有力的措施来控制事态的发展、安抚受灾人员的情绪,自然灾害类突发事件将有可能演变为一场更大的危机或灾难。

4. 衰退期

在衰退期,突发状态已经临近结束。此时,自然灾害类突发事件及其引发的次生灾害事件开始相互作用。在这个阶段,仅仅依靠政府行政力量来控制事件之间的循环扩散是完全不够的,很有必要借助于非政府组织等广泛的社会力量来帮助恢复社会的正常秩序。

5. 消亡期

消亡期意味着自然灾害类突发事件已经结束,所引发的次生灾害或事件也不再相互作用。在消亡期,应急管理工作正式进入事后处理阶段,应逐步进行诱因调查、应急评估、恢复重建和体制变革等工作。

五、自然灾害类突发事件应急管理

1. 应急管理四个阶段

应急管理就是为了预防和应对自然灾害、事故灾难、公共卫生事件和社会安全事件,将政府、企业和第三部门的力量有效组合起来而进行的一系列工作。

20世纪70年代,美国全国州长协会(National Governors Association)依据灾害的发生规律、灾害管理的活动提出了灾害管理的四个阶段,具体包括减除(mitigation)、准备(preparedness)、响应(response)和恢复(recovery)四个紧急事态管理阶段,并被联邦紧急事态管理局迅速接受。[①]

[①] See National Governors' Association, Comprehensive Emergency Management: A Governor's Guide, Center for Policy Research, Washington, D.C, May 1979.

减除的宗旨是减少可能影响人类生命、财产安全的自然及人为致灾因子或降低脆弱性,如实施严格的房屋建筑标准、推行灾害保险、设置严格的法律法规禁止在灾害易发地建造房屋和建筑等。减除的主要目的是降低突发事件发生的可能性,或最大限度地减轻突发事件所造成的危害。

准备是指培养和提高应对突发事件的能力,如事先制定应急预案、进行应急演练、建立预警系统、实施救援培训等,提高备灾水平。准备的目标主要是知道灾害发生后需要做什么、如何去做、使用什么样的工具、如何提高效率。充足的应急准备可以在很大程度上减轻灾后损失,也有利于在突发事件发生后全面保护公众的生命和财产安全,加快灾后重建,促进社会生活尽快恢复到正常状态。准备活动的核心要义是事先制定详细周密的应急预案,成立高素质的应急救援队伍,确定具有可操作性的救援程序,储备充足的各类应急资源,建立全方位的应急保障系统。

响应是指灾害发生后迅速采取行动以挽救生命、财产,减少突发事件造成的损失。响应包括启动应急预案、组织救援队伍进行疏散与救援、提供应急医疗组织进行救助治疗、提供生活必需的应急资源等。具体活动主要包括对受突发事件影响地区的人员进行紧急疏散,对突发事件现场进行全面的搜索和救援,为受影响和被疏散群众提供生活必需品和安全的避难场所,为受伤群众提供医疗救助,并促进突发事件影响区域社会秩序的恢复。

恢复包括很多内容,如清理灾后废墟、减少受灾区的污染、提供失业救助、搭建临时住房、以最低生活标准恢复基本生活、推动社会生活恢复正常等活动。恢复阶段开始于响应行动即将结束时。恢复的短期目标主要是灾区基础设施的恢复和重建,如通信、供水、污水、电力、运输系统。远期目标是使灾区的生活质量恢复到灾前甚至高于灾前的水平。相应地,恢复措施包括救助与恢复等短期措施和重建等长期措施。其中,救助与恢复活动包括清除受影响区域的废墟,重新开始经济活动,恢复政府服务,为受害人员提供住房、衣服和食物;重建活动主要包括重建主要建筑,包括楼房、道路、桥梁和大坝,振兴受灾害影响区域的经济系统。

需要明确的是,以上四个阶段并非严格按照自然灾害类突发事件的发展顺序推进的,它们与灾害发生的时间和阶段可能并不完全吻合。例如,响应可能发生于突发事件来临之前,预防可能发生于突发事件的恢复当中,恢复与响应的界限并非特别清晰。总的来说,这四个阶段可以看作一个闭合的流程,构成应急管理的一个完整的生命周期。可以说,应急管理的四个阶段是突发事件应对的四道"防线":减除是为了减少突发事件发生的可能性;准备的目的在于为有效应对突发事件创造良好的条件;响应则是要采取恰当的行动,减少突发事件所带来的损失;恢复是为了尽快消除突发事件的负面影响,使社会、经济尽可能快速地恢复到常态。

2. 自然灾害类突发事件应急管理特征

自然灾害作为突发事件的一种,具有其自身的特殊性,在形成原因、影响范围等多方面区别于其他突发公共事件,因此在应对时要充分考虑这些特性,采取适当的应对措施和救助手段。同时,自然灾害作为突发公共事件的一个类别,其应急管理应当遵循突发公共事件应急管理的基本原则。

美国学者在对洪水的研究中首次提出,人类面对灾害的防灾减灾不能只是单纯从致灾因子入手,而是应该扩展至人类对灾害的反应行为上,人类可以通过调整其行为以减少灾害的影响或损失。这种扩展性思想确立了人类应对致灾因子和极端事件的基本原则,也为综合减灾奠定了理论基础。[①]

应急管理是对各类突发事件的全过程和全面管理,包括突发事件发生前的预警,发生时的事件处置、救援,事件结束后的恢复、重建。自然灾害类突发事件应急管理,是指政府、社会组织等多种参与主体在应对自然灾害类突发事件的过程中通过建立必要的应急体系、管理体制和应急预案,以及采取有针对性的措施,降低自然灾害类突发事件给民众生命财产所造成的危害,恢复社会正常运行秩序,促进社会和谐与正常发展。具体来说,自然灾害类突发事件应急管理具有以下三个突出特征:

第一,自然灾害类突发事件应急管理相比其他突发事件的应急管理,更具灵活性。各参与主体能够根据不断变化的灾害形势,及时调整应对策略,以最大程度地减少损失。自然灾害类突发事件应急管理不同于其他突发事件,主要缘于其本身的特殊性。自然灾害最特殊的地方就是其发生往往不受人为控制,它的发生往往是由自然因素所导致的。加之自然灾害通常都是突然发生的,令人猝不及防,即使在事发前做好一些准备和预防工作,也无法准确预料自然灾害造成的影响的程度与范围。因此,需要充分吸纳、整合各类灾害应急管理参与主体,

---

[①] See Ian Burton, Robert W. Kates and Gilbert F. White, *The Environment as Hazard*, Second Edition, The Guilford Press, 1993.

积极调动各方力量。应急管理参与主体要能够根据不断变化的灾害形势灵活应变,进行明确的角色定位和职能分工,并发挥各自专长,协同合作,从而根据各个时段自然灾害的变化形势,调整应急管理策略,达到高效灵活的管理效果。

第二,自然灾害类突发事件应急管理是一项复杂的系统工程。减轻灾害的破坏和影响需要日常的预防和准备。例如,对历年自然灾害的统计与分析,找出历年自然灾害普遍存在的特点,使历史数据和已有的成熟经验在必要时能够发挥应有的作用。通过对已经发生的自然灾害特点的分析,我们可以从中找出一些规律,并通过对以往规律的总结来做好预测与预防工作,以对以后类似的自然灾害进行管理。从自然灾害的特点出发,在不同时节、不同地域建立有针对性的防御系统,可以有效地减轻灾害的风险和不良影响,这也是自然灾害应急管理的重点。[①] 具体来说,在灾害发生前,要采取积极的措施尽可能预防和避免灾害的发生;一旦灾害发生,就要按照预案和实际情况果断采取措施,防止灾害的扩大和蔓延,同时展开救援工作;灾害结束之后,则要做好灾后重建工作,尽快恢复人们的生产和生活常态。在平时管理中,要加强对自然灾害的预警和监测,一旦出现相关征兆,就立即采取相应的措施,尽可能减轻自然灾害对人们的生命健康和财产安全带来的影响及危害。

第三,自然灾害类突发事件应急管理是有关部门针对不同自然灾害采取的一系列管理行为的总和。针对自然灾害的预防、预警、救援和善后,自然灾害应急管理具体包括:预防与应急准备、监测与预警、应急处置与救援、灾后恢复与重建。在自然灾害发生前,要尽可能采取措施预防和避免其发生,对不可避免的自然灾害要做好事前应急准备;通过多种途径和方法对自然灾害进行监测,这对风险评估、应急决策等具有积极作用;及时而准确地公布预警信息,有助于引起有关人员和全社会的警惕,以做好应对自然灾害的准备;一旦发生自然灾害,则要立刻采取相应的措施,启动应急预案并结合实际情况尽快防止灾害的扩大和发展,同时积极展开救援工作;在自然灾害结束之后,则应当做好灾后重建工作,尽快恢复人们的正常生产和生活。在实际操作中,要充分统筹各类应急组织、整合各种应急资源,各环节主管部门、协作部门、参与单位要各司其职,做到预案联动、队伍联动、信息联动、物资联动,这是自然灾害应急管理的关键之处。自然灾害应急管理是为了在灾害发生时有效协调管理社会系统、经济系统和资源生态

---

① 参见董晓松:《重大自然灾害应急指挥协调机制构建》,载《理论与改革》2016年第5期。

系统间的关系,因此各级部门、各类主体在自然灾害中应协同处理相关事务,以建立有效的自然灾害应急管理模式。具体来说,各部门、各单位要依据合法性原则,依法合理地使用应急管理权和自由裁量权,要充分发挥不同专业部门的优势,科学监测,科学决策,落实责任,避免疏漏。

综上所述,自然灾害类突发事件应急管理具有以下特征:一是相比其他突发事件的应急管理,自然灾害类突发事件应急管理要高度灵活,能够根据不断变化的灾害形势调整各参与主体的职能和关系结构,要充分实现信息的共享;二是自然灾害类突发事件应急管理是一个系统工程,需要有效协调管理社会系统、经济系统和资源生态系统间的关系;三是自然灾害类突发事件应急管理中的各级部门、各类主体共同构成一个高效灵活的统一体。

第二节 地震应急知识与技能

一、"5·12"汶川地震

"5·12"汶川地震发生于北京时间2008年5月12日(星期一)14时28分04秒。根据中国地震局的数据,此次地震的面波震级里氏震级达8.0Ms、矩震级达8.3Mw(根据美国地质调查局的数据,矩震级为7.9Mw),地震烈度达到11度。此次特大地震的地震波已确认共环绕了地球6圈。地震波及大半个中国及亚洲多个国家和地区,北至中国辽宁,东至中国上海,南至中国港澳、泰国、越南,西至巴基斯坦均有震感。[①]

汶川地震是印度洋板块向亚欧板块俯冲,造成青藏高原快速隆升而导致的。高原物质向东缓慢流动,在高原东部边缘沿龙门山构造带向东挤压,遇到四川盆地之下刚性地块的顽强阻挡,造成构造应力能量的长期积累,最终在龙门山北川—映秀地区突然释放。此次特大地震发生在地壳脆—韧性转换带,震源深度为10—20 km,与地表近,持续时间较长,因此破坏性巨大,影响强烈:一是人员伤亡惨重。根据联合国地域开发中心(UNCRD)防灾规划兵库事务所的资料,[②]截至2008年6月23日,已确认因灾遇难69181人、受伤374171人、失踪18498

[①] 参见《5·12汶川地震》,https://baike.baidu.com/item/5%C2%B712%E6%B1%B6%E5%B7%9D%E5%9C%B0%E9%9C%87/11042644? fr=aladdin,2020年8月12日访问。

[②] 参见联合国地域开发中心(UNCRD)防灾规划兵库事务所:《2008年中国四川大地震调查报告书》,2009年3月。

人,其中四川省遇难68669人、受伤360352人、失踪18498人。二是房屋大面积倒塌。倒塌房屋778.91万间,损坏房屋2459万间。北川县城、汶川映秀等一些城镇几乎夷为平地。三是基础设施严重损毁。震中地区周围的16条国道、省道干线公路和宝成线等6条铁路受损中断,电力、通信、供水等系统大面积瘫痪。四是次生灾害多发。山体崩塌、滑坡、泥石流频发,阻塞江河形成较大堰塞湖35处,2473座水库一度出现不同程度险情。五是正常生产生活秩序受到严重影响。6443个规模以上工业企业一度停工停产,其中四川5610个。机关、学校、医院等严重受损。部分农田和农业设施被毁,因灾损失畜禽达4462万头（只）。

灾情发生之后,整个抗震救灾工作果断有力、紧张有序、持续有效地全面展开。

迅速解救被困群众。救灾工作一开始就把救人作为首要任务。共出动解放军、武警部队兵力14万余人,公安民警、消防救援人员和特警2.8万余人,民兵预备役人员7.5万余人,全力安置受灾群众。同时,保障上千万受灾群众的吃、穿、住、用是一项空前艰巨的任务。中央政府向灾区困难群众每人每天发放1斤口粮和10元补助金,为孤儿、孤老和孤残人员每人每月提供600元基本生活费,对因灾死亡人员按照每位遇难者5000元的标准发放抚慰金。中央、各地方政府紧急调运大量救灾物资,使受灾群众生活得到了基本安置。[1]

抢修损毁基础设施。抢通修复因灾损毁的道路、电力、通信等基础设施,对抗震救灾的顺利开展至关重要。例如,地震共造成2473座水库、822座水电站、899处堤坝和8426个水厂受损。通过紧急抢修供水设施,架设临时供水管线,基本解决了城乡受灾群众的临时用水问题。[2]

加强卫生防疫工作。把卫生防疫工作作为抗震救灾的一项重大任务来抓,确保大灾之后无大疫。从全国各地紧急调集大批卫生防疫人员,共组织调拨消毒药品3670多吨,妥善处理遇难者遗体,对数千万的死亡畜禽进行了无害化处理。[3]

---

[1] 参见《国务院关于四川汶川特大地震抗震救灾及灾后恢复重建工作情况的报告》,http://www.npc.gov.cn/wxzl/gongbao/2008-12/24/content_1467394.htm,2020年8月12日访问。
[2] 参见《国务院关于抗震救灾及灾后恢复重建的报告》,http://www.chinanews.com/gn/news/2008/06-24/1291202.shtml,2020年8月12日访问。
[3] 参见《国务院关于四川汶川特大地震抗震救灾及灾后恢复重建工作情况的报告》,http://www.npc.gov.cn/wxzl/gongbao/2008-12/24/content_1467394.htm,2020年8月12日访问。

降低次生灾害威胁。在加强地震监测预报，全力做好余震防范工作的同时，认真排查危险化学品生产储存设备、输油气管道、工业生产重点设施以及各类建、构筑物因灾造成的隐患，及时采取了安全防范措施。例如，这次地震共造成各类地质灾害 12536 处，其中崩塌 3619 处、滑坡 589924 处、泥石流 1054 处、其他地质灾害 1964 处，形成了 35 处较大的堰塞湖，尤为严重的是位于北川县的唐家山堰塞湖，坝体土石 2000 多万方、蓄水 2.5 亿方，对下游构成严重威胁。①

二、地震应急知识与技能

地震应急是指破坏性地震发生前所做的各种应急准备以及地震发生后采取的紧急抢险救灾行动。地震是不可避免的自然灾害之一，强烈的破坏性地震会瞬间将房屋、桥梁、水坝等建筑物摧毁，直接给人类带来巨大的灾难，并会诱发火灾、水灾、海啸、有毒物质泄漏等次生灾害。因此，各级政府及有关部门、各企事业单位、学校等都应制定相关的地震应急预案，在发生地震时及时组织实施，领导群众紧张有序地开展救灾工作，最大限度地减轻伤亡和损失。②

根据中国地震局的相关资料，中国处在太平洋板块、印度洋板块、菲律宾海板块与欧亚板块相互作用区域，再加上欧亚板块深部地球动力作用的影响，巨大的晚第四纪活动断裂十分发育，而这些断裂又正是大地震的温床。有历史记载以来，中国大陆几乎所有的 8 级和 80%～90% 的 7 级以上强震都发生在这些断裂边上。中国地震带可划分为：(1) 东南沿海及台湾地震带；(2) 燕山南麓，华北平原两侧与太行山东麓、山西中部盆地和渭河盆地地震带；(3) 贺兰山、六盘山，向南横越秦岭，至滇东地区地震带；(4) 喜马拉雅—滇西地区，是地中海—南亚地震带经过中国的部分；(5) 从西昆仑至祁连山和河西走廊地震带；(6) 新疆帕米尔至天山南北地震带。③

2012 年 8 月国务院修订并发布的《国家地震应急预案》第 3 条"响应机制"中规定："地震灾害分为特别重大、重大、较大、一般四级。""地震灾害应急响应分为Ⅰ级、Ⅱ级、Ⅲ级和Ⅳ级。"并规定应根据不同的地震级别由不同的部门指导地

---

① 参见《国务院关于四川汶川特大地震抗震救灾及灾后恢复重建工作情况的报告》，http://www.npc.gov.cn/wxzl/gongbao/2008-12/24/content_1467394.htm，2020 年 8 月 12 日访问。
② 参见步向义、倪国葳、吴新燕：《地震灾害紧急救援指挥系统初探》，载《世界地震工程》2014 年第 1 期。
③ 根据国家地震局的相关统计资料。数据来源于中国地震台网中心、国家地震科学数据中心（http://data.earthquake.cn）。

震应急工作,启动相应级别的应急预案。包括大学生在内的普通民众,也要具备基本的地震应急知识。下面分别从地震前、地震中、地震后介绍在学校、家中及户外等场所的地震应急知识。

1. 震前应急准备工作

(1) 备好地震应急物品。一般来说,在地震发生之后,水管路线往往被震坏,会导致供水中断,食品、药品等日常用品的生产和供应也会在一定程度上受到影响。因此,不论是家庭还是社会,地震应急物品中都应准备一定数量的食品、药品、饮用水以及各类必需品,以解燃眉之急。

(2) 建立地震避难场所。地震发生后,房屋往往被损坏,加之余震有可能持续不断发生,受灾人员需要临时的安身躲藏之处,因此需要临时搭建具有防震、防寒、防雨效果的防震棚。同时,可以合理利用各种资源,如农村储藏粮食的小圆仓也可以作为抗震房使用。

(3) 划定疏散场所,转运危险物品。尤其是城市,往往人口密集,避震和疏散都比较困难,因此为了保障震时人员的安全,需提前按街区分布状况,就近合理规划人员疏散路线和场所。同时,要将那些易燃易爆、剧毒及化学危险品及时转运到城外。

(4) 设立伤员急救中心。在抗震程度强的安全场所或城外设立伤员急救中心,同时要准备好救援床位、医疗器械、各类药品等。

(5) 立刻暂停公共活动。在收到正式的地震预报通知后,各种公共场所均应马上暂停各类活动,民众都要尽快有序撤离;车站、码头可在露天场所候车;学校可临时在室外上课。

(6) 组织人员撤离并转移重要财产。得到正式地震警报后,有关部门要迅速有序地动员和组织人员撤离所在的房屋等建筑物;医院正在治疗的病人要转移到安全的地方;机关、企事业单位的车辆要开出车库,停在空旷的地方;农村的牲畜、拖拉机等生产资料也要妥善转移到安全地带。

(7) 防止次生灾害的发生。如果地震发生在城市,很可能引发严重的次生灾害,特别是化工厂、燃气厂等易发生次生灾害的工厂和单位,更要加强监测和管理,最好配备专人昼夜巡查和值班。

(8) 确保机要部门的安全。城市中各类机要部门和银行等重要机构较多,地震时需要特别关注,要加强保卫,防止重要机密泄漏和国有资产损失。消防等救援人员要严阵以待,随时准备出动,以减少经济损失。

（9）组织队伍合理安排生产。地震前，相关地方政府要就地组织好抢险救援队伍，开展救援、医治、供水、供电、交通、通信等必要工作。如有特殊需要，某些工厂可在防震指挥部的统一指令下暂停生产进程或低负荷运行。

（10）建立协作体制。发生大地震等自然灾害突发事件时，造成的灾害往往是大范围的，涉及多个城市甚至多个省份。在地震灾害区域内，由于受交通不便或者需要救助的人较多等各种因素的影响，救护车、消防车不可能随叫随到。因此，有必要在平时以街道或社区为单位组织民众参加防灾训练和演练，并与邻近地区进行沟通交流，建立起地震应对互助协作体制。

（11）做好家庭抗震准备。在已发布地震预报的地区，民众要提前做好家庭防震准备，制定详细的家庭防震预案，定期检查并及时消除家里存在的不利于防震的安全隐患。

2. 震前居家应急安全准备

（1）将房屋及家中的设施等安置好，确保没有安全风险。检查住房，笨重的装饰物应拆除，对不利于抗震的房屋要加固，不能加固的危房要及早撤离。为防止因晃动造成的物品坠落，应在橱柜的门上安装合页固定并关闭。

（2）合理放置家具及用品，确保安全的空间：对于高大的家具要固定好，防止其因晃动倾倒而砸到人；对于适合躲避的家具要腾空，以备震时藏身；物品摆放要遵循"重在下，轻在上"的原则，尽量减少或取消墙上的悬挂物，防止掉下来伤人；清理杂物，让门口和楼道保持畅通以便逃生或救援；易燃易爆物品要放在安全的地方；在餐具、窗户等易碎物品上粘贴胶带或透明薄膜，防止它们破碎时四处飞溅；不要将花瓶等易碎物品放置在较高处。

（3）进行物资储备，准备好包括食品、水、应急灯、药品、通信设备等在内的家庭防震包，并放置在显眼、易取的地方。

食品：准备好至少够 72 小时食用的必要食品，如脱水食品、压缩饼干、听装果汁、水果和干果都是很好的营养源。

水：调查显示，一般情况下，一个活跃的正常人仅仅是饮用，每天都需要消耗至少 1.9 升水。因此，每人每天至少需要使用 1500 毫升的水，并以此为标准备够 72 小时之用量。

医护用品：要准备好应急用的消炎药、纱布、消毒水等，但在使用药品之前，要先仔细阅读瓶子上的标签，以防误用。

应急灯和通信设备：在床边、工作地点和车里放一盏应急灯。地震后如果不确定是否有瓦斯泄漏，就不要轻易使用火柴或蜡烛，因此应急灯必不可少；震后的通信设备往往会受到影响，不是很稳定，大多数电话甚至会无法使用，收音机将是最好的信息来源；如果条件允许，还应当准备无线对讲机。

衣服：要根据所处地区的天气状况因地制宜，由于地震发生后可能无法取暖，因此如果当地天气寒冷就必须要准备御寒衣服和睡眠用品，一般包括一套换洗的衣服和鞋子、帽子、手套和围巾、睡袋或暖毯。

灭火器：家里和车里都要配备灭火器，其中干粉灭火器可安全使用于任何种类的火源。

特殊用品：备用眼镜、隐形眼镜护理液、电池、婴儿用品（食品、尿布和奶瓶等）、卫生用品（湿巾和卫生纸）等家人所需的特殊物品。

3. 震中应急自救

在地震发生后，最重要的一点就是要保持清醒的头脑和镇定的态度。只有保持镇静，才能运用平时掌握的抗震知识来判断震级大小和震中远近，并选择合理方式躲避或逃生。近震一般从上下颠簸开始，然后左右摇摆。而远震则以左右摇摆为主，较少上下颠簸的感觉。一般来说，小震和远震不必外逃。虽然到目前为止，人类还无法完全避免或控制地震的发生，但只要掌握一定的自救和互救技能，就能极大地降低危险和灾害损失。具体而言，主要可采取以下措施：

第一，心理上保持镇静并做好自我防护。镇静地选择合适的躲避处后蹲下或坐下，保持面部朝下，额头枕在重叠的两臂之上；可以握紧桌腿等周围牢固的物体，以免摔倒受伤；保护头颈部，尽量用手护住头部和后颈；低头闭眼以防异物伤害，保护眼睛；保护口、鼻，必要时可用湿毛巾捂住，以防尘土、有毒气体。特别要记住的是，不管在何种恶劣环境中，都要始终保持镇静，冷静分析自己所处的环境，寻找出路或等待救援。

第二，如果地震时被埋压在废墟之下，仅有较小的生存空间且周围一片漆黑，不要惊慌，不可大喊大叫。要保存体力，沉着冷静，树立生存的信心，相信会有人来救你，同时要千方百计利用周围的资源延续生命，保护自己。如果处在非常不利的环境中，则要尽量保持呼吸畅通，尽可能挪开头部或胸部周围的杂物。如果感到有煤气、毒气等气味泄漏时，则可以用湿衣服、湿毛巾等捂住口鼻。同时，要注意躲避身体上方可能存在的不结实的掉落物，保持和扩大生存空间，寻找砖块、木棍等物品支撑残垣断壁，防止余震发生导致生存空间的进一步恶化。

第三，想办法脱离险境。地震发生后，如果一时找不到合适的脱险通道，则应尽量保存体力，可以通过用石块或坚硬物品不断敲击等方式来向外发出求救信号，切忌哭喊、焦躁或盲目行动，这样只会造成精力和体力的无谓消耗。同时，最好能控制自己的情绪，闭目养神，静待救援人员的到来。如果不幸受伤，则要想办法包扎伤口，避免失血过多。

第四，维持生命状态。如果救援人员迟迟未到或者暂时没有人听到求救信号，被掩埋在废墟下的人员要想尽一切办法维持自己的生命，节约使用防震急救包内的水和食品，迫不得已时，自己的尿液也能起到补充水分的作用。

第五，警惕火灾等次生灾害的发生。地震往往会引起许多次生灾害，火灾就是其中比较常见的一种。如果遇到大火，则要想办法尽快脱离火灾现场，并立即脱下燃烧的衣服。有条件的，要尽快用湿衣服、湿毛巾覆盖在身上，或在地上打滚，切忌用手扑打火苗以免引发烧伤。同时，要预防破伤风和气性坏疽，注意饮用水和饮食卫生安全。

第六，发生地震后，若在学校的操场或空旷的室外，则可以留在原地，蹲下并用双手保护头部，特别要注意躲避高大的建筑物或危险物，绝不能立即回到教室或室内。如果在教室内的学生地震时来不及跑到空旷的地方，则可躲在课桌下面，双手抱头，不可乱动。千万不要跳楼、站在窗前或者阳台上，应当尽快有组织地撤离。

第七，若地震时在家，应马上采取措施紧急避险。若能明显感到晃动不严重，说明震源可能较远，只要躲在牢固的家具旁边即可。一般来说，一次地震从开始到结束的持续时间不会超过 1 分钟，因此抓紧时间采取措施避震最为关键，切忌犹豫而耽误时间。

第八，合理选择避震空间。如果在室内，比较安全的避震空间主要包括承重墙墙根、墙角，有管道的拐角处，而没有支撑物的床上、吊灯下、无支撑的地板上和窗户、镜子旁边则是最不利于避震的场所。

大震之后往往还有余震，因此自救是地震后很重要的措施之一。如果继续发生余震，受困人员所处环境就会继续恶化。因此，为了减轻和避免新的伤害，受困人员要尽量自救，改善和优化自己所处的环境。例如，可以躲避在三脚架区，可以利用旁边的物品来保护自己，以免余震带来二次伤害，并且要用手把面前的碎石子等清理干净，保持呼吸顺畅，等待救援。

4. 震后应急救援

地震往往都是一瞬间突然发生的,任何人都应先保护自己再救助他人。救助他人时,要先救易,后救难;先救近,后救远。对于大面积创伤者,首先要对其创面进行清洁,再用干净的纱布包扎。如果怀疑伤者有感染风险,要立刻与医院联系,及时进行诊断和治疗。对于被砸伤和挤压伤的伤者,要立即止血并抬高患肢;对开放性骨折的伤者,通常要做简单的固定然后再进行转移,不能现场复位,以防再度受伤;对于不同伤势、不同部位的骨折,要视伤情进行分类、分级处理并按不同要求固定,然后再送医院进一步处理。

救援的最终目的是将被埋压人员从废墟中安全地救出来,因此要根据震后环境等实际情况,采取有针对性的施救方法,寻找废墟中被埋压人员的具体位置,并通过喊话、敲击等方法传递营救信号。特别需要注意的是,救援过程中要注意被埋压人员的安全:第一,不能破坏被埋压者的所处空间安全,特别要注意不能引起新的垮塌,使得被埋压人员再次遇险;第二,合理选择营救工具,避免使用如铁棒、锄头等钝器伤及被埋压人员;第三,加快封闭空间的空气流入,以免被埋压者窒息;第四,如果埋压时间过长,且营救行动困难,则要设法向被埋压者提供饮用水、食品以及必要的药品以维持其生命。

在进行营救之前,要制订详细的计划,每一步该怎么做,哪里该挖,哪里不该挖,哪里该用什么工具等都要细心考虑。鉴于过去曾发生过由于救援人员盲目行动导致砸死被埋伤者的惨痛教训,因此在救援过程中要有科学的分析和行动,盲目行动只能给救援对象带来新的伤害。

对于被埋压者的护理,要根据其伤势的轻重,有选择地采取包扎或送医疗点进行抢救治疗。主要施救措施包括:首先要使被埋压者的头部从废墟中露出,保证其呼吸畅通;对于受伤严重不能自行离开的人员,要设法小心清除其周围的重物,再小心地将被埋压者抬出废墟,千万不能强拉硬拖;对受伤严重、被埋压时间长而窒息的人员,救出后要用深色布条蒙上眼睛,防止强光刺激。

5. 其他地震应急知识

(1)一旦感受到地面晃动,就要立即关火。如失火,则立即灭火。特别是发生强级地震时,不能消极等待消防车来灭火。可以说,地震区域内每个人灭火的努力都是能否将地震及其次生灾害控制在最低程度的关键因素。事实上,震后失火在刚开始的1—2分钟内也是有机会扑灭的。为了能够迅速灭火,生活中就要将灭火器、水桶放置在离火源较近的地方。

（2）不要慌张地逃跑。发生地震时，如果慌慌张张地逃跑，有可能注意不到碎玻璃、屋顶上的砖瓦等潜在的危险。同时，要注意观察周围的环境，水泥预制板等都有倒塌的危险，千万要远离这些物体。

（3）把门打开，确保出口的通畅。钢筋水泥结构的房屋可能由于晃动导致门窗错位难以打开，曾经发生过有人被困在屋内难以逃脱的情况。平时可以演练如果被关在屋内怎样逃脱，也可以提前准备好梯子、绳索等。

（4）要特别保护好头部。当地震产生剧烈摇晃，很难站稳时，人们可能想要扶靠墙壁或抓住门柱等物品，但这些看似结实牢固的东西实际上却是危险的。例如，1987年日本宫城县海底地震时，很多水泥预制板、门柱倒塌，造成多人死伤。因此，特别要注意不要靠近水泥预制板、门柱、繁华街区的玻璃窗、广告牌等物，并要用手或书包等物保护好头部。

（5）在公共场所要听从工作人员的指示。百货大楼、地下商业街等人员密集的公共场所最怕发生混乱，因此一旦发生险情则必须按照店铺职员、安保人员的指示行动。地震时发生火灾，室内即刻就会充满烟雾，要以压低身体的姿势避难，并尽量做到不吸进烟雾。地震时，地下通道是相对安全的，即使发生停电，紧急照明灯也会即刻亮起来，所以要尽量镇静地采取行动。

（6）不乘坐电梯。在发生地震、火灾时，坚决不能乘坐电梯。如果地震时碰巧在电梯内，则要将各楼层的按钮全部按下，一旦电梯停下就迅速离开。一般来讲，高层大厦及其建筑物的电梯都装有管制运行的装置，地震发生时电梯会自动停在最近的楼层。此外，万一被关在电梯中，还可以通过电梯内的电话与管理室联系求助。

（7）汽车靠路边停车，禁止行驶在管制区域内。发生强级地震时，驾驶员会无法把握方向盘，汽车轮胎会像泄了气似的难以驾驶。停车时，要注意避开十字路口，将车子靠路边停下。为了不妨碍人员和车辆的避难疏散，要让出道路的中间部分。如果附近有警察协助的话，则要依照其指示行事。同时，要充分注意收听汽车收音机广播的重要信息。一般来讲，地震发生后受影响区域的绝大部分道路会全面禁止通行。

（8）注意山崩、落石、海啸或动物反常现象。在陡峭的山地倾斜处，地震时会有发生山崩、落石的危险，要迅速远离，到安全的场所避难。如果是在海岸边，则有遭遇海啸的危险。要注意收音机、电视机播出的信息和警报，迅速跑到安全的场所避难。地震前，如果发现到某些动物的反常举动，如马等牲畜往外狂奔，正在冬眠的蛇涌出洞外,狗狂吠乱窜,老鼠成群结队搬家……这些都可能是地震的预兆。对此,相关部门应做好监测,并以最快的速度通知民众,及时组织疏散,减少民众生命财产的损失。

(9)避难时要徒步,携带最必要的物品。避难原则上以防灾组织、社区或街道等为单位,在负责人的带领下采取徒步的方式,携带的物品应减到最少。同时,绝对不要使用汽车、自行车等交通工具避难。对于病人的撤离和避难,要依靠灾区民众的合作互助。因此,邻里之间平时就要有必要的沟通,最好能够事先就避难方式等进行有效的商议。

(10)切忌听信谣言、轻举妄动。在发生大地震时,人们的心理状态往往容易受到干扰和产生动摇。为避免混乱,每个人都要听取正确的信息,冷静地采取行动。应从携带的收音机等设备中获取正确的信息,特别是要相信政府、警察、消防等官方机构发布的信息,不能轻信网络传播或道听途说的不负责任的流言蜚语,不能轻举妄动。

第三节 暴雨应急知识与技能

一、北京"7·21"特大暴雨

2012年7月21日,北京及其周边地区遭遇了1951年以来最强的一次暴雨及洪涝灾害。此次降雨过程造成北京16000平方公里受灾,成灾面积高达14000平方公里,全市受灾人口达190万人,其中房山区最为严重,受灾人口达80多万人。全市各类基础设施特别是道路、桥梁、水利工程等多处受损,大量民房倒塌,几百辆汽车被淹没,损失严重。据统计,此次灾害导致北京市经济损失高达百亿元,并造成79人遇难。[①]

其一,对基础设施造成重大损害。北京全市主要积水道路63处,路面塌方31处,地铁轨道7号线明挖基坑雨水流入,5条运行地铁线路的12个车站出入口因漏雨而临时封闭,机场线东直门站至T3航站楼段停运,25条10千伏架空线路发生永久性故障,京原等铁路线路临时停运8条,等等。

---

① 参见孔锋、王一飞、吕丽莉、史培军:《北京"7·21"特大暴雨洪涝特征与成因及对策建议》,载《人民长江》2018年第S1期。

图1-2 暴雨后道路交通瘫痪①

其二,对居民正常生活造成重大影响。北京全市共转移群众56933人,其中房山区转移群众20990人。房山区发生2起泥石流灾害,分别为霞云岭乡庄户鱼骨寺泥石流灾害和河北镇鸟语林景区泥石流灾害。暴雨造成平房漏雨1105间次,楼房漏雨191栋,雨水进屋736间,积水496处,地下室倒灌70处;共补苫加固房屋649间,疏通排水141处。同时,暴雨灾害对农业、林业等领域也造成了不同程度的影响。

1. 暴雨前夕,六次预警

21日9时30分至22时,北京市气象台一天之内发布六条预警信息,由蓝色预警上升到暴雨橙色预警。

21日,北京市交管部门启动雨天一级加强上勤方案,7000名交警全警上路,引导车辆顺利通过。②

2. 暴雨来袭,时久灾重

针对这次暴雨天气,北京市气象局启动四级应急响应,各相关单位及有关部

---

① 参见徐竞阳:《北京"7·21"特大暴雨回顾》,http://www.cpd.com.cn/n10216060/n10216146/c12642471/content.html,2020年8月12日访问。
② 参见徐婷婷、李义兰、郭继民:《2016年7月19—20日北京暴雨过程的诊断分析》,载《气象灾害防御》2018年第4期。

图 1-3 暴雨后居民小区被淹①

门进入应急响应状态,加强应急值守和服务保障工作。至 7 月 21 日 15 时左右,天安门等城市核心区域降雨量已转小,排水集团值班人员迅速赶往部分易积水路段进行排水工作,市区交通情况正常。

图 1-4 暴雨时道路积水②

---

① 参见《7·21 北京特大暴雨图片》,https://baike.baidu.com/pic/7%C2%B721%E5%8C%97%E4%BA%AC%E7%89%B9%E5%A4%A7%E6%9A%B4%E9%9B%A8/9658641,2020 年 8 月 12 日访问。
② 参见徐竞阳:《北京"7·21"特大暴雨回顾》,http://www.cpd.com.cn/n10216060/n10216146/c12642471/content_6.html,2020 年 8 月 12 日访问。

21日17时20分左右,北京市公安局燕山分局向阳路派出所所长李方洪在救助被困群众时,被落入水中的电线击倒,不幸牺牲。

21日19时左右,首都机场多趟出港航班延误和取消;铁路方面,京原线、京承线、京通线等旅客列车受阻晚点,铁路部门相关人员组织加强线路排查、设备巡检和抢修工作,尽力减少列车晚点给旅客带来的不便影响。

21日20时30分,中央气象台再次组织有关(省、市)气象局,针对北方地区强降雨举行专题加密会议。时任中国气象局局长郑国光要求,各地气象部门一定要充分认识此次天气过程的严峻性,要进一步提高天气预报分析的精细化程度和服务的针对性,确保上下联动、部门联动,提高预警预报服务的及时性,同时各地值班值守人员要保持高度的警惕。[1]

3. 应急抢险工作同步开展

21日21时,北京市防汛办、气象台、各区县政府应急部门等协调联动,相关部门全员上岗,展开抢险排水工作。

截至21日22时,北京市20个国家气候观测站的平均降水量为163.7毫米,是北京自1951年有气象观测记录以来的最大值。

22日,北京市气象台继续对公众发布暴雨橙色预警,并预测降雨影响将在22日20时左右完全结束。

22日0时,市区绝大多数积水点得到疏通,房山区部分供电、供水、通信设施受损严重。

22日1时,时任北京市委书记、市长郭金龙对抗洪抢险救灾工作展开部署,市应急办主持召开抢险调度视频会议,并听取防汛抗旱指挥中心、房山等区县救灾点的救灾情况汇报。

22日3时,经过抢险,北京市除六处外,绝大部分地区可以正常通行。

4. 大灾过后,抓紧善后

24日下午,北京市市直机关启动为本市特大自然灾害救灾捐款活动。

24日,北京市卫生部门召开"7·21"特大自然灾害卫生防疫工作电视电话会议,部署暴雨后防疫工作。截至24日12时,北京市各级医疗机构共接治"7·21"特大自然灾害所致伤病员1077人。卫生部门为相关区县调拨了185.7箱漂白粉精片、407箱漂白粉、5吨溴敌隆(灭鼠药)等;北京市卫生监督所派出4

---

[1] 参见孔锋、王一飞、吕丽莉、史培军:《北京"7·21"特大暴雨洪涝特征与成因及对策建议》,载《人民长江》2018年第S1期。

支队伍赶赴 16 个区县基层卫生监督机构进行现场指导应急工作。

25 日 11 时 50 分,北京市气象台再次发布蓝色暴雨预警信号。

25 日上午,北京市政府成立"7·21"特大自然灾害善后工作领导小组,并举行第一次会议。组长李士祥强调,要全力保证灾区人民"四通三有",即保证通电、通水、通路、通信,保证群众有房住、有饭吃、有水喝。

26 日,北京市住建委与城建集团展开安置房建设工作。时任市住建委副主任张农科与城建集团现场总指挥樊军分别在房山区抗灾安置房工程施工图上签字,并立下"军令状",承诺 8 月 5 日受灾群众能够住进符合标准的安置房。

25 日 23 时 25 分,北京市气象台解除暴雨预警信息。

26 日凌晨,北京市房山区数千套临时安置房开工建设。

26 日下午,北京慈善义工协会携带首批募集的 3200 箱矿泉水和千余件衣物,开赴重灾区开展献爱心活动。①

图 1-5　救助受灾民众②

---

① 参见孔锋、王一飞、吕丽莉、史培军:《北京"7·21"特大暴雨洪涝特征与成因及对策建议》,载《人民长江》2018 年第 S1 期。

② 参见《7·21 北京特大暴雨图片》,https://baike.baidu.com/pic/7%C2%B721%E5%8C%97%E4%BA%AC%E7%89%B9%E5%A4%A7%E6%9A%B4%E9%9B%A8/9658641,2020 年 8 月 12 日访问。

图 1-6 灾后救援①

二、暴雨应急知识与技能

暴雨是我国主要的气象灾害之一,长时间的暴雨容易导致积水,进而造成洪涝灾害。一般认为,24 小时降水量达 50 毫米以上的雨称为"暴雨",是一种影响严重的灾害性天气。暴雨往往在短时间内造成内涝,影响交通以及民众的生产和生活。某一地区连降暴雨或出现大暴雨、特大暴雨,往往导致山洪暴发、水库垮坝、房屋被冲毁、农田被淹没、通信中断等灾害和后果,不仅影响工农业生产,而且可能给国民经济和人民的生命财产安全带来严重危害。暴雨前后所需要采取的防护措施如下:②

1. 暴雨前的准备

如果是危旧房屋或房屋处于地势低洼的地方,要及时进行人员转移。特别是家住平房的居民,应在雨季来临之前检查房屋,维修房顶。

暂停室外活动。学校应暂时停课,农民应暂停田间劳动,户外人员应立即到

---

① 参见徐竞阳:《北京"7·21"特大暴雨回顾》,http://www.cpd.com.cn/n10216060/n10216146/c12642471/content_5.html,2020 年 8 月 12 日访问。
② 参见吴智杰:《"7·19"特大暴雨洪涝灾害引发的决策气象服务探讨》,载 2018 年《第 35 届中国气象学会年会 S11 城市气象与环境——第七届城市气象论坛论文集》。

地势高的地方或山洞暂避。

检查电路、炉火等设施是否安全,关闭电源总开关。

提前收回露天晾晒物品,收拾家中贵重物品并置于高处。

暴雨期间尽量不要外出,必须外出时应尽可能绕过积水严重的地段。在户外山区旅游的,应注意防范山洪。

河道是城市中重要的排水通道,应提前清理、疏通,切忌将垃圾、杂物丢入马路下水道导致堵塞,积水成灾。

2. 暴雨应急要点

为防止居民住房发生小型内涝,可在家门口放置挡水板、堆置沙袋或堆砌土坎,在危旧房屋或低洼地势处房屋中居住的人员应及时转移到安全地方。应关闭煤气阀和各种电源总开关,特别是当室外积水漫入时,要立即切断所有电源,防止积水带电伤人。立即停止田间农事活动和户外活动。不要在下大雨时骑自行车。在户外积水中行走要注意观察周边环境,要贴近建筑物行走,防止跌入窨井或坑、洞中。驾驶员遇到路面或立交桥下积水过深时,应尽量绕行,不要强行通过。雨天汽车在低洼处熄火,驾驶员千万不要留在车上等候,要迅速下车,到高处等待救援。

雷击是常见的暴雨天气灾害,破坏性巨大,常发生在户外活动多的场所,不大受人们重视。雷电是大气中的一种放电现象,放电有的发生在云层之间,有的发生在云层与大地之间,这两种放电现象俗称"打雷"。打雷造成的危害是雷击。雷击分直接雷击和间接雷击两种。雷击全年都会发生,而强雷电多发生于春夏之交和夏季。

第一,室内避雷方法。雷雨天气时,要注意关好门窗,以防侧击雷和球状雷侵入。最好把家用电器的电源切断,并拔掉电源插头;不要使用带有外接天线的收音机和电视机;不要接打电话。不要接触天线、煤气管道、铁丝网、金属窗、建筑物外墙等;远离带电设备;不要赤脚站在泥地或水泥地上。尽量不要在雷电交加时用喷头洗澡。

第二,室外避雷方法。立即寻找避雷场所,可选择装有避雷针、钢架或钢筋混凝土的建筑物等处所躲避,但是注意不要靠近防雷装置的任何部分;若找不到避雷场所,可以就地蹲下,两脚并拢,双手抱膝,尽量降低身体重心,减少人体与地面接触面积;如能立即披上不透水的雨衣,防雷效果更好。

不要待在露天游泳池、开阔的水域或小船上;不要停留在树林的边缘;不要待在电线杆、旗杆、干草堆、帐篷等没有防雷装置的物体附近；不要停留在铁轨、水管、煤气管、电力设备、拖拉机、摩托车等外露金属物体旁边；不要停留在山顶、楼顶等高处；不要靠近孤立的大树或烟囱；不要躲进空旷地带孤零零的棚屋、岗亭。

身处空旷地带要关闭手机。

不宜在旷野中打伞或高举羽毛球拍、高尔夫球杆、锄头等；应立即停止打高尔夫球、踢足球、攀登、钓鱼、游泳等户外活动。

要避免开摩托车、骑自行车，更不能开摩托车、骑自行车在雷雨中狂奔；人在汽车里要关好车门车窗。

高压线遭雷击落地时，近旁人要保持高度警觉，当心地面"跨步电压"的电击；逃离的正确方法是：双脚并拢，跳着离开危险地带。

多人一起在野外时，应相互拉开几米距离，不要挤在一起。

第四节　雪灾应急知识与技能

一、2008 年南方雪灾

雪灾也叫作"白灾"，是我国主要的自然灾害之一。因长时间大量降雪造成的较大范围内的积雪成灾，会严重威胁到人民的生命财产安全和正常生活秩序。2008 年 1 月中旬开始，大气环流异常形势持续了 20 多天，特别是在欧亚地区的大气环流发生了异常情况。同时，由于受"拉尼娜"[①]现象影响，西南地区的暖湿气流北上影响了我国大部分地区，而北方的高压系统稳定存在，加上从西伯利亚地区稳定不断地向南输送的冷空气，导致当年我国南方大范围的雨雪天气持续时间极长，造成大范围的雪灾冰冻。

这次雪灾中，受灾严重的地区主要有湖南、湖北、贵州、广西北部、广东北部、安徽南部等。截至 2008 年 2 月 12 日，低温雨雪冰冻灾害已造成 21 个省市不同程度受灾，因灾死亡 107 人，失踪 8 人，紧急转移安置 151.2 万人，累计救助铁路公路滞留人员 192.7 万人；农作物受灾面积 1.77 亿亩，绝收 2530 亩；森林受损

---

① 拉尼娜意为"小女孩"，是指赤道太平洋东部和中部海面温度持续异常偏冷的现象，与意为"圣婴"的厄尔尼诺正好相反，也称为"反厄尔尼诺"或"冷事件"。

面积近 2.6 亿亩;倒塌房屋 35.4 万间;直接经济损失达 1111 亿元。① 同时,雪灾给人们的工作和生活带来极大不便。

图 1-7　雪灾后冰冻现象②

图 1-8　雪灾造成电网瘫痪③

---

①　参见《中国 2008 年严重雪灾及成因分析》,http://www.weather.com.cn/science/zhfy/xz/jdal/03/65068.shtml,2020 年 8 月 12 日访问。
②　参见《2008 年春节大雪灾,导致半个中国交通瘫痪,还有多少人记得?》,http://k.sina.com.cn/article_6434278704_17f834d3000100al1f.html?display=0&retcode=0,2020 年 8 月 12 日访问。
③　参见《是巧合吗? 2008 年雪灾给华中地区带来严重灾害,十年后再次袭击》,https://www.360kuai.com/pc/9153ae6e4fd3c0d16?cota=3&kuai_so=1&sign=360_57c3bbd1&refer_scene=so_1,2020 年 8 月 12 日访问。

二、雪灾应急知识与技能

雪灾是我国牧区冬季、春季最严重的气象灾害之一,常常致使牲畜采食困难或不能采食而发生不同程度的牲畜伤亡事件,并可能伴有牧民冻伤、交通拥堵、电力和通信线路中断等现象的发生,威胁民众的生命安全,给受灾地区带来巨大的经济损失。因此,相关地区的职能部门和人员要提前进行防范,并对暴雪来袭做好防范与应对准备。

图1-9 雪灾后受灾人员转移①

1. 雪灾前应对准备

(1)要注意天气情况和有关暴雪的最新预报、预警信息;(2)要提前准备好各种除雪工具和设备;(3)要及时调整出行计划,减少使用车辆外出,及时了解机场、高速公路、码头的停航或者关闭信息;(4)远离不结实、不安全的建筑物;(5)对农作物要采取防冻措施;(6)家中提前储备足量的食物、水和各种常备的药品等,准备好足够的御寒衣物、被褥以及可供照明使用的蜡烛、应急照明灯,准备好御寒且防滑的鞋子,以保证出行安全。

---

① 参见《是巧合吗?2008年雪灾给华中地区带来严重灾害,十年后再次袭击》,https://www.360kuai.com/pc/9153ae6e4fd3c0d16?cota=3&kuai_so=1&sign=360_57c3bbd1&refer_scene=so_1,2020年8月12日访问。

2. 个人健康防范措施

鉴于冬季是一年四季中最为寒冷的季节,而且强冷空气来袭常常伴有雨雪、冰冻、大风等恶劣天气。同时,低气温环境会大大削弱人体自身的抵抗力和防御力,诱发各种疾病甚至威胁人的生命。以下几种看似小的健康问题,防范不好可能引起大病:

(1) 鼻子出血。如果只是轻微的出血,则可让患者采取半坐卧或侧卧位的姿势,头部稍向前、放低,用嘴巴呼吸来保持气道通畅,并用手指压迫鼻翼止血。一般情况下,约10分钟就可以减少或停止出血。如果是多量或快速的出血,特别是合并高血压或其他病症的,往往需要紧急寻求医生的帮助。

(2) 呼吸系统疾病。不能因为冬天怕冷就穿着特别厚的衣服,也不能整天待在温暖的房间。最好的让自己热起来的方法就是动起来。运动不仅可以促进身体的血液循环,增强心肺功能,也是一个很有益的呼吸系统的锻炼。爱上运动以后就能发现,冬天再也不用穿过多衣物了。当然,冬季作为流感高发季节,注射流感疫苗也是对健康必要的保护。

(3) 皮肤干燥。冬季天气干燥,洗澡次数不能太频繁,更要注意洗澡的方法和频率,而且最好不要用碱性的香皂洗澡(容易导致皮肤表层的PH值失衡),要尽量用含有滋润成分的沐浴露,水温也不能太高,洗过澡后应涂抹含有保湿成分的润肤乳。

(4) 手脚冰凉。平时减少摄入含咖啡因的食物,如咖啡、浓茶等,多吃温热活血的食物,多穿保暖的衣服,多做伸缩手指、手臂绕圈、扭动脚趾等暖身运动,避免长时间固定不动的姿势和精神集中,尤其是不要长时间持续使用电脑。

(5) 关节疼痛。除了平时注意肢体保暖外,也可利用护膝、护肘等用品加强保暖。有规律的运动可以强化腿部肌肉,促进血液循环。在温度适中的泳池中游泳也是不错的选择。

(6) 情感失调。在萧瑟的冬季,多晒太阳不仅可以治疗抑郁,还能借助阳光合成维生素D,起到补钙的作用。

更为重要的是,应对雪灾必须做好健康防范措施,尤其需要注重膳食营养和平衡,因为寒冷会对人体造成多方面的影响。首先是影响人体本身的激素水平,蛋白质、脂肪、碳水化合物的代谢分解会加快,尤其是脂肪代谢分解会加快;其次是影响消化系统,会使人提高食欲、促进消化吸收;最后是影响泌尿系统,寒冷天气中排尿增多会加剧钙、钾、钠等矿物质的流失。寒冷引起的人体以上变化都需要相应的膳食调整来平衡,以防身体在寒冷环境中出现某些生理变化。具体来

讲,可以从以下几点着手:

(1) 多吃御寒食物。人们在冬天往往会因寒冷而不适,有些人由于体内阳气虚弱特别怕冷,因此在冬季要适当食用御寒、补益的食物进行温补,如多吃羊肉、甲鱼、虾等,以增强体质、促进新陈代谢、提高防寒能力,从而在一定程度上减少疾病的发生。

(2) 及时补充能量,增加产热食物的摄入。人体在寒冷环境中要维持体温,必然要加速新陈代谢,只有增加足够的营养物摄取才能满足人体的需要。因此,要多食用高热量的蛋白质、脂肪类的食物。不过,需要注意的是,饮酒虽然可以暂时让人感到身体发热,但实际上是不能产生热量的。恰恰相反,酒精会使血管膨胀,加快身体的散热,导致体力衰弱。

(3) 多吃富含维生素的食物。由于寒冷会使人体氧化产热,机体维生素代谢也会发生明显变化。例如,增加维生素 C 的摄入,有利于提高人体对寒冷的适应能力,并能够对血管具有良好的保护作用。增加维生素 A 的摄入,有利于增强人体的抗寒能力。维生素 A 主要来自动物肝脏、胡萝卜、深绿色蔬菜等食物,维生素 C 则主要来自新鲜水果和蔬菜等食物。

(4) 适量补充矿物质。人怕冷与体内的矿物质含量也有一定关系。例如,钙在人体内含量的多少可直接影响人体的心肌、血管以及肌肉的伸缩性和兴奋性,因此补充钙可提高机体的御寒能力。牛奶、豆制品、海带等食物中含有丰富的钙。另外,食盐对人体御寒也很重要,盐可以增强人体的产热功能,不过不能过量,以每日摄入量不超过 6 克为宜。

(5) 多吃热食。冬天多食用热食,既可以增加食欲,也可以消除寒冷感,更能够帮助人体适应外界的寒冷环境。

3. 农业生产雪灾防范措施

暴雪来袭之前,对于农业生产,要采取如下防范措施:①

(1) 要提前采取有效的防冻措施,特别是要防止持续强低温对旺苗、弱苗作物越冬的侵袭。

(2) 加强对大棚蔬菜的管理,防止连续雨雪、低温天气的危害,特别是大雪后要及时清除大棚上的积雪,既有利于增温透光,也能减轻塑料薄膜压力。同时,做好各类冬季蔬菜、瓜果的防冻、储存管理。

(3) 做好"三沟"清理工作,降湿排涝,以防连阴雨雪天气造成田间长期积

---

① 参见李大刚:《大棚蔬菜遭受雪灾后的应对》,载《农民日报》2013 年 12 月 4 日第 6 版。

水,影响蔬菜作物根系的发育和生长。同时,加强田间管理,铲除杂草,中耕松土,提高农作物抵御寒冷的能力,并做好病虫害的防治工作。

(4) 及时给麦菜等作物盖土,提高其御寒能力。如果有条件,可以用猪牛粪等有机肥覆盖,保苗越冬效果更好。

(5) 提前做好大棚的防风加固,雪灾期间注意棚内的保温、增温,减少蔬菜病害的发生。

4. 雪灾后应对措施

雪灾一旦发生,就应该积极应对:

(1) 一旦大雪稍微停歇,就应立即启动扫雪、防滑应急预案。要做到及时清除城区内大街小巷的积雪,做好道路扫雪和融雪工作,区域内的居民和商铺也要积极配合,进行清理积雪工作。

(2) 尽量避免外出,必须外出的要采取防寒和保暖措施。在冰冻严重的天气,尽量不穿硬底鞋和光滑底的鞋,因为硬而紧的鞋子有碍脚部血液循环,也易发生冻伤。鞋的材料要选透气性好的,如帆布、皮革等,特别要避免穿橡胶和塑料鞋。脚在出汗以后易发生冻伤,如果脚趾有麻木感,则是冻伤的征兆,可做踏步运动,以促进血液循环。

(3) 增加活动、按摩,减少皮肤暴露。对易于发生冻疮的部位,要经常按摩。体温过低时,身体很难再次自我加热,因此必须采取办法进行体外加热,如可将发热体放在腰背部、胃部、腋窝、后颈、腕部等部位,这些部位的血流更接近体表,有利于将热量带入体内。要避免接触金属等导热快的物品,这些物品可能使人体热量加速丧失,容易引起局部冻伤。

(4) 驾车出行要减速慢行,主动避让过往车辆,保持合理车距,少踩刹车以防打滑。要服从交警指挥,依道路安全提示行驶。在冰雪路面上行车,切忌在起步或行驶过程中猛抬离合器和急加速;避免猛打方向盘;应该稳定油门,保持匀速驾驶;控制车速,不能太快;减速时应采用换低档的方法,充分使用发动机制动;尽量少用刹车,必要时采用点刹的方式。另外,给非机动车轮胎稍许放气也是防滑的好办法,可以增加轮胎和路面的摩擦力。

(5) 如果遭遇到暴风雪突袭,除了以上注意要点外,还要特别注意远离广告牌、大树、电线杆、高压线、不牢固的临时建筑物。路过桥下、屋檐下时,要小心观察、确认安全后通行,或者干脆绕道走。因为从高空掉落的冰凌在重力加速度作用下,杀伤力巨大,不亚于刀剑。

第二章 事故灾难及其应急知识与技能

事故灾难是一种典型的突发事件。各类事故灾难每年都会在全世界范围内造成巨大的经济损失，严重扰乱人们的生产生活秩序，影响着人们的生活质量，威胁着人们的健康和生命。了解和掌握与事故灾难相关的应急知识与技能，可以帮助我们更好地应对和处理突发事件，消除或降低事件带来的影响。本章主要介绍事故灾难类突发事件的基本概念和特征，重点讲述上海"11·15"火灾和"7·23"温州动车事故案例，并具体阐释火灾、环境污染和生态破坏以及公共交通事故的应急知识与技能。

第一节 事故灾难类突发事件

一、事故灾难类突发事件的内涵与特征

1. 事故灾难类突发事件的概念

我国《突发事件应对法》第3条第1款规定："本法所称突发事件，是指突然发生，造成或者可能造成严重社会危害，需要采取应急处置措施予以应对的自然灾害、事故灾难、公共卫生事件和社会安全事件。"其中，事故灾难被列为突发事件的一种类型。

事故灾难包括事故本身和事故造成的后果。事故是人们为了实现目标而行动时，突然发生与预期相反的状况，往往导致正在进行的行动被暂停或停止。根据对受灾对象的损害与破坏程度，事故可分为伤亡事故与一般事故。事故随着危险的开始而发生，受因果关系的影响，并常常会造成严重的后果。因此，事故常与灾难相关联，"事故灾难"一词由此而来。

事实上，事故往往直接由于人类在生产生活中进行失误性操作、过错行为等导致。事故因果连锁理论(accident causation sequence theory)最早是由海因里希提出来的，该理论阐释了导致伤亡事故的各因素之间、各因素与伤害之间的关系，其核心思想是：伤亡事故的发生是由一系列原因事件相继发生所导致的结

果,并不是孤立的,即伤害与导致伤害发生的各原因间具有连锁关系。[①] 海因里希提出的事故因果连锁过程包括如下五种因素:

第一,遗传和社会环境(ancestry and social environment)。遗传和社会环境的双重作用会导致人的缺点。遗传因素可能造成不良性格,如鲁莽、固执、粗心等,容易诱发事故;社会环境则可能妨碍教育,从而可能助长性格上的缺点的发展。这种因素是因果链上最基本的因素。

第二,人的缺点(worker fault)。人的鲁莽、固执、过激、神经质、轻率等先天缺点以及缺乏安全生产技能、经验、知识等后天不足的缺点也会导致人的不安全行为和物的不安全状态。这种因素是由前一种因素造成的。

第三,人的不安全行为或物的不安全状态(unsafe act or unsafe condition)。人的缺点会导致人的不安全行为,并会直接导致事故的发生。这种因素是造成事故的主要原因。

第四,事故(accident)。事故是由于物、人、放射线等的作用或反作用,造成出乎意料之外的失去控制的事件。

第五,损害或伤害(damage or injury)。损害或伤害是由事故导致的人员伤亡、财产损失等后果。

对上述因果连锁关系可以用多米诺骨牌来形象地加以描述:从第一个因素到第五个因素,可以看作按序排好的五块多米诺骨牌,如果第一块倒下,后面的骨牌则会随之而倒(事件相继发生),最后被碰倒的骨牌就是损害与伤害。因此,该理论又被称为"多米诺骨牌理论"(Domino Theory)。

在调查了多达75000件工伤事故后,海因里希发现,绝大多数的事故是由人的不安全状态导致的,占比约88%;由物的不安全行为导致的事故,占比约10%;仅有约2%是由于不可控因素,即由"上帝的行为"(acts of God)造成的。此外,在物的不安全状态导致的事故背后,有约10%的不安全状态也是由人的不规范或错误行为所致。他认为,想要阻止企业不安全事故的发生,其根本途径就是要阻断事故发生的因果链。也就是说,阻断人的不安全行为和物的不安全状态,就可以阻断事故连锁进程。海因里希的事故因果连锁理论在事故致因研究上具有重要地位,是事故研究科学化的先导,它建立起了事故致因的新概念——"事件链"(chains of events)。

---

① See Heinrich H. W., *Industrial Accident Prevention: A Scientific Approach*, McGraw-Hill, 1931, p. 27.

2. 事故灾难类突发事件的类型

一般来说,工业、矿业、商贸等企业的各种安全事故,交通运输事故,公共设施和设备事故,环境污染和生态破坏事件等是较常见的事故灾难类突发事件。依据引发事故灾难的人为或技术因素,事故类突发事件分为以下几种类型。

第一种是火灾或爆炸事故灾难。众所周知,火灾是最易产生且威胁人们生命安全与社会经济发展的常见灾难之一。爆炸事故常常由人们的生产活动或管理活动不当而导致,极易造成经济(财产)损失、设施毁坏及人员伤亡等的严重后果。爆炸事故通常分为物理和化学两种爆炸事故。

第二种是交通运输事故灾难。在海陆空运输行业,人为因素或设施、设备故障都可能引发造成人员伤亡、经济损失的灾难性事故。

第三种是危化品泄漏、污染、放射性等事故灾难。主要是指因危险化学品的爆炸性、易燃性、毒性、腐蚀性等特质而引发的人员伤亡、经济损失等后果的危化品事故。例如,由核电站等产生的放射性物质意外泄漏造成人员伤亡、环境污染事故。

第四种是矿难、井喷等事故灾难。矿难、井喷事故的发生,会严重影响人们的正常生产生活,且极易造成人员伤亡、环境污染、设施和设备毁坏等严重后果。

第五种是大规模停水、停电等公用设施事故灾难。

3. 事故灾难类突发事件的性质

突发性、破坏性是事故灾难类突发事件与一般性突发事件的共有特征。除此之外,事故灾难类突发事件还具有人为性、因果性、必然性和偶然性、潜在性特征:

第一,突发性。事故灾难类突发事件往往是预料之外的突然发生的事件。即使有征兆和预警的可能,但由于人们很难准确预见事件的发生时间、地点,灾难留给人们思考和反应的实际时间往往很短,因此预警机制有时也很难发挥作用。

突发性具有两层含义:一方面,由于事故灾难发生前几乎没有征兆,存在较大的随机性;另一方面,人们很难在事故灾难中进行周详的思考,无法对突然发生的情况作出准确的分析与判断。事故灾难的这种特征导致人们很难获得相关数据、信息以及资料,使预警机制缺少重要依据。这样,人们就难以作出准确的分析与判断,难以建立有效的危机预警机制。

第二,破坏性。实际上,潜在的危害性一直存在于人类进行的任何生产活动当中。但是,从潜在的危害性演变为现实的破坏性需要一定的实现条件。事故灾难的发生就是由于潜在的危害性缺乏控制、约束,进而发展为现实的破坏性。人的不安全行为与物质条件缺陷两者共同作用催生了危害性,灾难的发生以及酿成的后果则体现了破坏性的存在。了解和掌握事故灾难潜在的危害性以及现实的破坏性,既能帮助我们制定预防措施,尽可能降低事故发生的概率,也能帮助我们制定应对措施,将事故灾难的破坏程度降到最低。

第三,人为性。与自然灾害不同,事故灾难的起因往往与人为操作失误导致的技术过错有关。因此,事故灾难的发生一般具有明显的人为性,其产生、影响程度与范围都受到人的行为制约。事故灾难和自然灾难最大的区别就是人为因素在事故灾难中会发挥巨大的影响力。因此,在事故灾难应急管理过程中,需要充分重视并体现人的作用。

第四,因果性。事故灾难通常不是由某一种因素引发,而是多种因素相互作用、相互联系,经过一系列的演变并最终导致事故的发生。海因里希的事故因果连锁理论认为,虽然事故是在某一时刻突然爆发的,但导致事故发生的各种因素并非各自孤立的,而是相互联系与作用,最终导致事故的发生。因此,事故预防的中心工作是致力于消除事故灾难演变过程中的全部影响因素,切断它们之间的相互联系与作用。同时,为了更加有效地进行事故灾难管理,在制定预防措施时,不仅应尽最大努力掌握直接导致事故灾难发生的各种原因,也要充分考虑到间接导致事故发生的诸多因素。

第五,必然性和偶然性。事故灾难类突发事件具有必然性和偶然性。一方面,某些危险因素长期存在,积累到一定程度必然会发生大的灾难性事故;另一方面,触发危险因素的刺激条件是偶然的。事故灾难事件发生之前可能有征兆,但由于征兆的短暂显现以及无法确定时间、地点,因此只能偶然性地被人发现。

事故灾难的发生有着客观存在的偶然性,但这种偶然性又是必然性的表现。虽然这种偶然性是客观存在的,与我们是否明了现象的原因不相干,但如果我们运用一定的科学仪器或手段,就可以找出近似的规律,从外部和表面上的联系中找到内部的决定性主要关系。虽不详尽,却可以知道其大致规律。如根据偶然性定律以及概率论的分析方法,收集尽可能多的事例进行统计处理,就会找出具备共同特征的根本性问题。即从偶然之中发现必然,进而把握事故发生的规律,把事故消除在萌芽状态之中。这也正是我们对事故灾难以及其他灾难进行研究的意义所在。

第六,潜在性。危险是绝对的,不安全的隐患一直存在,一旦拥有适宜的激化条件,隐患就可能发展成为危险,造成事故灾难。所以,安全只是相对的。只要有危险存在,那么潜在的事故灾难也就时刻在威胁着我们,它会突然违反人的意愿由潜在变为现实并产生危害。因此,潜在性有两层含义:

一是再现性。世上没有两片完全相同的树叶,因此也就不存在完全相同的事故灾难。相同的事故灾难也只是原因类似。但是,掌握事故灾难的潜在性和再现性,能大大提高我们避免类似事故灾难发生的水平,以最大限度地降低其再现的可能。

二是预测性。潜在意味着可预测。虽然事故灾难的发生有相当大的偶然性,人们难以准确预测事故灾难的发生时间、地点,但这并不意味着我们无法对事故灾难进行研究与管理。实际上,我们可以通过回顾过去发生的事故灾难,总结经验及教训,并基于此进行一定程度的模拟和预测,以达到避免或减轻损失的目的。

4. 事故灾难类突发事件的分级标准

事故灾难的分级标准直接涉及对事故的处置和事故的调查处理。根据我国2007年《生产安全事故报告和调查处理条例》第 3 条第 2 款,生产安全事故分为特别重大、重大、较大以及一般事故四个等级:

第一,特别重大事故,是指造成 30 人以上死亡,或者 100 人以上重伤(包括急性工业中毒,下同),或者 1 亿元以上直接经济损失的事故。

第二,重大事故,是指造成 10 人以上 30 人以下死亡,或者 50 人以上 100 人以下重伤,或者 5000 万以上 1 亿元以下直接经济损失的事故。

第三,较大事故,是指造成 3 人以上 10 人以下死亡,或者 10 人以上 50 人以下重伤,或者 1000 万元以上 5000 万元以下直接经济损失的事故。

第四,一般事故,是指造成 3 人以下死亡或者 10 人以下的重伤,或者 1000 万元以下直接经济损失的事故。

二、事故灾难类突发事件的演变规律

1. 事故灾难的发生和演变要素

事故灾难的发生具有随机性和偶然性,是典型的小概率事件。而整个事故灾难是一个构造精密的运作系统,其内在的发生机理和演变过程十分繁杂。大量实际案例表明,事故灾难发生的可能性取决于人们对危险要素的控制和约束力度,一旦超出控制,事故发生概率就会急剧增加。依据事故致因理论,事故灾难的发生均是"人—机—环"相互作用导致的。相应地,事故灾难的发生和演变要素可以归纳为:外界环境、人为因素、物质能量释放程度以及应急管理能力四个方面。[①]

在事故灾难系统中,外界环境与人为因素一外一内,共同作用。一方面,外界环境是支撑事故灾难系统运转的基础。若外界环境发生变化,则势必会对系统运转造成一定影响。比如,气温、湿度、风力和风向对火灾事故、污染事件的演变都有重要影响。另一方面,人为因素也深深影响着事故灾难系统的运转进程。在许多事故中,正是由于操作人员实践经验不足、应变能力不强或存在侥幸心理、忽视风险、违规作业等,从而导致事故的发生。

物质能量释放是指事故灾难系统在一定条件下释放出具有可燃性、易爆性或者有毒有害性物质,并对人或者环境造成一定程度伤害的物理现象。事故灾难中的能量释放具有极强的破坏性,比如火灾、爆炸、泄漏、辐射等。事实证明,由于物质能量释放引起的破坏在重大事故灾难中十分常见,物质能量释放已成为事故发生的根本原因之一。

在事故灾难的应急管理中,应对能力的不足同样会影响事故发展的轨迹。应急管理需要从决策人员的应急指挥能力、救援人员的知识储备、救援装备的科技含量以及应急反应速度等诸多方面入手。同时,风险管理是一些事故灾难应急处置中的重要基石,如风险辨别、应急演练和决策支持等,决定着事故灾难应急处置的控制能力和应对能力。

2. 事故灾难应急处置应坚持的原则

一般来讲,事故灾难最终演变成灾难性后果会经历四个过程,即孕育、产生、发展和激变,从孕育到最终酿成灾难性的后果是一个长期性的过程。为更好地应对事故灾难形成与爆发的偶然性、复杂性以及多变性,并且事故灾难应急处置应做到果断、迅速、及时,必须坚持一定的原则。

第一,时间原则。"第一时间"意识对事故灾难救援至关重要。由于事故灾难涉及面积有限、涉及人员较为集中,因此必须把握住应急救援的最佳时间。只有为及时救援,才能够最大限度地保障受灾民众的生命和财产安全。一般来说,应急响应速度与事故后果的严重程度密切相关,及时救援可以使损失最小化,特

---

① 参见湛孔星、陈国华:《城域突发事故灾害发生机理探索》,载《中国安全科学学报》2010年第6期。

别是对遇险人员生命的救助,拖延时间则会降低成功概率。例如,在2004年吉林中百商厦"2·15"火灾事故中,首先赶到事发现场的消防队伍缺乏足够的专业救援装备,云梯车配备不足,也未携带救生用的气垫和防护网,仅依靠两部消防梯进入火场救援。被困人员大多聚在四楼的窗边,但救援人员只能到达二楼,这就使得他们难以开展有效的救援工作。火灾事故最终造成54人死亡,70多人受伤。如果能在第一时间有效施救,应该不至于发生这么严重的伤亡。①

第二,以人为本、减轻灾害原则。事故灾难往往会对多个目标产生多种威胁,因此如何对多重价值目标进行抉择成为事故灾难应急处置必须解决的难题。总体来说,要坚持"先救人,后救物"的原则,把挽救民众生命与保障人的基本生存条件放在首要位置。同时,由于事故现场安全情势很不稳定,还必须高度关注应急救援人员的人身安全,有效地保护应急响应者,避免次生、衍生灾害的发生。2003年12月23日,位于重庆开县高桥镇的中国石油天然气股份有限公司(以下简称"中石油")川东北气矿"罗家16H"井发生特大井喷。井喷出现后,因为害怕经济损失,心存侥幸,现场指挥决策出现严重的失误,现场抢险负责人没有当机立断下令对放喷管线实施点火,使大量含有高浓度硫化氢的有害气体喷出,导致243人死亡,4000多人受伤,6万多人紧急疏散,9.3万多人受灾,直接经济损失6432.31万元。试想,若现场应急指挥人员能够把民众的安危放在首位,以公共安全为重,就不会造成如此严重的后果。

第三,统一领导、分级负责原则。只有统一协调执行应急救援任务各单位的行动,才能实现应急救援的基本功能与目标。因此,应急指挥系统应坚持统一指挥的原则,即使涉及应急救援单位的行政级别和隶属关系可能存在较大差异,也必须服从应急指挥部的统一指挥、统一协调和统一号令,做到步调一致、令行禁止。在此基础上,要明确责任与分工,适当划分层级,使各参与单位既能充分发挥自己的作用,又能相互配合,提高整体效能。通常情况下,在跨行业、跨领域、跨地区乃至跨国界的重大事故灾难救援中,应以执行主要任务的队伍为主体,以在同一时间、地区执行应急任务的各专业队伍为辅助,这样才能在一个应急指挥系统内实现步调统一、相互配合的救援。

第四,属地先期处置原则。只要是在自己辖区内发生突发事件,无论级别大小,属地职能部门都要积极应对,及时派出应急救援力量开展先期处置。这是因

---

① 参见《吉林中百特大火灾消防部门相关成员被调查》,载《安防科技》2004年第2期。

为属地救援力量距离突发事件的发生地最近,能够第一时间赶到现场处置险情,有利于事件的尽快解决。一方面,这样可以避免事态的进一步升级、扩大,造成更大范围的损失与破坏;另一方面,也能降低突发事件对社会公众生命、财产和健康安全造成更大威胁的可能性。近些年来,由于应急管理工作面临的挑战越来越多,各国应急管理体制在实践过程中逐渐由金字塔结构转变为扁平化网状管理结构。这种结构可以克服结构机械、统一的缺点,能够使各节点、节点之间连线和点线连接后形成一个统一的网格,可以在跨地区、涉及多部门的特别重大事故应急管理中更好地实现属地优先处置以及应急资源的共享。

第五,科学应急、专业处置原则。各种高科技成果的恰当运用能够有效提升应急处置水平。要充分利用和借鉴各种高科技成果,发挥专家的智力支撑作用,避免不顾科学的蛮干。同时,要充分利用专业人员在知识、能力、装备等方面具有的专业化特长,运用科学理论更加专业地处置各类事故灾难。也就是说,事故灾难救援可以是综合性的,但在具体处置过程中必须尊重科学。同时,要避免救援者被事故灾难所影响,防止造成不必要的伤害。例如,在2004年东航"11·21"空难中,事故造成的严重后果不仅仅包括空难本身导致的人员、财产的损失,还包括由于忽视油料泄漏问题导致的环境污染。空难发生后,东航未能及时评估泄漏油料可能引发的次生危害,最终造成内蒙古包头市东河区南海公园水系以及周边生态系统被泄漏油料严重污染。[①]

3. 事故灾难类应急管理的基本过程

事故的演变发展一般经历潜伏、爆发、处置、恢复四个阶段。为了能够采取适宜的处置方案,应急管理工作的开展应当事先充分了解事故各阶段演变进程及其特点。在潜伏阶段,需要提前采取措施,以察觉事故爆发前的各种征兆和迹象,尽最大可能排除引发事故的隐患;在爆发、处置阶段,应及时做好影响控制工作,其中降低事故造成的危害是应急管理工作的重中之重;在恢复阶段,应做好事故的恢复、调查、评估以及总结等工作。

(1) 事前预防,准确预警

潜伏期是事故灾难发生之前的必经阶段,事故灾难在此期间会表现出一定的征兆或先导信号。应急管理者需要对处于萌芽状态的危机采取有针对性的措施加以处置,并对其发展、演变进程作出准确的预测和判断,在提高自身应对能

[①] 参见赵晓秋:《包头空难索赔记》,载《法律与生活》2006年第21期。

力的同时,防止事故的爆发和事态的升级。预警机制是危机管理系统的基础组成部分,良好的预警机制能够确保事故灾难危机管理的有序和高效开展,也能尽最大可能减少事故灾难对公众生命财产的影响范围和程度,维护社会安全和稳定。因此,应急管理者要把握这个应对危机的最佳时期,密切关注相关信息及事态变化,争取遏制事故灾难在潜伏期的发展进程,尽量排除隐患。

对事故灾难的预警要建立在充分的信息分析评估和准确的趋势预测基础之上,否则预警机制很难发挥作用。比如,2005年,美国东北部发生了罕见的暴雪灾害,由于气象部门对灾害性天气的及时预警,政府部门也向公众宣传了御寒指南,虽然有近15万户居民遭遇了停电停水等困难,但大部分人早已提前做好应对措施,因此此次雪灾并没有对人们的生活造成太大的困扰。相比之下,2008年中国南方发生的大范围雪灾,国家气象局没有对南方地区低温雨雪冰冻天气可能造成的危害给予恰当的预警,仅仅发布了简单的预报,提示未来有可能出现低温雨雪冰冻天气,并没有建议相关部门采取有效的预防措施来防范这种天气以及可能造成的危害。与此同时,相关政府部门和气象部门也未能够重视国家气象局的预报,没有意识到低温雨雪冰冻灾害的严重性。这导致事态发展超出控制,加之灾难发生后相关政府部门反应迟缓,直到半个月后才建立起全国统一的协调救灾机制,而受灾范围在此期间迅速扩大直至难以应对。[①]

完善的事故灾难预警机制包括信息采集、加工、决策、警报和咨询等模块。信息采集模块主要针对事故的发生原因以及危机征兆等信息开展收集和储存工作。加工模块是对采集到的信息进行分类处理,识别危机征兆并将其转化为警示信号。决策模块的作用是将整理加工后的信息与危机预警的指标进行对比,并由此判断是否发出危机预警。警报模块的作用是对相关人员发出危险警示,以利于他们采取正确的应对措施,做好应对事故灾难的准备。咨询模块的作用是广泛采纳专家、智囊等第三方机构的建议,使应急管理部门的决策能够更加科学、合理。

建立事故灾难预警机制的原则有:一是要有针对性地收集能够采集预警所需要的信息;二是预警信息要准确,既不能盲目地夸大风险,发出错误的预警,也不能够忽视任何危险的迹象,延误预警;三是及时发布预警信息,并确保接收者能够及时知晓信息;四是建立和使用预警系统要坚持既经济又合理的原则,避免

---

① 参见杨永坚、田玉基:《突发公共事件应急管理与应急系统的研究与应用——以2008年初我国南方雪灾为例》,载《科技成果纵横》2008年第4期。

浪费现象。

(2) 快速处置，及时救援

一旦事故灾难已经发生，就要及时开展救援工作；要快速处置险情，避免犹豫不决以至于耽误黄金救援时间。"第一时间"意识对于事故灾难的救援尤为重要，只有及时救援才能最大限度地减少生命财产损失。这也是事故灾难应急管理的第一要求。一般情况下，地方政府以及安全生产监督管理部门在接到发生重大事故灾难的报告后，应在第一时间启动应急预案，向上级主管部门上报情况。应急处置部门在第一时间赶到事故现场，并根据事故的类别、受灾的范围、遇险人员的分布位置等情况组织抢险救援。具体来讲，应急处置主要包括以下几个方面：

第一，快速干预。数据显示，可供选择的应对措施会随着危机持续时间的延长而减少，消除危机付出的代价却会随之增大。政府是事故灾难的重要救援主体，事故灾难能否得到及时有效的应对取决于政府部门能否作出快速的反应。在事故灾难发生后，为最大限度地降低损害后果，迫切需要作为核心主体的政府部门尽快克服时间、信息和资源匮乏等不利条件，作出及时、有效的对策选择。

第二，快速评估。在危机应对过程中，应急决策者是否能够获得足够的信息支持取决于能否对突发事故灾难的当前状态进行快速评估。在我国，目前快速评估的应用范围比较有限，主要用于地震灾害的应急救援。例如，2012 年 12 月 20 日，中石油吉林石化分公司双苯车间再次发生爆炸。同样的事故早在 2005 年 11 月 13 日就发生过，但当地政府没有及时对事故进行快速评估，对事故造成的严重后果存在估计和应对不足，两次的错误应对致使松花江出现非常严重的水体污染。[①] 又如，2012 年 12 月 31 日，山西长治市山西天脊煤化工集团股份有限公司发生一起苯胺泄漏事故，同样缺乏对事故状态及影响的准确评估。经调查认定，事故发生 5 天后，苯胺泄漏总量达 319.87 吨，其中流出厂区 134.29 吨，流入浊漳河 8.76 吨，严重污染河流沿岸生态环境。[②] 由此可见，快速评估在事故灾难的应对处置中是必不可少的重要一环。

第三，快速决策。在我国，有些地方政府的应急决策能力不高，在辖区遭遇

---

① 参见全继罡、乔国峰：《双苯凶猛"11·13"吉林石化公司化工装置大爆炸暨松花江污染事故纪实》，载《上海消防》2005 年第 12 期。
② 参见常建党：《跨省污染浊漳河事故的调查——山西天脊集团"12·31"苯胺泄露跨省污染事故的剖析》，载《中国检察官》2014 年第 16 期。

突发性事故灾难后,难以对当时情形作出准确的判断与果断的决策。例如,2003年重庆开县发生井喷事故后,基层政府官员在组织群众撤退时犹豫不决,导致伤亡的进一步扩大,仅死亡人数就达243人。① 在一些事故灾难应急管理中,有权进行决策的人不在事故现场,在事故现场的人没有决策权;懂的人不敢作出决策,不懂的人又盲目作出决策。这样,就会出现十分尴尬的局面,并可能导致严重的后果。为了解决这一难题,需要合理设置应急决策权力的授权机制,让事故灾难现场应急指挥人员能够快速作出决策,避免贻误救援时机。同时,决策作出后,需要多个部门直接协调联动,迅速开展救援行动。通常情况下,单一的部门很难独立完成救援任务,尤其在重大事故灾难面前,往往需要公安、武警、卫生、消防、安监、环卫、民政、交通等部门进行深入合作,广泛交流,共同面对险情。②

(3) 信息公开,减少隐瞒

首先,事故灾难应急响应包括分级响应、指挥和协调、紧急处置、医疗卫生救助、应急人员的安全防护、群众的安全防护、社会力量的动员与参与、现场检测与评估、信息发布、应急结束十个要素,其中信息发布这一要素尤为重要。在事故灾难发生后,为抵制谣言传播对正在进行的救援工作带来负面影响,政府部门尤其是应急管理部门应该按照有关规定,及时、准确地发布有关应急救援工作进程以及事态发展的信息。很多公共危机的发生就是由于突发事件的相关信息公布不及时甚至刻意隐瞒造成的,因此信息公开与发布工作在应急响应阶段必须得到足够的重视。

其次,采取拖延、隐瞒等方式给公众制造交流障碍是一些不负责任的地方政府的常用手段。它们往往把事故灾难看作坏事情,认为事故灾难的发生有损自身形象,意味着行政管理存在漏洞。事实上,当今互联网高度发达,这种做法是非常不明智的。如果政府的新闻发布会没有及时召开,那么公众就会轻信从其他渠道获知的事故相关信息,这样不仅达不到信息公开的目的,也会有损政府威信。信息公开主要是满足公众的需求,因此政府部门更应该及时、主动地举行新闻发布会,主动回应公众关切,了解他们的实际需求。当然,信息公开需要遵循一定的原则,相关事故信息和处置细节应当随着事故救援和调查工作的深入而

---

① 参见桑启源:《浅析危机管理的分析路径——以重庆开县"12·23"井喷事故为例》,载《今日科苑》2007年第18期。
② 参见张海波:《中国转型期公共危机治理:理论模型与现实路径》,社会科学文献出版社2012年版,第209—264页。

不断公开,若将所有的信息都在第一时间全部告知公众和媒体有时会造成信息混乱。同时,缺少科学论证与证据支撑的信息一经发布,极易造成错误的导向,恐慌和猜疑极有可能不减反增。这与召开新闻发布会的目的显然是背道而驰的。

最后,发生事故灾难后,公众关注的信息也是有先后顺序的。公众关注的焦点与核心往往不是导致事故灾难发生的原因,而是事故灾难会造成什么影响,会产生怎样的后果。因此,信息的发布要根据公众对信息关注需求的先后顺序,按照事故灾难的危害性、事故原因、防范化解措施、其他事项的顺序依次公开,做到有序、适度、逐渐深入。同时,公开事故灾难的信息也是政府的职责所在,《中华人民共和国政府信息公开条例》第 19 条规定:"对涉及公众利益调整、需要公众广泛知晓或者需要公众参与决策的政府信息,行政机关应当主动公开。"

(4) 妥善恢复,评估总结

恢复阶段开始后,整个应急处置阶段的工作暂时结束。首先,结束要有一定的程序,无论是哪一类的事故灾难,在事件即将终结的时候,都应该对所有风险进行评估,只有在确认没有风险或不会造成事件扩大的后果时才能对事件宣布结束。因为事故灾难突发事件的风险要素会随着时间、地点、环境的变化而变化,有的可能逐渐消失,有的可能逐步扩大并引发新的突发事件。风险要素评判的动态化要求事故灾难突发事件的风险评估紧跟时代要求,符合社会公众利益和要求,既要客观科学,又要符合社会公众的利益。其次,对事故灾难的起因、性质、影响、责任、经验教训等问题也要进行调查评估,并依法追究相关责任人的责任。需要指出的是,由于事故灾难类突发事件的风险评估难度较大,需要投入的不仅是时间、精力,更需要资金、技术等支撑。同时,只有增加风险评估的资金投入、时间投入,才能给评估以足够的时间和资金。最后,为了使风险评估更加科学,增加可接受性,可鼓励非政府组织、社会公众等多元化主体参与风险评估。同时,应加强和完善对风险评估机构的监督,完善对相关国家机关及其工作人员的监督,并实行绩效管理,对风险评估的专家也要实行监督,从而避免相关机构、部门、个人因自身利益影响风险评估的准确性。

此外,开展宣传、教育、培训和演练工作等也是事故灾难应急管理的重要组成部分。实际上,风险意识不足是最大的危机,缺乏忧患意识是最大的隐患。在事故突然发生时,社会公众应当及时开展自救与互救,同时主动配合政府部门开展救援工作,这样才能有效地保护相关人员的生命及财产安全,降低灾难造成的损失。所以,要强化对社会公众的事故灾难自救、互救知识的宣传,借助社区、厂矿、学校等进行实战演练和模拟演练,提高社会公众在事故灾难中的自救和互救能力。更为重要的是,要提高各级领导干部的事故灾难处置能力,要对他们加强应急培训,如可以通过模拟演习的方式,充分利用地图、沙盘、流程图、计算机模拟、视频会议等技术和工具,演练事故应急处理流程,明确应急角色职责,熟悉多方协同与应急决策。

第二节 火灾类突发事件

一、上海"11·15"火灾

1. 火灾事故经过

2010年11月15日,上海市静安区余姚路胶州路一栋高层公寓发生火灾。根据最终官方统计数据,火灾造成58人遇难、71人受伤的特别严重后果。事后调查表明,当时公寓内住着许多退休教师。[①]

该教师公寓建筑共28层,未设置避难层,建筑面积17965平方米,其中底层为商场,2—4层为办公,5—28层为住宅。火灾发生当日,施工人员正在进行公寓外立面装修。14时15分许,位于北侧10层左右的脚手架不慎首先着火。由于事故现场违规使用大量尼龙网、聚氨酯、泡沫等易燃材料,加上当日上海东北风,风力4—5级,火势借助风力从下至上不断上蹿,整栋大楼很快就被大火包围。

消防部门接到报警后,迅速派出了两辆消防车赶到现场进行灭火救援工作。但由于人员短缺、消防车喷水高度不足等原因,火势无法得到有效控制。在高楼大灾中,外围施救通常利用直升机和消防云梯车。公开资料表明,上海市已全面配备拥有国内最好的消防车,可喷射百米以上高程。消防云梯车高程可达90米,有30层楼高。但实际上,这一装备在建筑周边展开作业时要求有四点或者六点支撑,因此需要很大的空间。在寸土寸金的静安区,这一硬性条件很难得到满足。后经过协调,在起火建筑旁边腾挪出一片空地,云梯车方得以顺利展开作业。但是,受限于洒水量小,云梯车依然无法有效遏制火势的蔓延。随后,警用

---

① 参见李祎:《上海高层大楼火灾遇难者升至58人》,https://news.qq.com/a/20101119/000234.htm,2020年8月12日访问。

直升机被纳入考虑范围。但是,由于周边环境复杂、烟雾太大,对直升机自身安全形成威胁,直升机救援方案也只能被迫放弃。

下午15时30分左右,部分目击者称,大火已经将安装在教师公寓楼上的空调外机烧成了一个个光架子,外机残骸亦不能完整地附着在墙体上,随时都有掉落的可能。此时,仍然有部分居民爬在过火的脚手架上等待救援;大楼内弥漫着滚滚浓烟,还有不少的居民没能撤出。警方再次扩大警戒范围,在现场周围的几条街拉起了几道警戒线。消防部门经过四个多小时的奋力抢救,大火终于被扑灭。

2. 事故原因分析

国务院事故调查组查明,该起特别重大火灾事故是一起因企业违规造成的责任事故。[①] 事故的直接原因如下:

第一,焊接人员未取得相应资格证书,且违规操作。由于焊接人员操作不慎,导致焊接熔化物四处喷溅,楼下不远处的聚氨酯硬泡保温材料被迅速引燃,随后火势变大,进一步引燃楼体表面可燃物,最终导致整栋大楼迅速被大火吞噬。

2010年修改并颁布的《特种作业人员安全技术培训考核管理规定》第5条、2003年《建设工程安全生产管理条例》第25条、2002年《安全生产法》第82条第4款都要求焊接等特种作业人员必须经过专门的安全技术培训并考核合格,取得《中华人民共和国特种作业操作证》后,方可上岗作业。

在该工程中,焊接人员未向业主单位或者施工单位出示特种作业焊接的操作资格证,同时业主单位或者施工单位也未要求焊接人员出示特种作业操作证;焊接人员操作时未能按照焊工安全操作规程采取防护或隔离措施。根据焊工安全操作规程的规定,在工作中,不论是站立还是仰卧都应垫放绝缘体;严禁在易燃品或者易爆品周围焊接,如果必须在其周围焊接,则操作间隔距离至少要达到5米。

第二,工程中所采用的聚氨酯硬泡保温材料不合格或部分不合格。聚氨酯硬泡保温材料由于导热系数低、保温效果好等优点,成为新一代的建筑节能保温材料,是更好实现我国建筑节能目标的需要。但是,该工程中采购的聚氨酯硬泡保温材料未能达到我国建筑外墙保温的相关标准要求。对用于建筑节能工程的

---

① 参见彭钢:《上海静安区公寓大楼火灾的警示 中国需要什么样的建筑生产和使用环境——一个华人建筑师的思考》,载《建筑技艺》2011年第Z1期。

保温材料,其燃烧性能应高于或等于B2级(不能被焊渣引燃是B2级别的保温材料应具有的性能之一)。

事故的间接原因有：

第一,装修工程违法违规,层层分包,导致安全责任落实不到位。上海静安建设总公司总体承包发生事故的大楼外墙节能保温改造工程,随后该公司将全部工程分包给上海佳艺建筑装饰工程公司,上海佳艺建筑装饰工程公司又将工程进一步分包,上海迪姆物业管理有限公司负责脚手架搭设作业,通过政府采购程序中标的正捷节能工程有限公司和中航铝门窗有限公司分别负责节能工程、保温工程和铝窗作业。同时,脚手架工程又被上海迪姆物业管理有限公司分包给其他公司、施工队等;保温工程则被正捷节能工程有限公司又分包给三家其他单位。

1997年《建筑法》第28条规定:"禁止承包单位将其承包的建筑工程转包给他人,禁止承包单位将其承包的全部建筑工程肢解以后以分包的名义分别转包给他人。"第29条第1款第2句规定:"施工总承包的,建筑工程主体结构的施工必须由总承包单位自行完成。"而这里的施工总承包单位上海静安建设总公司却将所有工程分包给上海佳艺建筑装饰工程公司。第29条第3款第2句规定:"禁止分包单位将其承包的工程再分包。"该工程分包商上海佳艺建筑装饰工程公司却将工程层层分包给数家单位施工,使得安全责任层层减弱,给安全管理带来很大的阻碍,给该工程施工带来很大的事故隐患。

第二,施工作业现场管理混乱,存在明显的"三赶"(赶工期、赶进度、赶速度)行为。《建设工程安全生产管理条例》第7条规定:"建设单位不得对勘察、设计、施工、工程监理等单位提出不符合建设工程安全生产法律、法规和强制性标准规定的要求,不得压缩合同约定的工期。"第10条规定:"建设单位在申请领取施工许可证时,应当提供建设工程有关安全施工措施的资料。依法批准开工报告的建设工程,建设单位应当自开工报告批准之日起15日内,将保证安全施工的措施报送建设工程所在地的县级以上地方人民政府建设行政主管部门或者其他有关部门备案。"施工场所应采取完善的安全措施,包括消防措施,并应在制订完善的施工计划、确定工期后按计划进行施工。此外,该工程是在有156名住户的情况下进行施工,更应该注意按照制度执行。

第三,监理单位、施工单位、建设单位存在隶属或者利害关系。工程总承包单位上海静安建设总公司直接受建设单位上海市静安区建交委管辖,第一分包单位上海佳艺建筑装饰工程公司和监理单位都是上海静安建设总公司的全资子公司。因此,监理单位、施工单位、建设单位存在明显的隶属及利害关系。1997年《建筑法》第 34 条第 3 款规定:"工程监理单位与被监理工程的承包单位以及建筑材料、建筑构配件和设备供应单位不得有隶属关系或者其他利害关系。"这次事故中,监理单位、施工单位、建筑单位可能存在相互配合、共同牟利的可能性。同时,监理单位也没有认真履行建设工程安全生产职责,未依照法律、法规规定施行工程监理,对无证施工行为未能采取有效措施加以阻止,未认真落实《建设工程安全生产管理条例》第 14 条规定的安全责任,在存在安全事故隐患、施工单位不停止施工的情况下,并没有及时向有关主管部门报告,对事故发生负有监理不力的责任。

第四,事故现场违规超量使用尼龙网、毛竹片等易燃材料,且未落实相应安全措施,导致大火迅速蔓延。调查显示,使用不合格的聚氨酯硬泡保温材料并非致使大火蔓延并引燃至全楼的根本原因,在事故大楼楼体表面上违规超量使用的易燃尼龙防护网以及脚手架上的毛竹片才是导致火势蔓延的关键性因素。虽然施工场所必须使用防护网,脚手架上也必须放置踏板,但选用的材料必须能够保证安全,且不能发生易燃现象。

第五,有关部门监管不力,导致上述四种违规情况的出现。多次分包、多家作业、现场管理混乱、事故现场违规选用材料以及建设主体单位存在利害关系等现象在建筑行业中十分常见。相关部门对建筑行业及市场缺乏有效的监管,未能对工程承包、分包起到监督作用;监理单位缺乏对施工现场的监督检查,对施工现场无证上岗等情况未能及时发现并处置。有关部门对于业主单位上报备案的施工单位、监理单位未能进行检查,导致施工单位与监理单位存在"兄弟单位"关系。现实中,这种情况应该不罕见,而发生事故的只有一小部分,这使得有关监管部门惯于放纵与容忍承包商、开发商的"恶行",殊不知一旦出了事故就会造成严重的后果。

3. 事故暴露高层建筑的消防问题

这起事故暴露出高层建筑的四个消防软肋。

第一,楼内消防设备、救生设施不完善。高层建筑起火后,最重要的是利用楼内消防设备进行救援。同时,为高层建筑配备救生绳、防烟罩和救生软梯等专业逃生设备也是非常必要的。然而,遗憾的是,这幢起火的居民楼内并无这些设备。

第二,建筑材料不能阻燃,反而易燃。该工程大量使用泡沫板、油漆、黏合胶、防护网、保温材料等建筑材料,这些材料都是可燃、易燃物品,稍有疏忽便会引发火灾事故,产生大量毒害气体,严重危害人身安全,并增大了扑救难度。

第三,救援现场云梯不够高。我国城市消防通常使用高度为50米左右的云梯,这显然无法满足高层建筑的消防需求。本次火灾救援的困难也主要在于云梯难以达到20层以上,致使20层以上火势难以控制。

第四,直升机救援条件依然不成熟。尽管此次救援也调用了直升机,但由于不是消防专用直升机,现场的浓烟使直升机无法靠近事发地点,再加上大城市高层建筑密度很大,限制了直升机安全操纵的有效空间,为直升机救援增加了新的难度。

4. 事故的警示

近些年来,全国多地发生过高楼火灾事故。例如,2010年5月31日,江苏南通市第一高楼在建时外墙着火引发火灾;同年9月9日,长春住宅楼电焊引燃外墙材料;同年9月15日,乌鲁木齐一在建高楼保温材料引燃大火;同年10月9日,青海31层商住楼外墙保温材料着火……多起高层建筑发生火灾的警示是,火灾重在预防。为有效预防和减少重特大火灾事故的发生,应采取以下对策和措施:

第一,增强责任意识,提升紧迫感。一定要从落实科学发展、保障和改善民生的高度,进一步提高对做好消防工作重要性的认识,清醒判断当前消防工作面临的严峻形势,增强做好这项工作的责任感、紧迫感。

第二,加强宣传教育,提高消防能力。紧密结合实际,新闻、宣传、文化部门联动,通过广播、电视、墙报、板报、橱窗等多种形式,广泛开展消防宣传教育和培训。加强对企业员工,尤其是流动务工人员的消防安全教育培训。各类学校也要对学生开展必要的消防知识教育,切实提高检查消除火灾隐患、组织扑救初起火灾、组织人员疏散逃生、消防宣传教育培训"四个能力"。

第三,认真组织开展火灾隐患大排查、大整改,及时消除火灾隐患。要针对消防工作中存在的薄弱环节,全面排查、整治火灾隐患;各级执法部门要认真履行职责,加大联合执法力度,认真检查消防安全责任是否落实,安全管理制度、消防设备设施和火灾防范措施是否到位,坚决防止重特大火灾事故的发生。

第四,严格落实消防安全责任制。要按照谁主管、谁负责的原则,一把手为第一责任人,分管领导为主要责任人,切实把消防安全责任落到实处。要加大火灾事故责任追究力度,实行责任倒查和逐级追查,做到事故原因不查清不放过、事故责任者得不到处理不放过、整改措施不落实不放过、教训不吸取不放过。

第五,操作人员必须持证上岗。现场操作人员必须严格遵守各项安全操作流程、管理制度,必须加强现场安全监督和管理。

第六,配齐、完善高层建筑楼内的消防设备。上海"11·15"火灾中的罹难者多被燃烧时的有毒气体呛死,而非被烧死。高层建筑不仅要配备消火栓和灭火器,而且要配备救生绳、防烟面罩及救生软梯等专业逃生、救生设备。此外,高层建筑火灾现场普遍存在供水不足的问题。有些商用高层建筑中配备的室内消火栓由于保养不善甚至没有保养,导致经常无水或喷头阻塞,发生火灾时无法使用,必须靠人力在建筑外墙铺设水带供水,以弥补内部管道供水不足的问题。

第七,加大投入。政府应给消防专业部门和队伍配备适应当前城市高楼建筑消防需要的云梯、消防专用直升机等设备设施,以有效增强消防救援队伍的硬件设施力量,在提高救援工作效率,更大限度挽救民众生命以及财产损失的同时,也能减少人员的伤亡,降低悲剧发生的可能性。

第八,加强科技攻关,研制新型建筑和装饰材料。目前,主流的保温节能材料聚氨酯具有导热系数更高、保温性更好等优点,但美中不足的是,这种材料燃烧速度快,阻燃性能差,并且在燃烧过程中还存在熔滴过渡现象,容易导致火势加速蔓延。同时,聚氨酯在燃烧时还会产生大量一氧化碳等有毒气体,极易在火灾发生时造成更加严重的危害。同时,国内建筑施工单位在选用保温节能材料时,往往缺乏其在防火、耐水等方面的性能认知,因此政府相关部门要引起重视,加强科技攻关,尽快研发新型建筑和装饰材料,以弥补现有建筑保温材料的缺点。

二、火灾类应急知识与技能

火灾是指在时间和空间上失去控制的燃烧所造成的灾害。在各类事故灾难中,由于对公众安全和社会发展的威胁呈现出频次高、范围广等特点,火灾是事故灾难应急管理的重点之一。

1. 火灾的分类及危险等级

火灾危险性可分为生产、储存物品、可燃气体和可燃液体四种。其中,生产的火灾危险性分为甲、乙、丙、丁、戊五级,储存物品的火灾危险性分为甲、乙、丙、丁、戊五级,可燃气体的火灾危险性分为甲、乙两级,可燃液体的火灾危险性分为甲、乙、丙三级。

火灾危险等级分为轻危险级、中危险级、严重危险级和仓库危险级。具体来说,轻危险级是指建筑高度为24米以下的办公楼、旅馆等。中危险级是指高层民用建筑、公共建筑(含单、多高层)、文化遗产建筑、工业建筑等。严重危险级是指印刷厂、酒精制品、可燃液体制品等工厂的备料与车间等。仓库危险级是指食品、烟酒、木箱、纸箱包装的不燃难燃物品、仓储式商场的货架区等。

根据公安部2007年6月26日发布的《关于调整火灾等级标准的通知》,火灾等级标准由原来的特大火灾、重大火灾、一般火灾三个等级调整为特别重大火灾、重大火灾、较大火灾和一般火灾四个等级。

第一,特别重大火灾,是指造成30人以上死亡,或者100人以上重伤,或者1亿元以上直接财产损失的火灾。

第二,重大火灾,是指造成10人以上30人以下死亡,或者50人以上100人以下重伤,或者5000万元以上1亿元以下直接财产损失的火灾。

第三,较大火灾,是指造成3人以上10人以下死亡,或者10人以上50人以下重伤,或者1000万元以上5000万元以下直接财产损失的火灾。

第四,一般火灾,是指造成3人以下死亡,或者10人以下重伤,或者1000万元以下直接财产损失的火灾。

2. 火灾造成的危害

在人类发展的历史长河中,火,燃尽了茹毛饮血的历史;火,点燃了现代社会的辉煌。正如传说中所说的,火是具备双重性格的"神",给人类带来了文明进步、光明和温暖。但是,它有时是人类的朋友,有时是人类的敌人。失去控制的火会给人类造成灾难。火的危害主要表现在以下几个方面:

第一,毁坏财产,易造成巨大的财产损失。火灾,会使温馨的家园变成废墟,使茂密的森林和广袤的草原化为乌有,造成自然资源的严重毁损;火灾,会烧掉大量文物、古建筑等诸多的稀世瑰宝,使珍贵的历史文化遗产毁于一旦。同时,火灾造成的间接损失往往比直接损失更为严重,包括受灾单位自身的停工、停产、停业,以及相关单位生产、工作、运输、通信的停滞和灾后的救济、抚恤、医疗、重建等工作所需的更大的投入与花费。至于森林火灾、文物古建筑火灾所造成的不可挽回的损失,更是难以用经济价值计算。

第二,残害人类生命。火灾会使受灾人员陷于困境,造成难以消除的身心痛苦,更会直接或间接地残害人类生命。

第三,破坏生态平衡。火灾的危害不仅表现在毁坏财物、残害人类生命,而且还会严重破坏生态环境,对生态环境造成难以估量的巨大影响,破坏生态平衡,严重威胁人类的生存和发展。

第四,引起不良的社会和政治影响。火灾在威胁国家财产和公民人身、财产的同时,也会给社会秩序、工作秩序、生产秩序、教学科研秩序以及公民的生活秩序造成影响。如果火灾规模比较大,或发生在首都、省会城市、人员密集场所、经济发达区域、名胜古迹等地,则会产生不良的社会和政治影响。有的会引起人们的不安和骚动,有的会损害国家的声誉,还有的会引起不法分子趁火打劫、造谣生事,造成更大的损失。

3. 火灾的预防知识

第一,预防火灾常识。

(1) 不乱接电源,不乱拉电线,不超负荷用电。安全使用取暖电器,人离开时关闭电源及煤气。

(2) 不乱扔烟头,不躺在床上吸烟和用灯泡取暖,不在室内点蜡烛看书。

(3) 不在建筑物内和易燃易爆物品旁焚烧杂物,不随意存放易燃易爆物品,不在办公场所、公共场所、宿舍内擅自使用煤炉、煤气炉、煤油炉、酒精炉、液化气罐、电炉、热得快及其他可能引发火灾的电器升温设备等。

(4) 不在易燃易爆物品附近擅自使用明火,杜绝不当燃放烟花爆竹,不将氧气、氢气等易燃易爆气体混放在一起。

(5) 不挪用和损失消防器材,不堵塞消防通道,不违章搭建和违章施工。

(6) 不在家里储存易燃易爆的汽油、酒精、香蕉水等危险物品。

(7) 不携带易燃易爆及化学危险品乘坐各类交通工具。

(8) 不在树林中抽烟、乱扔烟头、野炊、烧荒、烧灰积肥或焚烧物品。

第二,高楼防火注意事项。

(1) 安全门、楼梯及通道应保持畅通,不得任意封闭、加锁或堵塞。

(2) 楼房窗户不应装置防盗铁栅,如装置应预留逃生口。

(3) 高楼楼顶平台为临时逃难场所,除蓄水池外,不可加盖房屋或增加其他设备,以免影响逃生。

(4) 缺水或消防车抢救困难地区,应配置灭火器材或自备充足的消防用水。

第三,用电安全常识。

(1) 入户电源线要避免过负荷使用,破旧老化的电源线应及时更换,以免发生意外事故。

（2）严禁私自从公用线路上接线。

（3）家用电器着火的，应先切断电源再救火。

（4）家庭用电设备应装设带有过电压保护的、经调试合格的漏电保护器，以保证使用安全。

（5）湿手不能触摸带电的家用电器，不能用湿布擦拭使用中的家用电器。家用电器维修必须先切断电源。

（6）家用电热设备、暖气设备一定要远离煤气罐、煤气管道，发现煤气漏气应先开窗通风，千万不能拉合电源，并及时请专业人员修理。

（7）使用电熨斗、电烙铁等电热器件，必须远离易燃物品，用完后应切断电源，拔下插销头，以防意外。

（8）发现有人触电，不能直接接触触电者，应用干木棒或其他绝缘物将电源线挑开，使触电者脱离电源。

（9）电源插头、插座应布置在幼儿接触不到的地方，并经常给家中的老人和孩子讲解家庭安全用电常识，增强老人和孩子的自我保护能力。

第四，报火警的正确方法。

《消防法》第 44 条第 1 款明确规定："任何人发现火灾都应当立即报警。任何单位、个人都应当无偿为报警提供便利，不得阻拦报警。严禁谎报火警。"所以，一旦失火，要立即报警。报警越早，损失越小。报警时，要牢记以下几点：

（1）要牢记火警电话"119"。

（2）接通电话后要沉着冷静，向接警中心讲清失火单位的名称、地址、什么东西着火、火势大小以及着火的范围。同时，要注意听清对方提出的问题，以便正确回答。

（3）把自己的电话号码和姓名告诉对方，以便联系。

（4）打完电话后，要立即到交叉路口等候消防车的到来，以便引导消防车迅速赶到火灾现场。

（5）迅速组织人员疏通消防车道，清除障碍物，使消防车到火场后能立即进入最佳位置灭火救援。

（6）如果着火地区发生了新的变化，要及时报告消防队，使其能及时调整灭火战术，取得最佳效果。

（7）在没有电话或没有消防队的地方，如农村和边远地区，可采用敲锣、吹哨、喊话等方式向四周报警,动员乡邻一起灭火。

第五,灭火器的种类及使用方法。

(1) 干粉灭火器。干粉储压式灭火器是以氮气为动力,将筒体内干粉压出的手提式灭火器,适宜于扑救石油产品、油漆、有机溶剂火灾。它能抑制持续燃烧的连锁反应而灭火,也适宜于扑灭液体、气体、电气火灾(干粉有5万伏以上的电绝缘性能),使用时先拔掉保险销(有的是拉起拉环),再按下压把,干粉即可喷出。灭火时要接近火焰喷射;干粉喷射时间短,喷射前要选择好喷射目标。由于干粉容易飘散,不宜逆风喷射。要注意保养灭火器,放在好取、干燥、通风处。每年要检查两次干粉是否结块,如有,则要及时更换;每年检查一次药剂重量,若少于规定的重量,应及时充装。

(2) 二氧化碳灭火器。二氧化碳灭火器是以高压气瓶内储存的二氧化碳气体作为灭火剂进行灭火,二氧化碳灭火后不留痕迹,适宜于扑救贵重仪器设备、档案资料、计算机室内火灾;它不导电,也适宜于扑救带电的低压电器设备和油类火灾,但不能用它扑救钾、钠、镁、铝等物质火灾。使用时,鸭嘴式灭火器先拔掉保险销,然后压下压把;手轮式灭火器要先取掉铅封,然后按逆时针方向旋转手轮,药剂即可喷出。注意手指不宜触及喇叭筒,以防冻伤。二氧化碳灭火器射程较近,应接近着火点,在上风方向喷射。对二氧化碳灭火器要定期检查,重量少于5%时,应及时充气和更换。

(3) "1211"灭火器。"1211"灭火器是一种高效灭火器。灭火时不污染物品、不留痕迹,特别适用于扑救精密仪器、电子设备、文物档案资料火灾。它的灭火原理也是中断燃烧的连锁反应,因此也适宜于扑救油类火灾。使用时要首先拔掉保险销,然后握紧压把开关,即有药剂喷出;使用时灭火筒身要垂直,不可平放和颠倒使用。它的射程较近,喷射时要站在上风,接近着火点,对着火源根部扫射,向前推进,要注意防止回头复燃。"1211"灭火器每三个月要检查一次氮气压力,每半年要检查一次药剂重量、压力,药剂重量若减少10%时,应重新充气、灌药。

(4) 泡沫灭火器。目前主要是化学泡沫,将来要发展空气泡沫,泡沫能覆盖在燃烧物的表面,防止空气进入。它最适宜扑救液体火灾,不能扑救水溶性可燃、易燃液体(如醇、酯、醚、酮等物质)的火灾和电器火灾。使用时先用手指堵住喷嘴将筒体上下颠倒两次,就有泡沫喷出。对于油类火灾,不能对着油面中心喷射,以防着火的油品溅出,应顺着火源底部的周围,向上侧喷射,逐渐覆盖油面,将火扑灭。使用时不可将筒底筒盖对着人体,以防万一发生危险。筒内药剂一般每半年(最长一年)换一次,冬夏季节要做好防冻、防晒保养。

第六,安全燃放烟花爆竹。

(1) 燃放烟花爆竹必须在空旷的地方进行,尤其要远离加油站、油库等易燃易爆场所。为了防止发生火灾,严禁在阳台、室内、仓库、场院等地方燃放鞭炮,不要在棚户区、小弄堂、加油站、变电站、燃气调压站附近及高压线下面等不具备安全条件的场所燃放,也不允许在商店、影剧院等公共场所燃放。

(2) 燃放时应将鞭炮放在地面上或者挂在长竿上,不要拿在手里。点燃鞭炮后,若没有炸响,在未确认安全之前,不要急于上前查看。严禁用鞭炮玩"打火仗"游戏。

(3) 燃放烟花爆竹时应按说明书要求正确燃放,不要横放、斜放,也不要燃放"钻天猴"之类的升空高、射程远、难以控制的品种。燃放者与观赏者要保持一定的安全距离。不要对着人和居民住宅燃放。燃放时要认真检查附近是否有易燃可燃物,认真清理火灾隐患。燃放后,必须在确认没有余火的情况下才可以离开。

(4) 儿童燃放爆竹时应该由大人带领,切忌让儿童独自燃放,同时要告诫孩子不要随意捡一时没响的爆竹。

(5) 燃放烟花爆竹应去指定地点,不得在室内燃放,不得直接对着人燃放,应选择室外空旷平坦的地方燃放。严禁在市场、剧院、繁华街道等公共场所和古建筑、山林、电力设施下方以及靠近易燃易爆物品的地方燃放。

(6) 根据特点燃放。燃放吐珠类烟花时,应将烟花固定在地上或75—90度角对空燃放,严禁手持烟花相互对射;燃放组合烟花时,应将烟花直立平放于地面,四周夹紧并固定,防止燃放时因振动而倾斜或倾倒;燃放线香手提吊挂烟花时,应平提线头或用小竹竿吊住棉线,点燃后,手向前伸,切勿让其靠近身体;燃放旋转升空及地面旋转烟花时,必须注意周围环境,应将其放置于平坦的地面,点燃引线后赶紧跑开,在远处观赏;燃放钉挂旋转类烟花时,应将烟花钉牢在墙壁上或木板上,用手转动烟花,能旋转自如,才可点燃引线离开观赏。

(7) 不要靠着窗户燃放。

(8) 为确保安全,要购买质量过关的爆竹,不能图小便宜购买非法生产的劣质爆竹。

(9) 爆竹存放要避开火源和高温,不能放在炉火或取暖器旁。

第七,家庭灭火常识。

(1) 炒菜油锅着火时,应直接盖上锅盖或用湿抹布覆盖,并应关掉燃气阀门、电源。还可将备炒的蔬菜及时投入锅内,油锅的火随之就会熄灭。

(2) 家用电器或线路着火时,就先切断电源,再用干粉灭火器灭火,千万不要用水去浇,以防触电或电器爆炸伤人。

(3) 煤气、液化气灶着火时,要先关闭阀门,用围裙、衣物、被褥等浸水后捂盖,再往上浇水。如果门窗紧闭,救火时不应急于打开门窗,以免空气对流加速火势蔓延和火焰突然窜出伤人。应立即将燃烧点附近的可燃物或液化气罐及时疏散到安全地点。

(4) 家具、被褥着火时,应立即用脸盆盛水向火焰上泼水,也可把水管接到水龙头上喷水灭火,同时要注意把燃烧点附近的可燃物泼湿降温。

(5) 身上着火时,不要乱跑,要立即脱掉身上着火的衣物;如果来不及,可就地打滚或用厚重的衣物压灭火苗。

4. 火灾避险逃生知识[①]

第一,在家中被火围困的逃生方法。

当家中失火或者楼层邻近人家失火,被浓烟和高温围困在家中时,上策是尽一切可能逃到室外,远离火场,保全自己。具体逃生方法有:

(1) 开门时,先用手背碰一下门把。如果门把烫手或门缝隙有烟冒进来,切勿开门。用手背先碰门把是因为金属门把传热比门框快,手背一感到热就会马上缩开。

(2) 若门把不烫手,则可打开一道缝以观察可否出去。开门时要用脚抵住门下方,防止热气流把门冲开。如门外起火,开门会鼓起阵风,助长火势,打开门窗则形同用扇子扇火,因此开门前应尽可能把家中门窗全部关上。

(3) 弯腰前行。浓烟从上往下扩散,在近地面 0.9 米左右,浓烟相对稀薄,呼吸较容易,视野也较清晰。

(4) 如果门口已被堵塞,则要试着打开窗或走到阳台上,走到阳台时要随手关好阳台门。

(5) 如果居住在楼上,而该楼层离地不太高,落点又不是硬地,则可抓住窗沿悬身窗外伸直双臂以缩短与地面之间的距离。这样做虽然可能造成肢体的扭

---

① 参见《家庭火灾逃生方法》,https://www.czqxj.net.cn/zaihai_176493,2020 年 8 月 12 日访问。

伤和骨折,但这毕竟是主动求生。在跳下前,先松开一只手,用这只手及双脚撑一撑离开墙面跳下。在确实无其他办法时,才可从高处下跳。

(6) 如要破窗逃生,可用顺手抓到的东西(较硬之物)砸碎玻璃,把窗口玻璃碎片弄干净,然后顺窗口逃生。如无计可施,则关上房门,打开窗户,大声呼救。如果在阳台上求救,应先关好阳台门。

(7) 利用楼梯走廊逃生。在火灾形成初期,楼梯、走廊没有被大火完全封闭时,可将被子、毛毯用水淋湿裹住身体,用湿毛巾捂住口鼻,低身冲出受困区。

(8) 利用管道逃生。房间外墙壁上有落水或供水管道时,可以利用管道逃生。(楼层太高不建议用这种方法)

(9) 室外发生火灾时,可将毛毯等织物钉在或者夹在门上并不断往上浇冷水,不要随便开门,以防外部火焰及烟尘侵入,从而达到抑制火势、延长逃生时间的目的。

第二,高层建筑火灾的逃生方法。

高层建筑起火后的特点是火势蔓延速度快,火灾扑救难度大,人员疏散困难。在高层建筑火灾中被困人员的逃生自救可以采用以下几种方法:

(1) 尽量利用建筑内部设施逃生。利用消防电梯、防烟楼梯、普通楼梯、封闭楼梯逃生;利用建筑物的阳台、通廊、避难层、室内设置的缓降器、救生袋、安全绳等逃生;利用墙边落水管逃生;将房间床单、窗帘等物品结绳逃生。

(2) 根据火场广播逃生。高层建筑一般装有火场广播系统,当某一楼层或楼层某一部位起火并且火势已经蔓延时,不可惊慌失措盲目行动,而应注意听火场广播和救援人员的疏导信号,从而选择合适的疏散路线和方法。

(3) 自救、互救逃生。利用各楼层存放的消防器材扑救初起火灾。充分利用身边的物品自救逃生,如床单、窗帘等。对老、弱、病、残、妇、幼及不熟悉环境的人要引导疏散,帮助他们共同逃生。

第三,棚户区火灾的逃生方法。

棚户区又叫"简易建筑区",是指用草、木竹、油毡等易燃材料搭建的简单房屋群。这类地区一旦发生火灾,燃烧非常猛烈,火势蔓延很快,极易产生飞火并形成多个火点,在很短时间内就会造成相当大的燃烧面积,对民众的生命和财产造成极大的威胁。从棚户区火灾中逃离时,应注意以下几个问题:

(1) 抓住时机逃离房间。棚户区房间都比较小,火灾发生以后要果断抓住时机逃离房间,退到比较安全的地方,千万不要因为抢救财物而延误时机。

(2)逃离路线要选对。当火势窜到屋顶、房屋出现倒塌迹象时,最好沿着承重墙逃离房间。如果是住在阁楼上,在逃生时要采用前脚虚后脚实的方法行走,避免因阁楼烧坏、脚踏空而坠楼受伤。

(3)身上着火处理。当身上已经着火时,千万不要带着火奔跑,这样会使火越来越大。应该设法把衣服脱掉;如果一时脱不掉,就要把衣服撕破扔掉;也可以躺在地上打滚,把身上的火苗压灭,或者想办法把衣服弄湿。

(4)要朝着上风向逃离火场。对于大面积燃烧的火场,虽然人们逃出了房间,但往往并没有逃出大火燃烧的范围。面对这种情况,必须要冷静,不能恐慌,否则只会让自己的处境更加危险。首先要选择一处火势较小的地方,仔细观察大火是往哪个方向蔓延,分析出何处是上风向,然后朝着上风向跑,这样才能更好地保护自己。在逃离过程中,切记不要慌乱地呼救,这样会导致大量的烟尘吸入呼吸道中,很容易灼伤呼吸器官甚至造成昏迷。

(5)要保命舍财。当棚户区发生火灾且蔓延非常迅猛时,逃生机会稍纵即逝,因此从火场逃生时必须冷静、果断,以保全生命为原则,在此前提下方可抢救财物。

第四,商场(集贸市场)火灾的逃生方法及注意事项。

商场(集贸市场)可燃物多,火灾荷载大,人员密度大,火灾危险性很大。一旦发生火灾,扑救难度大,人员疏散困难,易造成重大的人员伤亡,因此要想从商场(集贸市场)火灾中成功逃生,就必须掌握正确的逃生方法。

(1)利用疏散通道逃生。每个商场(集贸市场)都应按规定设有室内楼梯和室外楼梯,有的还设有自动扶梯、消防电梯等。发生火灾后,特别是在火灾初起阶段,这些都是良好的逃生通道。在下楼梯时应抓住扶手,以免跌倒或被人群撞倒。不要乘坐普通电梯逃生,因为火灾很可能同时导致停电,无法保证电梯的正常运行。

(2)自制器材逃生。商场(集贸市场)是物资高度集中的场所,商品种类繁多。发生火灾后,可用于逃生的物资是比较多的,如把毛巾、口罩浸湿后捂住口、鼻防烟;利用绳索、布匹、床单、地毯以及窗帘等开辟逃生通道。如果商场(集贸市场)经营五金商品,则可以利用各种机用皮带、消防水带以及电缆线等开辟逃生通道;穿戴商场(集贸市场)经营的各种劳动保护用品,如安全帽、摩托车头盔以及工作服等,可用于避免烧伤和坠落物砸伤。

(3)利用建筑物设施逃生。如以上两种方法都无法逃生,则可利用落水管、房屋内外的突出部位、各种门以及建筑物的避雷网(线)先逃离火场或者转移到安全区域,再寻找机会逃生。这种逃生方法在利用时,既要大胆又要细心,尤其是老、弱、病、残、妇、幼等人员,切不可盲目行事,否则容易出现意外。

(4)寻找避难处所逃生。在无路可逃的情况下,应积极寻找避难处所,如到室外阳台、楼层屋顶等待救援;选择火势、烟雾难以蔓延的房间,将门窗关好,堵塞间隙;房间如有水源,要立刻将门窗和各种可燃物浇湿,以阻止或减缓火势和烟雾的蔓延时间。无论是白天还是夜晚,被困者都应大声呼救,不断发出各种呼救信号,引起救援人员的注意,以帮助自己脱离困境。

第五,影剧院火灾的逃生方法及注意事项。

影剧院里都设有消防疏散通道,并装有门灯、壁灯、脚灯等应急照明设备,用红底白字标有"太平门""出口处""紧急出口"等指示标志。一旦发生火灾,应根据不同的起火部位,选择相应的逃生方法。

(1)当舞台失火时,要远离舞台向放映厅一端移动,把握时机逃生。

(2)当观众厅失火时,可利用舞台、放映厅和观众厅的各个出口逃生。

(3)不论何处起火,楼上的观众都要尽快从疏散门由楼梯向外疏散。

(4)当放映厅失火时,可利用舞台和观众厅的各个出口逃生。

同时,影剧院火灾逃生还要注意以下几点:

(1)要听从影剧院工作人员的指挥,切忌互相拥挤、乱跑乱窜,堵塞疏散通道,影响疏散速度。

(2)疏散时要尽量靠近承重墙或承重构件部位行走,以防被坠落物砸伤。特别是起火部位在观众厅时,千万不要在剧场中央停留。

(3)有些影院安装了应急排风按钮,出现紧急情况时可按压按钮打开通风设备,排出室内有毒气体。

(4)应急出口大门用力即可撞开。

第六,交通工具火灾的逃生方法及注意事项。

随着城市的发展,地铁已经成为大城市不可缺少的交通工具,地铁灾害事故也在不断地增多,其中火灾占有不小的比例。在乘坐地铁时,若发生火灾,逃生应注意以下问题:

(1)若在地铁中发现车厢停电,并有异味、烟雾等异常情况,应立即按响车厢内紧急报警装置通知司机。

(2)地铁失火时,不要惊慌,应保持镇静,不要任意扒门,更不能跳下轨道,应耐心等待车站工作人员的到来。要用车厢内的消防器材奋力将火情控制、扑灭。

(3) 疏散时要注意看指示灯标志。地铁站都会设有事故照明灯。

(4) 要按照广播以及司机、车站工作人员的指引,做好个人防护(如毛巾捂鼻等),迅速有秩序地疏散到地面。

火车火灾的特点:一是易造成人员伤亡,二是易形成一条火龙,三是易造成前后左右迅速蔓延,四是易产生有毒气体。发生火车火灾时,旅客利用车内设施逃生的方法如下:

(1) 被困人员可以通过各车厢互连通道逃离火场。相邻车厢间有自动或手动门,通道被阻时,可用逃生锤或坚硬的物品将玻璃窗户砸破,逃离火场。

(2) 乘务员应迅速扳下紧急制动闸,使火车停下来,并组织人力迅速将车门和车窗全部打开,帮助未逃离起火车厢的被困人员向外疏散。

(3) 摘挂钩疏散车厢。火车在行驶途中或停车时发生火灾,威胁相邻车厢的,应采取摘挂钩的方法疏散未起火车厢。具体方法如下:前部或中部车厢起火时,先停车,摘掉起火车厢与后部未起火车厢之间的连接挂钩,再用机车牵引向前行驶一段距离后停下,摘掉起火车厢与前面未起火车厢之间的挂钩,再将该车厢牵引到安全地带;后部车厢起火时,停车后先将起火车厢与未起火车厢之间的挂钩摘掉,然后用机车将未起火的车厢牵引到安全地带。

火车火灾逃生应注意的事项如下:

(1) 当起火车厢内的火势不大时,乘务人员应告诉乘客不要开启车厢门窗,以免大量的新鲜空气进入,加速火势的扩大和蔓延。

(2) 组织乘客利用火车上的灭火器材扑救火灾,还要有秩序地引导被困人员从车厢的前后门疏散到相邻的车厢。

(3) 当车厢内浓烟弥漫时,被困人员应采取低姿行走的方式逃至车厢外或相邻的车厢。

(4) 当车厢内火势较大时,应尽量破窗逃生。

(5) 在采用摘挂钩的方法疏散车厢时,应选择在平坦的路段进行。对有可能发生溜车的路段,可用硬物塞垫车轮,防止溜车。

公交车是人们生活中不可缺少的交通工具,人员聚集是其一大特点。一旦发生火灾,应采取以下几种方法逃生:

(1) 发动机着火后,驾驶员应立即停车,开启车门,令乘客从车门下车,然后组织乘客用随车灭火器等扑灭火焰。

(2) 如果着火部位在汽车中间,驾驶员要打开车门,让乘客从两头车门有秩序地下车。在扑救火灾时,要重点保护驾驶室和油箱部位。

(3) 如果火焰小但封住了车门,乘客可用衣物蒙住头部,从车门冲下。

(4) 如果车门线路被火烧坏,开启不了,乘客应砸开就近的车窗翻下车。

(5) 开展自救、互救。如果车上人员衣服被火烧着了,不要惊慌。如果来得及脱下衣服,可以迅速脱下,用脚将火踩灭;如果来不及脱下衣服,可以就地打滚,熄灭火苗;如果发现他人身上的衣服着火,可以脱下自己的衣服或用其他布物将他人身上的火捂灭。身上着火的人切忌乱跑,他人也不可用灭火器往着火人身上喷射。

5. 火灾时人员疏散

(1) 任何公共场所、部位、生产岗位都要有疏散预案,以应对突发事件的发生。

(2) 在有工作人员的公共场所,要听从工作人员的指挥,在工作人员的引导下有秩序地疏散。

(3) 疏散时不要带任何东西,尤其是重物。

(4) 要让老人、妇女、儿童先走,不要拥挤抢先,应当依次有序地逃离火场。

第三节 环境污染和生态破坏类突发事件

一、"11·13"爆炸事故及松花江水污染事件[①]

1. 事故经过

2005 年 11 月 13 日,中石油吉林石化分公司双苯厂(以下简称"吉化公司双苯厂")硝基苯精馏塔发生剧烈爆炸。此次爆炸的吉化公司双苯厂是我国第一个五年计划期间成立的国有老厂,是国内最大的苯胺制造商。爆炸地点位于松花江上游最主要的支流第二松花江江北,距离江面仅数百米远。事故发生时,江北的整个上空都是滚滚的黑烟和黄烟,方圆 2 公里内的建筑物玻璃全部被炸碎,10 公里范围内有震感,化工区附近 4 万多居民及大学生被紧急疏散转移。"11·13"爆炸事故造成 8 人死亡,60 余人受伤,直接经济损失 6908 万元。同时,事故导致约 100 吨左右的苯类物质(主要为苯、硝基苯等)流入松花江。14

[①] 参见《国务院对"11·13"爆炸事故及松花江水污染事件作出处理》,http://news.sina.com.cn/o/2006-11-25/051710591553s.shtml,2020 年 8 月 12 日访问。

日10时,吉化公司双苯厂东10号线入江口水样散发出强烈的苦杏仁气味,苯、苯胺、硝基苯、二甲苯等主要污染物指标均超过国家规定标准,导致松花江江面上产生一条长达80公里的污染带。随着污染物逐渐向下游移动,哈尔滨、佳木斯以及俄罗斯的哈巴罗夫斯克市等下游沿岸城市饮用水受到污染,并由此引发松花江水污染事件。

11月22日上午,哈尔滨市政府向社会接连发布公告称,松花江上游化工厂发生爆炸事故,导致化学原料泄漏,并造成松花江水体出现大面积污染现象。为应对事故影响,希望市民自行采取措施及时储水。23日上午,国家环保总局向媒体通报,受吉化公司双苯厂爆炸事故影响,松花江发生了重大水污染事件。

爆炸事故发生9天后,中国外交部向俄罗斯政府通报松花江苯污染事件,并表示会充分考虑下游国家的利益,提供援助以帮助其应对污染。与此同时,俄罗斯政府则表示,将持续关注因松花江水污染对中俄界河黑龙江(俄方称"阿穆尔河")造成的影响。俄政府同时提出,为了有效处置水污染事件,中国需要提供更多的信息,以便更精确地了解污染物的成分。负责哈巴罗夫斯克市供水的自来水公司技术主管说:"我们对于污染物泄漏量,以及背景浓度变化的查询都没有得到答复,这使得我们不得不闭着眼睛自己来寻找污染物。"当日,国家环保总局承认,中石油吉林石化分公司(以下简称"吉化分公司")爆炸事故使松花江受到重大污染。同日,时任国务院总理温家宝痛斥地方官员隐瞒实情。11月25日,由国家安全生产监督管理总局局长担任组长的国务院工作组抵达哈尔滨市,开始着手处理吉化公司双苯厂爆炸事故引起的松花江水污染问题。11月26日,温家宝来到哈尔滨市,察看松花江污染情况,看望和慰问广大干部群众,并对处理松花江水污染事件提出要求。同日下午,时任外交部部长李肇星约见俄罗斯驻华大使,向俄方通报吉化公司双苯厂发生爆炸事故造成松花江水质污染的有关情况以及中国政府采取的措施,并正式向俄罗斯道歉。

经过各方努力,11月27日6时,松花江哈尔滨饮用水源地四方台断面苯处于未检出状态,硝基苯浓度为0.0050毫克/升,达到国家标准,这标志着较高浓度污染带已经离开松花江哈尔滨市区江段。① 当天18时,哈尔滨市恢复供水,省长喝下了第一口水,哈尔滨水危机暂时缓解。11月29日,国家环保总局邀请15位院士及知名专家召开专家评审会,讨论通过了"松花江重大水污染生态环

---

① 参见《黑龙江省通报:松花江高浓度污染带已离开哈尔滨》,http://www.gov.cn/jrzg/2005-11/27/content_110064.htm,2020年8月12日访问。

境影响评估与修复技术方案";11月30日,会同有关部门组织专家赴松花江污染事件影响区现场,开展分析测试和工程应急措施的试验工作。①

12月4日,温家宝就松花江水污染事件致信俄罗斯总理弗拉德科夫。12月8日下午,胡锦涛在人民大会堂会见了俄罗斯政府第一副总理梅德韦杰夫。在谈到松花江水污染事件时,胡锦涛表示,中国政府一定会本着对两国和两国人民高度负责的态度,严肃认真地处理此事。中方会采取一切必要和有效的措施,最大限度地降低污染程度,减少这一事件给俄方造成的损害,愿与俄方加强沟通和协商,提供协助,开展合作。至此,松花江水污染事件开始进入恢复与治理时期,中国政府在事故发生后通过水库放水稀释污染物、筑坝拦截污染物等措施将损害限制在本国管辖范围内,履行了国际环境法上的损害预防义务,使得本次污染事件未造成太大的国际关系后果。

事后,国务院事故调查组经过深入调查、取证和分析,认定吉化公司双苯厂"11·13"爆炸事故及松花江水污染事件是一起特大安全生产责任事故和特别重大水污染责任事件。吉化公司双苯厂应对这次爆炸事故及污染事件负主要责任。时任国家环保总局局长解振华因该起事件引咎辞职,另有吉化公司双苯厂厂长申东明、苯胺二车间主任王芳、吉林石化分公司党委书记兼总经理于力等先后于2005年11月底至同年12月初被责令停职并接受事故调查。2005年12月初,国务院任命周生贤为新任国家环保总局局长。2006年1月8日,周生贤在国家环保总局松花江流域水污染防治"十一五"规划征求意见会上提出,要明确责任,实行规划到省、任务到省、目标到省、资金到省以及责任到省,确保沿江群众喝上干净的水。

2. 事故应急处置

"11·13"爆炸事故发生后,吉林市消防支队接到报警后立即进行调度,首批消防队伍2分钟即到达现场,其余队伍也在20分钟内全部到达。吉林市政府领导、消防总队以及有关部门的领导随后相继到场指挥事故的应急抢险工作。吉林市环保部门立即启动化学事故应急监测预案,监测人员开展现场采样和分析化验工作。由于苯在常温下为无色透明液体,但极易挥发,短时间内吸入大量苯可引起急性中毒。从理论上说,如果苯以及衍生物完全燃烧,主要形成二氧化碳和水,并不会造成水体污染。吉化公司双苯厂拥有独立的污水处理系统,污染物

---

① 参见《松花江水污染生态环境影响评估与修复方案通过评审》,http://www.china.com.cn/city/txt/2005-11/30/content_6046416.htm,2020年8月12日访问。

图 2-1　2005 年 11 月航拍的受污染的松花江[1]

应不会直接排入松花江中。因此,刚开始时环保人员监测的重点是大气,监测结果表明大气中的有毒物质不超标。随后,他们把监测重点转移到了水体上,在石化厂区的一条排雨管线中发现了苯,发黄的水色表明苯的浓度很高。他们在排放口 8 公里处设立了三个监测点,4 个小时后检测到污染物。晚上八九点钟,事故抢险指挥部也知道了这一消息。在灭火过程中,大量没有燃烧或燃烧不充分的苯类物质在消防用水中溶解,形成有毒的污水,这些污水绕过了专用的污水处理通道,通过排污口直接进入了松花江。[2]

11 月 14 日上午,吉林市政府领导在新闻发布会上介绍,根据专家检测分析,爆炸不会产生大规模污染,整个现场及周边空气质量合格,没有有毒气体,水体也未发生变化。与此同时,吉林省政府通知企事业单位和居民停止从松花江中抽取生活用水,并对工业用水采取预防措施。有关部门对事故污染物排放口进行封堵,并促进污染物稀释。据地处吉林市下游的松原市水利部门的记录,11 月 16 日,该市监测到的苯类污染物的含量超过国家规定的地表水源标准 60 多

---

[1] 参见《国家认定松花江重大水污染》,http://news.sohu.com/20051124/n227579412.shtml,2020 年 8 月 12 日访问。
[2] 参见龚维斌:《一起突发事件处置引发的应急管理治道变革——以吉化双苯厂爆炸事故为例》,载《国家行政学院学报》2015 年第 3 期。

倍,17日最高峰时苯类物质的含量则超标300多倍。

11月18日,吉林省政府向黑龙江省政府通报了爆炸可能对松花江水质产生污染的情况。黑龙江省政府接到通报后,立即启动应急预案,成立了以省长为组长的应急处置领导小组。哈尔滨市政府决定停止从松花江取水,同时召开会议讨论要不要公开停水原因。在决定停水时,黑龙江省及哈尔滨市政府便开始对松花江水质进行不间断监测,全面调动人力、物力、财力扩大哈尔滨市饮用水供应,加强市场监管、平抑物价,确保全市生产生活正常运行和社会稳定。①

然而,停水公告发布后流言四起,哈尔滨市开始陷入恐慌。有人猜测是吉化公司双苯厂爆炸造成松花江水污染,更有人谣传哈尔滨将发生大地震。不少市民抢购食物、饮用水,一些人露宿室外。公告发布当天下午5时,全市饮用水被抢购一空,市民情绪出现失控苗头。一些市民开始选择到外地去,出城的道路一度拥堵。有关部门连夜召开会议,并从大庆、绥化、佳木斯、牡丹江、沈阳等地调运瓶装水,终于在24小时后平息了市民的抢购水风潮。

3. 事故原因及性质

对于本次松花江水污染事件的原因分析应基于爆炸事故与污染事件两个方面加以展开:

爆炸事故的主要原因在于,吉化分公司及吉化公司双苯厂对安全生产管理的重视不够,对存在的安全隐患整改不力,在安全生产管理制度层面存在巨大漏洞,劳动组织管理方面也存在缺陷。

爆炸事故的直接原因是,硝基苯精制岗位外操人员违反操作规程,在停止粗硝基苯进料后,未关闭预热器蒸气阀门,导致预热器内物料气化;(2)恢复硝基苯精制单元生产时,操作人员再次违反操作规程,先打开了预热器蒸汽阀门加热,后启动粗硝基苯进料泵进料,致使预热器的物料突沸并发生剧烈振动,使预热器及管线的法兰松动、密封失效,空气吸入系统,加之摩擦、静电等原因,导致硝基苯精馏塔发生爆炸,并引发其他装置、设施连续爆炸。②

污染事件的间接原因在于:(1)吉化分公司及吉化公司双苯厂对可能发生的事故会引发松花江水污染问题没有进行深入研究,有关应急预案存在重大缺

---

① 参见龚维斌:《一起突发事件处置引发的应急管理治道变革——以吉化双苯厂爆炸事故为例》,载《国家行政学院学报》2015年第3期。
② 参见《国务院对"11·13"爆炸事故及松花江水污染事件作出处理》,http://news.sina.com.cn/o/2006-11-25/051710591553s.shtml,2020年8月12日访问。

失。(2)吉林市事故应急救援指挥部对水污染估计不足,重视不够,未及时有效地提出防控措施和要求。(3)中国石油天然气集团公司对环境保护工作重视不够,对吉化分公司环保工作中存在的问题失察,对水污染的估计不足,重视不够,未能及时督促采取措施。(4)吉林市环保局没有及时向事故应急救援指挥部建议采取措施。(5)吉林省环保局对水污染问题的重视不够,没有按照有关规定全面、准确地报告水污染程度。(6)环保总局在事件初期对可能产生的严重后果估计不足,重视不够,没有及时提出妥善处置意见。[1]

污染事件的直接原因是吉化公司双苯厂没有事故状态下防止受污染的"清净下水"流入松花江的措施。爆炸事故发生后,未能及时采取有效措施,防止泄漏出来的部分物料和循环水及抢救事故现场的消防水与残余物料的混合物流入松花江。[2]

总体来看,本次事故所造成的污染给松花江沿江地区经济发展及居民生活带来较大影响,俄罗斯和国际社会对此次污染亦反应强烈。因此,吉化公司双苯厂"11.13"爆炸事故以及后续的松花江水污染事件,是一起特大安全责任事故及特别重大水污染责任事件。

4. 事故暴露出的主要问题

此次松花江水污染事件暴露出我国在应对环境污染和生态破坏等问题上存在如下缺失:[3]

(1) 整体的环境应急机制缺乏法律依据

环境污染类突发公共危机事件爆发后,政府部门通常会选择充分利用即时便利的权力进行非常规决策,但是根据"现代民主和法治国家"建设的精神,环境应急机制需要国家制定相关的法律法规进行规范,特别是当政府在行使涉及应急资源的配置和征用,对有关组织或个人的奖惩等强制性权力时,更应当有可参照的依据。然而,在此次处理污染事件的过程中,不论是国家环保总局、黑龙江省政府、吉林市政府还是哈尔滨市政府,它们启动环境应急机制的依据并不是国家的法律或法规,而是环境保护的专项应急预案。黑龙江省环保局有关人士表

---

[1] 参见《国务院对"11·13"爆炸事故及松花江水污染事件作出处理》,http://news.sina.com.cn/o/2006-11-25/051710591553s.shtml,2020年8月12日访问。
[2] 同上。
[3] 参见戚建刚、杨小敏:《"松花江水污染"事件凸显我国环境应急机制的六大弊端》,载《法学》2006年第1期。

示,虽然黑龙江省在制定环境应急预案中将突发环境应急事件中可能出现的情况作出了相关安排,但本次松花江重大污染事件的发生还是对这一应急体系提出了新的挑战。

(2) 预警监测不准确

预警监测是整个环境突发性事件处置的首要环节,目的是为了有效地预防和避免环境突发性事件的发生或发展。环境突发性事件的发生前以及升级后不同阶段的预防比单纯解决事件本身显得更为重要。因为如果能够在环境突发性事件尚未发生之前或者处于较低程度的发展状态时,便及时将其产生的根源消除,则不仅能够保障有序的社会关系,也可以节约大量的人力和物力。然而,有关部门在处理此次污染事件时,早期的预警监测机制存在严重错误,导致错过了防治的最佳时机。2005年11月15日,即吉化公司双苯厂发生爆炸事故后的第三天,《哈尔滨日报》刊登文章表明"经吉林市环保部门连续监察,整个爆炸现场及周边空气质量合格,松花江水体也未发生变化,水质未受影响"。然而,这一结论在11月23日就被国家环境保护总局推翻,环保总局将此次污染事件定性为"重大环境污染事件"。

(3) 应急信息通报不及时、不充分甚至存在隐瞒的情况

应急信息是影响突发性事件防治成效的关键性因素,这是因为政府在突发性事件情景下的决策是以客观、真实、及时和充分的应急信息为前提的。如果应急信息不充分、不真实,那么政府选择的行动方案将无从谈起,更会浪费许多资源和时间。同时,应急信息的充分和真实也是公众实现知情权,进行自我救助的基础。但是,在处理此次污染事件中,应急信息通报速度不仅迟缓,重要信息的通报量明显不足,而且还存在隐瞒的情况,给相关政府部门的决策造成偏差,也侵害了公众的知情权,并在一定程度上造成了社会的混乱。松花江水体早在11月13日就被污染,处于下游的哈尔滨市政府在18日才接到通报,而国家环保总局却是在哈尔滨宣布停水时才记录松花江污染情况。此外,在哈尔滨市停水已经不可避免的前提下,该市政府部门因担心宣布停水的真相会引起市民的恐慌,谎称"供水管网检修"。可是,哈尔滨市民却不相信这一公告,反而误以为停水的原因是将要发生地震,造成不必要的骚动和慌乱。一天之内两份内容不同的停水公告也让许多哈尔滨市民深感困惑,抢购饮用水之风愈演愈烈,不少市民急忙

采购食物储藏,有人甚至带着帐篷到户外过夜。①

(4) 应急反应迟缓

11月13日下午发生爆炸事故,18日吉林省政府才向黑龙江省政府通报爆炸事故可能引发松花江水体污染,哈尔滨市政府在得知松花江水污染3天后才决定停止自来水供应。哈尔滨市政府第一次给出的停水理由是供水管网检修,使得地方政府的公信力受到严重影响。22日,中国政府才向俄罗斯政府通报松花江污染情况并道歉。同时,对于水污染的处理也不够及时,直到事件完全公开后当地政府和环保部门才采取科学有效的方式应对并处理水污染问题。

(5) 应急储备不充足

应急储备主要包括应对突发公共事件所需要的人力资源和物质资源,如具备专业知识的应急救援队伍、各类应急物资(水、电、石油、煤、天然气等)、应急设施(防灾抢险装备、检测仪器等)和专项应急资金。在处置各类突发公共事件中,应急储备是否充足直接影响应急处置的进程和效果。然而,在处理此次污染事件中,中国政府的应急储备并不充分,从而降低了处置实效。具体体现为:

第一,能够除去苯类等有害物质的活性炭纤维毡等过滤器材严重不足。当污染带在11月22日到达哈尔滨市时,该市环境保护部门制定了具体净化方案,共需要1400吨活性炭,可该市总共只有700吨活性炭,缺口为700吨,这个缺口直至25日晚才填补上。

第二,哈尔滨市饮用水资源储备明显不足。哈尔滨市政府在11月21日宣布该市将停水约4天的公告后,哈尔滨市立即出现抢购饮用水风潮,同时商贩哄抬物价,将平时12元一箱的矿泉水涨到20元一箱。该市停水的第二天,部分地区供暖用水也出现紧张局面。该市政府除了向其他省市求援外,不得不投入巨资打井取水。

第三,各类应急机构和人员处于超负荷运转状态。虽然黑龙江省的环境应急预案详细规定了指挥体系和力量配置,但由于此次污染带移动时间和流经区域的延长,对水环境和大气环境进行监测所需要的技术设备和人员力量大幅度提高,各类应急机构和人员只能处于长时间工作状态。

(6) 应急评估失灵

应急评估是对突发公共事件的严重性、紧迫性和发展趋势所作的衡量和评

---

① 参见《松花江污染大事记》,http://news.ifeng.com/opinion/specials/bale/200811/1120_4818_888282.shtml,2020年8月12日访问。

价。具体而言,严重性是指对突发公共事件会造成哪些破坏性的影响进行评价,紧迫性是指在突发公共事件的处置过程中哪些问题应当立即解决,而发展趋势则是对突发公共事件的潜在威胁和发展可能进行估计。科学的应急评估机制能够保证人们在处理突发公共事件中区分轻重缓急,做到从实际出发、突出重点、统筹兼顾、合理决策。然而,11月13日发生爆炸后,吉林市环境保护部门没有立即进行评估,不清楚究竟有多少污染物被排放进松花江。中共中央办公厅、国务院办公厅在12月2日发布的一份通报中指出,松花江重大水污染事件发生后,国家环保总局作为国家环境保护主管部门,对事件的重视不够,对可能产生的严重后果估计不足,对这起事件造成的损失负有责任。

(7) 民间组织参与不足

在此次污染事件处理过程中,民间组织发挥的作用微乎其微。其实,在此类事故中,各类环境保护协会、法律援助社团、基金会等都有非常大的参与空间。例如,松花江水污染事件可以由民间组织牵头进行相对独立的生态环境影响评估,或者它们也可参与由政府组成的评估小组,充当辅助或监督角色。这样不仅能够让更多事件相关信息为公众所获取,提升信息透明度,也能让评估结论更具有客观性和真实性。另外,民间组织还可以对松花江吉林段或哈尔滨段的水质进行后续监测,以及为在此次污染事件中财产受到损失的企业、市民等提供法律援助等。

5. 整改方向

吉化公司双苯厂爆炸事故引发的一系列重大突发事件表明,中国在工业化、城市化的过程中,安全生产、环境保护、公共卫生、社会安全等方面面临着更加复杂严峻的形势。同时,不同类型的突发事件之间的联系更加紧密,且极易相互转化。应对各类随时可能发生的突发事件,则需要政府转变理念,树立正确的应急观念,坚持以人为本、上下同心、左右协作,加强区域和国际合作,对于大江大河流域的生态环境保护和工业污染的防治需要建立科学有效的危机协作应对机制。这样才能促使政府、企业和社会进一步强化安全生产、环境保护、社会安全等领域的应急管理,提高应急管理的科学化水平。

(1) 更加重视风险管理和预案建设

有关部门应把风险管理和预案建设放在突出的重要位置。通过宣传教育,增强社会公众防范突发环境污染事故和生态破坏事故的意识,坚持不懈地做好相关应急准备工作,落实各项预防措施,对可能发生的环境污染事故及其危险因素进行监测、分析、预测、预警,做到早发现、早报告、早处理。在"11·13"爆炸事故发生后,国务院即要求各级党政领导和企业负责人进一步提高安全生产意识和环境保护意识,提高对危险化学品安全生产以及事故引发环境污染的认识,切实加强危险化学品的安全监督管理和环境监测监管工作,进行风险监测评估和隐患排查。同时,国务院要求有关部门尽快组织研究并修订石油和化工企业设计规范,从源头上防止和减少事故状态下的环境污染。此外,要求各地结合实际情况,不断改进本地区、本部门和本单位《重大突发事件应急救援预案》中控制、消除环境污染的应急措施,防范和遏制重特大生产安全事故和环境污染事故的发生。

(2) 更加重视应急管理体制建设与机制完善

实际上,有关部门应建立综合应急管理的体制机制,预防和处置突发事件的次生和衍生灾害,实现全面覆盖式的管理,对污染源、水系河流、城镇居民点、水源保护区、生态示范区、特殊生态保护区以及大气、水体、固废、危废、噪声、辐射等各环境要素应落实全面覆盖、全面监控。

随着时代的不断发展,突发性、不确定性已不再是突发公共事件的全部表现,传播迅速、扩散转化快等新特点已经成为很多突发公共事件的共有表现。为了更加立体、全面、综合地防范与处置突发公共事件,妥善应对突发公共事件的关联效应,综合应急管理体制应当能够实现信息汇总、统一指挥、综合协调以及分工协作等功能。

(3) 更加重视流域性和区域性应急协作

我国水利部下设七大流域管理机构,分别是长江水利委员会、黄河水利委员会、淮河水利委员会、海河水利委员会、珠江水利委员会、松辽水利委员会、太湖流域管理局,各自根据授权对流域范围内水资源进行管理。此次松花江水污染事件暴露出我国现行的大江大河流域管理体制存在诸多漏洞,难以有效应对日益增多的水体污染事件。现有的流域管理机构是水利部下属的事业单位,一方面缺少必要的行政强制执法权,另一方面对于水污染事件不具有管理权限,难以有效协调地方政府之间的矛盾。如何统筹和协调处理流域范围内的环境事件是一个亟待解决的行政管理难题,既涉及中央政府和地方政府的关系,更涉及不同地方政府、水利和环保等部门的关系。2009年,为突破行政区域界限,加强日常监测和预警能力,环境保护部制定了《建立健全预防和处置跨流域(区域)突发水环境事件长效机制的指导意见》,指出要确立定期联席会商机制、跨流域(区域)

污染和突发环境事件信息共享协作处置机制,集中资源,形成协同治污的合力,提高应对环境事件特别是突发事件的效率和水平。除了建立和完善跨流域(区域)应急管理协作机制,近些年来,区域应急协调联动机制也被提上日程,目前已经建成泛珠三角、沪苏浙、苏皖鲁豫、东北三省、黄渤海、中部六省、西北五省(区)等区域应急联动协调机制。

(4) 更加重视信息公开和媒体沟通

政府的信息公开,特别是突发事件发生后政府的信息公开以及舆论引导工作是各级党委、政府的工作重点之一。各级党委、政府纷纷建立新闻发言人制度,及时向社会发布重要信息。面对突发事件,政府要坚持公开透明、有序有利原则,主动及时准确发布信息,讲求信息发布和媒体沟通的方法和技巧,积极引导舆论,支持媒体依法开展新闻报道。① 此外,有关部门和单位应建立健全环境公示与听证机制,为社会公众的参与创造条件;建立和完善举报制度,健全"12369"环保监督投诉系统,确保社会公众的环保知情权、参与权和监督权。

综上而言,环境污染事故应急处置工作应贯彻以人为本、依法规范、资源共享、分工负责、快速高效、科学决策的原则。通过应急指挥系统,整合现有的污染事故应急处置资源,以机制优化、分工明确、责任到人、资源统一、优势互补、防患未然、常备不懈、科学处置的体系为保障。在具体实施应急处置时,应第一时间发挥事故单位及事故所在地的应急处置力量,尽最大努力控制事故的发展。同时,在保障人员安全的前提下,分工负责,落实各项应急处置工作,快速高效地实施事故处置,从而最大限度地减少污染造成的损害。

二、环境污染和生态破坏事件应急知识与技能

据世界卫生组织消息,近一个世纪以来,高强度的人类活动在全球引发了一系列严重的气候变暖、资源耗竭以及臭氧层破坏等环境问题。与此同时,各类环境问题也反过来给人类造成大量的疾病困扰。研究表明,当人类处在不良的环境中时,其患病概率高达80%。可见,一旦环境遭受污染,人类将遭受持续性的不良影响。因此,环境保护已经成为一项世界性的课题。为解决这一难题,首先应当建立健全环境保护应急机制。该机制一般由监测预警、应急信息报告、应急决策和协调、分级负责与响应、公众沟通与动员、应急资源配置与征用、对相关组

---

① 参见龚维斌:《一起突发事件处置引发的应急管理治道变革——以吉化双苯厂爆炸事故为例》,载《国家行政学院学报》2015年第3期。

织和个人的奖励与惩罚等要素组成,能够更加有效地应对环境污染和生态破坏事件。其次,增强环境保护教育的力度,培养社会公众的环保意识。要积极推动社会公众掌握相关环保知识与技能。切实履行维护自然生态环境、保障人类身心健康以及实现社会稳定的责任与担当。最后,社会公众需要具备重特大环境污染和生态破坏事件相关的应急知识与技能,这有助于相关部门及人员迅速、有效地处置各类突发性环境污染事件,有利于实现全面控制和消除污染,可以有效提升环境保护应急管理的效率。具体而言,在发生环境污染和生态破坏事件时,受影响人员应当做到以下几点:

1. 评估污染和破坏现场

应当立即对环境污染和生态破坏现场作出大致的评估,如评估现场属于轻度污染还是重度污染,从而初步判断自身的处境以及现场是否安全等。在紧急情况下,基于自身的实地感受、肉眼观察、耳朵听声、鼻子嗅味等对异常的情况作出综合分析。

2. 可疑污染物判别

依据自身生活经验或相关知识和技能,对自身周围的可疑污染物质及具体情形作出判断:(1)按环境要素可分为大气污染、水体污染和土壤污染;(2)按污染物的性质可分为化学污染、生物污染、物理污染(噪声、微波辐射、放射性污染等)、固体废物污染和能源污染。

3. 迅速有效做好个人防护

在自身周围受到环境污染及生态破坏影响的情况下,必须及时有效地做好个人防护工作,应在第一时间远离污染源;受污染区域(尤其是下风向)的人员应尽快撤离或就地躲避在建筑物内。如眼部被污染,应立即用清水冲洗至少 10 分钟;与毒物密切接触者应接受严密的医学观察并卧床休息。如短时间内无法远离污染源,则应在污染现场佩戴口罩、手套等防护用品,切勿盲目吸入可疑气体。在家则应及时关门关窗,防止污染源进入居室等。与此同时,应及时向有关部门反映自己的所见所感,争取早日控制污染源头。

4. 承担力所能及的责任

当今社会,环保已经不仅仅是有关部门和技术人员的事情,而更多是一种社会责任及国家责任。这要求社会公众要关注身边的生态环境,在遭遇的环境污染和生态破坏事件时,应当冷静观察、沉着思考,在自身力所能及的范围内尝试承担相应的责任。例如,在确保自身安全的前提下记录相关环境污染和生态破坏的大致情形（可通过拍照、录音、拍视频等方式记录现场的污染情况）、分析导致这种状况出现的原因（自然抑或是人为）以及向当地有关部门积极反映情况等。如在污染现场出现中毒者，应尽快将其转移到空气新鲜的地方；若中毒者昏迷，可根据现场的情况以及中毒物质的种类，采用拇指按压人中、涌泉等穴位的方式施救。

第四节　道路交通事故类突发事件

一、"7·23"温州动车事故

1. 事故经过

2011年7月23日20时30分左右，D301次列车（北京南至福州）行驶至浙江省温州市双屿路段时，以99千米/小时的速度与以16千米/小时速度前行的D3115次列车（杭州至福州南）发生追尾。事故导致D301次列车第1、2、3节车厢发生侧翻，从高架桥上坠落，毁坏严重；第4节车厢虽未坠落，但悬挂在桥上，岌岌可危。D3115次列车第15、16节车厢则发生严重脱轨，内部严重损毁。

截至2011年7月29日，事故已导致40人死亡、172人受伤。40名遇难者身份全部得到确认，其中有3名外籍人士。D301次列车司机胸口被车闸刺穿，当场死亡。由现场情形可以推断，D301次列车司机通过肉眼看到前面的列车时，做过刹车的处理，但是为时已晚。同时，事故造成动车组车辆报废7辆、大破2辆、中破5辆、轻微小破15辆，事故路段接触网塌网损坏、中断上下行线行车32小时35分，直接经济损失19371.65万元。

2. 事故应急处置[1]

动车追尾事故发生后，浙江省温州市政府立即组织抢险救援，紧急调动市消防支队22个消防中队、51辆消防救援车投入事故救援工作中。同时，迅速抽调市区及周边县（市）消防部队官兵、公安民警3000多人、温州军分区官兵200多人以及医务人员1400多人参加抢险救援以及医疗救治工作。随后，铁道部紧急调集了2000多人的救援队伍和一批救援设备，投入抢险救援工作。国家和浙江省卫生部门随即派出70多名专家分3批紧急赶赴温州指导伤员救治工作。

---

[1] 参见《"7·23"甬温线特别重大铁路交通事故调查报告》，https://www.mem.gov.cn/gk/sgcc/tbzdsgdcbg/2011/201112/t20111228_245242.shtml，2020年8月12日访问。

3. 事故原因和性质①

经调查认定,"7·23"甬温线特别重大铁路交通事故是一起因列控中心设备存在严重设计缺陷、上道使用审查把关不严、雷击导致设备故障后应急处置不力等因素造成的责任事故。

导致事故发生的原因是,通号集团所属通号设计院在 LKD2-T1 型列控中心设备研发中管理混乱,通号集团作为甬温线通信信号集成总承包商履行职责不力,致使为甬温线温州南站提供的 LKD2-T1 型列控中心设备存在严重设计缺陷和重大安全隐患。铁道部在 LKD2-T1 型列控中心设备招投标、技术审查、上道使用等方面违规操作、把关不严,致使其在温州南站上道使用。当温州南站列控中心采集驱动单元采集电路电源回路中保险管 F2 遭雷击熔断后,采集数据不再更新,错误地控制轨道电路发码及信号显示,使行车处于不安全状态。

雷击也造成 5829AG 轨道电路发送器与列控中心通信故障。从永嘉站出发驶向温州南站的 D3115 次列车超速防护系统自动制动,在 5829AG 区段内停车。由于轨道电路发码异常,导致其三次转目视行车模式起车受阻,7 分 40 秒后才转为目视行车模式,以低于 20 公里/小时的速度向温州南站缓慢行驶,未能及时驶出 5829 闭塞分区。因温州南站列控中心未能采集到前行 D3115 次列车在 5829AG 区段的占用状态信息,使温州南站列控中心管辖的 5829 闭塞分区及后续两个闭塞分区防护信号错误地显示绿灯,向 D301 次列车发送无车占用码,导致 D301 次列车驶向 D3115 次列车并发生追尾。

上海铁路局有关作业人员安全意识不强,在设备故障发生后,未认真正确地履行职责,故障处置工作不得力,未能起到可能避免事故发生或减轻事故损失的作用。

4. 事故暴露出的主要问题②

第一,通号集团及其下属单位在列控产品研发和质量管理上存在严重问题。

(1) 通号集团作为合武线、甬温线通信信号集成总承包商履行职责不力,未按照职责要求提供安全可靠的列控中心设备。未认真贯彻执行国家关于产品质量方面的法律法规和规章、制度、标准。

(2) 通号集团领导及其有关部门未认真履行职责,未对通号设计院科研质

---

① 参见《"7·23"甬温线特别重大铁路交通事故调查报告》,https://www.mem.gov.cn/gk/sgcc/tbzdsgdcbg/2011/201112/t20111228_245242.shtml,2020 年 8 月 12 日访问。

② 同上。

量管理体系的建立和执行情况进行监督检查，未能及时发现科研产品质量管理体系不完善、责任不落实的问题。

（3）通号集团将中标的系统集成项目完全交由下属通号设计院等企业负责，监督管理缺失，对相关重点设备研发情况不跟踪、不过问，致使先后向合武线、甬温线提供了存在严重设计缺陷和重大安全隐患的LKD2-T1型列控中心设备上道使用。

（4）通号设计院对设备研发设计过程管理控制不严格，导致设备存在严重设计缺陷和重大安全隐患；编制、审核研发文档不规范，且部分文档缺失。

第二，铁道部及其相关司局（机构）在设备招投标、技术审查、上道使用上存在问题。

（1）铁道部执行基本建设程序不规范、不认真，在铁路建设中抢工期、赶进度，片面追求工程建设速度，对安全重视不够，事故应急预案和应急机制不完善。

（2）相关职能部门未认真履行职责，在设备招投标、技术审查、上道使用等多个环节违规操作、把关不严，推动无依据、不规范的技术预审查工作。

（3）铁路客运专线系统集成工作管理不力，规章制度和标准不健全。

（4）相关部门存在职能交叉、职责不清的现象，削弱了有关部门正常职能。

（5）铁道部对上海铁路局安全生产责任制落实和规章制度、标准执行以及职工安全教育培训情况监督检查不到位。

第三，上海铁路局及其下属单位在安全和作业管理及故障处置上存在问题。

（1）上海铁路局安全生产责任制不落实，安全基础管理薄弱，执行应急管理规章制度、作业标准不严不细，对职工安全教育培训不力。

（2）相关单位（部门）安全管理不力，对职工履行岗位职责和遵章守规情况监督检查不到位。

（3）相关作业人员安全意识不强，在设备故障发生后，没有及时采取有效措施，未能起到可能避免事故发生或减轻事故损失的作用。

（4）上海铁路局有关负责人在事故抢险救援中指挥不妥当、处置不周全，在社会上造成不良影响。

（5）调度所值班负责人对有可能影响行车安全的突发情况处置不及时、处置措施不得力，对列车调度员没有及时提醒D301次列车司机的问题监控检查不力。

5. 整治措施

2011年12月28日下午，铁道部门分别召开了党组会和全国铁路系统电视电话会议,要求全国铁路系统干部职工坚决贯彻国务院常务会议决定,认真落实责任追究,深刻吸取事故教训,切实加强安全管理,维护职工队伍稳定,推进铁路安全发展。

第一,铁道部整改措施。①

(1)切实把思想认识统一到国务院决定上来,深入贯彻科学发展观,牢固树立安全发展理念,坚持"安全第一、预防为主、综合治理"的方针,切实做到在任何时候都要把安全作为大事来抓,任何情况下都要把安全放在第一位来考虑,任何影响安全的问题都要立即解决。

(2)认真落实国务院关于吸取事故教训、加强铁路安全管理的重要部署,健全完善高铁规章制度标准,切实加强高铁技术设备研发管理,严格把好高铁技术设备安全准入关,不断加强高铁安全管理和职工教育培训,强化铁路安全生产应急管理,统筹优化高铁规划布局和发展。

(3)深刻吸取"7·23"事故教训,有针对性地抓好问题整改。同时,要举一反三,深入查找安全隐患,严格落实整改责任,扎实推进安全风险管理、强化过程控制,不断提高铁路安全管理水平。

(4)充分认识铁路在国民经济和社会发展中担负的重要责任,充分认识人民群众对铁路发展的关注和期盼,坚定信心,振奋精神,奋力拼搏,以昂扬向上的精神和坚韧不拔的意志,更加努力地为适应我国经济社会发展和满足人民群众需求不断做出新的贡献。

第二,事故调查组提出的事故防范和整改措施建议。②

(1)深入贯彻落实科学发展观,牢固树立以人为本、安全发展的理念。

(2)切实加强高铁技术设备制造企业研发工作的管理。

(3)切实健全完善高铁安全运行的规章制度和标准。

(4)切实强化高铁技术设备研发管理。

(5)切实严把高铁技术设备安全准入关。

(6)切实强化高铁运输安全管理和职工教育培训。

(7)切实加强铁路安全生产应急管理。

---

① 参见汤一亮:《铁道部及铁道部部长就"7·23"事故向国务院做出深刻检查》,http://news.sohu.com/20111229/n330607863.shtml,2020 年 8 月 12 日访问。

② 参见《"7·23"甬温线特别重大铁路交通事故调查报告》,https://www.mem.gov.cn/gk/sgcc/tbzdsgdcbg/2011/201112/t20111228_245242.shtml,2020 年 8 月 12 日访问。

(8) 切实加强高铁规划布局和统筹发展工作。

二、道路交通事故应急知识与技能

随着社会的发展,交通工具日益多样化,在给人们生活带来便利的同时,交通事故也时有发生。交通事故的发生会严重影响社会公众的生命财产安全,因此所有人都有必要掌握一些交通事故应急知识与技能,以便更好地应对交通事故类突发事件。

交通事故可分为多种类型,这里主要介绍道路交通事故和铁路交通事故。道路交通事故是指车辆在道路上因过错或者意外造成人身伤亡或者财产损失的事件。事实上,道路交通事故不仅可能是由不特定的人员违反道路交通安全法规造成的,也可能是由于地震、台风、山洪、雷击等不可抗拒的自然灾害造成的。铁路交通事故是指火车(包括所有机车、车厢或车皮一类的车辆)在运行过程中发生碰撞、脱轨、火灾、爆炸、断电等影响正常行车安全的事故,也包括铁路运输系统在相关作业过程中发生的事故以及火车在运行过程中与行人、机动车、非机动车、牲畜及其他障碍物相撞的事故,以及因管理混乱或者操作不当而导致的严重晚点情况等。

1. 道路交通事故

(1) 道路交通事故分类

对道路交通事故进行分类,目的在于分析、研究、预防和处理道路交通事故,同时也便于统计和从各个角度寻找对策。根据分析的角度、方法不同,对道路交通事故的分类也不同。通常来说,道路交通事故分类方法主要有以下五种:

第一,按责任分。

① 机动车交通事故,是指汽车、摩托车和拖拉机等机动车负主要责任以上的交通事故。在机动车与非机动车、行人间发生的交通事故中,如果机动车负同等责任,由于机动车相对为交通强者,而非机动车、行人则属于交通弱者,也应视为机动车交通事故。

② 非机动车交通事故,是指自行车、人力车、三轮车和畜力车等按非机动车管理的车辆负主要责任以上的交通事故。在非机动车与行人间发生的交通事故中,如果非机动车一方负同等责任,由于非机动车相对为交通事故当事方中的强者,而行人则属于交通事故当事方中的弱者,应视为非机动车交通事故。

③ 行人交通事故,是指行人负主要责任以上的交通事故。

第二,按后果分。

① 轻微交通事故,是指一次造成轻伤1至2人,或者财产损失不足1000元的机动车交通事故,或者财产损失不足200元的非机动车交通事故。

② 一般交通事故,是指一次造成重伤1至2人,或者轻伤3人以上,或者财产损失不足3万元的交通事故。

③ 重大交通事故,是指一次造成死亡1至2人,或者重伤3人以上10人以下,或者财产损失3万元以上不足6万元的交通事故。

④ 特大交通事故,是指一次造成死亡3人以上;或者重伤11人以上;或者死亡1人,同时重伤8人以上;或者死亡2人,同时重伤5人以上;或者财产损失6万元以上的交通事故。

第三,按原因分。

① 主观原因引起的交通事故,是指造成交通事故的当事方本身内在的因素。主要表现为违反规定、疏忽大意或操作不当等,分别对应思想方面的原因、心理或生理方面的原因以及技术生疏、经验不足原因。

② 客观原因引起的交通事故,是指引发交通事故的车辆、环境和道路方面的不利因素。目前,对于引起交通事故的客观原因还没有很好的调查和测试手段,因此在事故分析中往往被忽视。这一点需要引起重视。

第四,按对象分。

① 车辆间的交通事故,是指车辆之间发生碰撞、刮擦等引起的交通事故。其中,碰撞可分为正面碰撞、追尾碰撞、侧面碰撞和转弯碰撞等;刮擦可分为超车刮擦、会车刮擦等。

② 车辆与行人间的交通事故,是指机动车对行人的碰撞、碾压和刮擦等交通事故。主要包括机动车闯入人行道及行人横穿道路时发生的交通事故。其中,碰撞和碾压往往会导致行人重伤、致残或死亡;刮擦相对前两者后果一般比较轻,但有时也会造成严重后果。

③ 机动车与非机动车间的交通事故,在我国,主要表现为机动车碰撞、碾压非机动车驾驶人的交通事故。

④ 车辆自身事故,是指在机动车没有发生碰撞、刮擦的情况下由于机动车自身原因导致的交通事故。

⑤ 车辆碰擦固定物事故,是指机动车与道路两侧的固定物相撞、刮擦的事故。其中,固定物主要包括道路上的工程结构物、护栏以及路肩上的灯杆、交通

标志等。

第五,按地点分。

道路交通事故发生地点,一般是指道路的行政级别、技术等级以及道路的平面线行或路面结构等。在我国,公路可分为高速公路、一级公路、二级公路、三级公路、四级公路和等外公路六个等级;城市道路可分为快速路、主干路、次干路和支路四个等级。另外,还可按在道路交叉口和路段等所发生的交通事故来分类。

(2) 道路交通事故应急处置措施

第一,驾驶员对事故现场应采取的处置方法。

① 立即停车。发生交通事故时,机动车驾驶员必须立即停车。停车后按规定拉紧手制动,切断电源,开启危险报警闪光灯,将车辆移至不妨碍交通的地方停放;难以移动的,应持续开启危险报警闪光灯,并在车后方50米至100米处设置危险警告标志。如果是在夜间发生交通事故,还需打开示宽灯和尾灯,以警示过往车辆。

② 及时报案。当事人在交通事故发生后应及时将事故发生的时间、地点、肇事车辆及伤亡情况打电话(交通事故报警电话:122)或委托过往车辆、行人向附近的公安机关或执勤民警报案。同时,可向附近的医疗单位、急救中心求救(医疗急救求助电话:120)。如果事故现场发生火灾,还应向消防部门报告(火灾求救电话:119),告知引燃原因、火势大小及被困人员情况。

③ 保护现场。保护现场的原始状态,包括保留交通事故中的车辆、人员、牲畜等遗留的痕迹并确保散落物不被随意挪动位置。伤者送医抢救的,应在其原始位置做好标记,不得故意破坏、伪造现场。当事人在交管人员到达之前,可用绳索等材料设置警戒线,保护好现场。

④ 抢救伤者或财物。确认受伤者的伤情后,应采取紧急抢救措施,尽最大努力救助,并设法送附近医院抢救治疗。除未受伤或虽有轻伤但本人拒绝去医院诊断的情况外,一般可以拦搭过往车辆或通知急救部门、医疗单位派救护车前往抢救。对于现场物品或被害人的钱财应妥善保管,防止被盗被抢。

⑤ 做好防火防爆措施。应关掉车辆引擎,消除火灾隐患。交通事故现场禁止吸烟。如果载有危险物品的车辆发生交通事故,应立即将此情况报告交管部门及消防人员,同时做好防范措施。

⑥ 协助现场调查取证。当事人必须如实向公安交通管理机关陈述事发经过,不得隐瞒交通事故的真实情况,应积极配合、协助警察做好善后处理工作。

⑦ 投保机动车强制保险或商业保险的,应及时向保险公司报案。

第二,行人交通事故应急要点。

① 行人与机动车间发生交通事故后,应立即报警,并记下肇事车辆的车牌号,等候交通警察前来处理。

② 行人被机动车撞伤后,驾车人应立即拨打110、122报警,并拨打120求助。同时,检查伤者的受伤部位,并采取初步的救护措施,如止血、包扎或固定。应注意保持伤者呼吸通畅。如果发生呼吸和心跳停止状况,应立即采用心肺复苏法就地抢救。

③ 行人与非机动车间发生交通事故,在不能自行协商解决的情况下,应立即报警。

④ 遇到撞人后驾车或骑车逃逸的情况,应及时追上肇事者。在本人受伤的情况下,应求助周围群众拦住肇事者。

⑤ 发生重大交通事故时,伤者很可能出现脊椎骨折等情况,这时千万不要翻动伤者。如果不能判断脊椎是否骨折,则应该按脊椎骨折处理。

第三,公交车意外事故应急要点。

① 乘客在车内闻到烧焦物品的气味或看到有不明烟雾时,要及时通知司售人员。司售人员有责任停车检查,做到有序撤离,将乘客疏散到安全区域,同时照顾和保护老人、妇女和儿童。

② 司售人员应在来车方向50米至100米处设置专用的警示标志。

③ 司售人员应安排乘客免费换乘后续同线路、同方向车辆或者另调派车辆。

④ 乘坐公交车遇到火灾事故的,乘客应迅速撤离着火车辆,不要围观。

⑤ 乘客在车内发现可疑物时,应迅速通知司售人员,并撤离到安全位置,切勿自行处置。

⑥ 出现伤亡情况时,应及时拨打110、120救助电话。

第四,非机动车交通事故应急要点。

① 非机动车与机动车间发生交通事故后,非机动车驾驶人应记下肇事车辆的车牌号,保护好现场,及时报警。如伤势较重,要记下肇事车辆的车牌号并报警,求助他人标明现场位置,及时到医院治疗。

② 非机动车间发生交通事故后,在无法自行协商解决的情况下,应迅速报警,并保护好事故现场。如当事人受伤较重,应求助其他人员,立即拨打110、

122报警,并拨打120求助。

③ 非机动车与行人间发生交通事故后,应及时了解伤者的伤势,保护好事故现场并报警。如伤者伤势较重,在确保安全的情况下,应迅速将伤者送往医院救治。

第五,机动车交通事故应急要点。

① 发生交通事故后,驾驶员应立即停车,保护现场,开启危险报警闪光灯,并在来车方向50米至100米处设置警示标志。

② 造成人员伤亡的,驾驶员应立即抢救受伤人员,并迅速拨打110、120报警、求助。

③ 因抢救受伤人员需要变动现场时,应标明事故车辆和人员位置。

④ 发生道路交通事故,未造成人员伤亡或财产损失轻微的,当事人应先撤离现场,再进行协商处理。

第六,高速公路交通事故应急要点。

① 机动车在高速公路上发生事故的,驾驶员应立即停车,保护现场,拨打110、122报警电话,清楚表述案发时间、方位、后果等,并协助交警调查。

② 有人员伤亡的,应立即救人,并拨打120求助。

③ 开启危险报警闪光灯,并在事故车辆来车方向150米以外设置警示标志。

④ 车上人员应迅速转移到右侧路肩上或者应急车道内;能够移动的机动车,应移至不妨碍交通的应急车道或服务区停放。

(3) 道路交通事故赔偿

《道路交通安全法》第76条规定:"机动车发生交通事故造成人身伤亡、财产损失的,由保险公司在机动车第三者责任强制保险责任限额范围内予以赔偿;不足的部分,按照下列规定承担赔偿责任:(一) 机动车之间发生交通事故的,由有过错的一方承担赔偿责任;双方都有过错的,按照各自过错的比例分担责任。(二) 机动车与非机动车驾驶人、行人之间发生交通事故,非机动车驾驶人、行人没有过错的,由机动车一方承担赔偿责任;有证据证明非机动车驾驶人、行人有过错的,根据过错程度适当减轻机动车一方的赔偿责任;机动车一方没有过错的,承担不超过百分之十的赔偿责任。交通事故的损失是由非机动车驾驶人、行人故意碰撞机动车造成的,机动车一方不承担赔偿责任。"

同时,该法第114条规定:"公安机关交通管理部门根据交通技术监控记录资料,可以对违法的机动车所有人或者管理人依法予以处罚。对能够确定驾驶人的,可以依照本法的规定依法予以处罚。"

交通事故各方的过错通常通过交警部门出具的交通事故认定书来确定。当事人如果对交通事故认定书不服,可以在收到交通事故认定书之日起 3 日内向上一级交警部门申请复核;未申请复核或者对复核结果不服的,可以在向法院提起诉讼时进行举证,由法院结合证据进行判断。但是,由于自行举证的难度一般都很大,如果对交通事故认定书有异议,还是应当在规定的时间内提出复核。

交通事故责任分为全部责任、主次责任、同等责任。每种责任的承担比例没有全国统一的标准,各省、自治区、直辖市在制定自己的实施意见时作出了不同的规定,具体执行时需参照当地规定确定。

2. 铁路交通事故

(1) 铁路交通事故等级分类

第一,铁路交通事故包含的内容。按照我国铁路交通事故统计惯例,铁路交通事故主要包括铁路职工责任伤亡事故、铁路旅客伤亡事故、路外伤亡事故三大类。其中,铁路旅客伤亡事故,系指铁路运营过程中,在铁路责任期间发生的致使持有有效乘车凭证者及其他法律、法规规定人员的人身伤亡和财产损失的交通事故。铁路职工责任伤亡事故,系指由于铁路职工的责任所引发的人身伤亡以及设施、设备毁损的事故。路外伤亡事故,系指铁路列车运行和调车作业中发生撞轧行人、与其他车辆碰撞等情况,导致人员伤亡或其他车辆破损的事故。[①]

第二,事故等级。《铁路交通事故应急救援和调查处理条例》(以下简称《条例》)第 8 条规定,根据事故造成的人员伤亡、直接经济损失、列车脱轨辆数、中断铁路行车时间等情形,事故等级分为特别重大事故、重大事故、较大事故和一般事故。

《条例》第 9 条规定,有下列情形之一的,为特别重大事故:(1) 造成 30 人以上死亡,或者 100 人以上重伤(包括急性工业中毒,下同),或者 1 亿元以上直接经济损失的;(2) 繁忙干线客运列车脱轨 18 辆以上并中断铁路行车 48 小时以上的;(3) 繁忙干线货运列车脱轨 60 辆以上并中断铁路行车 48 小时以上的。

《条例》第 10 条规定,有下列情形之一的,为重大事故:(1) 造成 10 人以上 30 人以下死亡,或者造成 50 人以上 100 人以下重伤,或者 5000 万元以上 1 亿元

---

① 参见张先涛:《铁路交通事故应采取过错推定的归责原则》,http://m.tielu.cn/53/1240.html,2020 年 8 月 6 日访问。

以下直接经济损失的;(2)客运列车脱轨 18 辆以上的;(3)货运列车脱轨 60 辆以上的;(4)客运列车脱轨 2 辆以上 18 辆以下,并中断繁忙干线铁路行车 24 小时以上或者中断其他线路铁路行车 48 小时以上的;(5)货运列车脱轨 6 辆以上 60 辆以下,并中断繁忙干线铁路行车 24 小时以上或者中断其他线路铁路行车 48 小时以上的。

《条例》第 11 条规定,有下列情形之一的,为较大事故:(1)造成 3 人以上 10 人以下死亡,或者 10 人以上 50 人以下重伤,或者 1000 万元以上 5000 万元以下直接经济损失的;(2)客运列车脱轨 2 辆以上 18 辆以下的;(3)货运列车脱轨 6 辆以上 60 辆以下的;(4)中断繁忙干线铁路行车 6 小时以上的;(5)中断其他线路铁路行车 10 小时以上的。

《条例》第 12 条第 1 款规定,造成 3 人以下死亡,或者 10 人以下重伤,或者 1000 万元以下直接经济损失的,为一般事故。

(2)铁路交通事故诱因①

第一,调度不当。在电子通信技术不发达的年代,造成铁路事故最常见的因素就是调度不当。由于调度工作主要由人负责,而人的精力是有限的,难免出现疏忽,因此非常容易发生因调度不当而导致后车过早闯入前车行驶区间的情形。随着科学技术的高速发展,如今的铁路调度系统已实现全国联网,计算机已全面代替人工,新建高速(含快速)铁路线上的动车组列车因调度失误而造成事故的概率非常低。

第二,弯道超速。火车速度快、质量大,过弯道时需要强大向心力。如果超速行驶,列车重力水平方向上的分力将无法给列车提供足够向心力,列车就会挤压外轨引发脱轨事故。2005 年 4 月 25 日发生的日本兵库县 JR 福知山线脱轨事故和 2013 年 7 月 24 日发生的西班牙列车脱轨事故都是因列车在弯道上超速行驶导致。2011 年 7 月 1 日起,我国铁道部要求运营列车降速行驶,运行车速明显低于铁路的速度设计标准,严防超速事故。

第三,地质灾害。传统铁路需要途经很多人迹稀少、地势险要的山川河流,这些地方是孕育地质灾害的温床。一旦因自然灾害造成桥梁垮塌、隧道坍塌,就极易导致列车脱轨、掩埋或坠崖。1981 年 7 月 9 日成昆铁路列车坠桥事故就是由于大渡河支流利子依达沟暴发泥石流冲垮铁路桥造成的。随着桥隧工程技术

---

① 参见《铁路交通事故》,http://www.xcjxzjg.com/article-22-58116-0.html,2020 年 8 月 12 日访问。

以及卫星监测技术的成熟,此类事故发生的可能性也极大地降低。

第四,设备失灵。火车质量大,即使是几十公里的车速也具有很大惯性,刹车距离很长。如果铁路系统设备出现故障、失灵,极易引起调度混乱,并最终导致司机无法确认前方路况而引发追尾或相撞事故。2006年发生的京九铁路"4·11"旅客列车追尾事故,就是因信号灯故障引起司机误判酿成的悲剧。[①]"7·23"温州动车事故起因也是信号灯设备出现故障。高铁系统对设备依赖程度更高,所以减少设备故障率、增加多重更可靠的应急设备是高铁建设中的重要环节。

第五,零件老化。高速列车如同民航飞机,一旦有零件出现故障,比如松懈、变形或脱落等,就可能导致列车颠覆。1998年的德国艾须德高铁车祸,就是因车轮外层壳变形脱落至铁轨上并卡住铁路岔道导致列车脱轨。高速列车及其高速轨道是集大量复杂精密零件为一体的设备,运作环境极端,增加了机车车辆检修和铁路轨道养护的难度。

第六,违规施工。铁路养护人员违规施工是导致列车撞轧行人的常见起因,如2008年胶济线"1·23"重大路外交通事故。现阶段铁路沿线的防护措施都比较完善,加之大面积采用高架桥,一定程度上防止了外面的行人闯入轨道。

第七,违规操作。违规操作是现阶段导致铁路事故发生的最根本原因。上述几个事故,基本都与违规操作紧密相关。2008年"4·28"胶济铁路特别重大交通事故的起因就是盲目修改运器数据、用文件代替限速调度指令、漏发临时限速指令等一系列违规操作,最终导致列车超速过弯倾覆、与正常行使的列车相撞。违规操作是各国铁路安全都不得不面对的棘手问题之一,它具有鲜明的突发性、偶然性和隐蔽性。德国艾须德高铁事故的根本原因就是工程师仅仅用肉眼而没用金属探测仪确定车轮的金属疲劳,否定了之前大量乘客和机务人员早就察觉到的隐患,最终酿出恶果。违规操作的行为繁杂多样,包括误操、睡觉、误判、遗漏、篡改、指令信息延迟以及各种擅自主张的行为等。但实际上,铁路安全保护系统通常是多层的,如果严格按照规章流程操作,即使某一环节失误,也理应能被及时发现并纠正。

第八,二次事故。火车事故一旦发生,往往会因周边或列车自身环境而极易引发二次事故,造成更大的伤亡,比如火灾、电击、桥隧坍塌、滑坡、坠车以及其他

---

① 《铁道部召开运输安全电视电话会 通报"4·11"事故》,http://www.gov.cn/govweb/jrzg/2006-04/14/content_254239.htm,2020年8月6日访问。

列车陆续相撞等。2004年朝鲜龙川火车站爆炸事件就是典型例子。为了防止二次事故的发生,科学家们不断改进火车的车身结构和内部材料,尽可能减少铁路沿线环境的险恶程度,并增配灭火器、天窗等救生辅助设施,以备不时之需。

第九,危险物品。乘客携带易燃易爆、剧毒、腐蚀性和放射性等危险品上车也是引发铁路事故的一大因素,常见于恐怖袭击。目前,我国各车站的进站安检工作和设备都比较完善,加之火车票实名制等措施,基本上能够有效防止这类事故的发生。

第十,恶劣天气。天气是影响交通安全最普遍因素,即使是大而笨重的火车也不例外。我国曾经发生过不少雷击导致电力动车组列车中途停运的事故案例,如"7·23"温州动车事故就与此有关。2008年南方雪灾导致京广铁路上的电力设备损坏严重,致使电力机车无法运行,造成空前的旅客滞留。另外,恶劣天气也容易引发地质灾害,并可能进而导致桥隧坍塌以及铁路损毁。2010年"8·19"四川广汉列车坠河事故就是因河水冲垮桥墩所致,两节车厢掉入河中,所幸处置及时,应急有力,避免了更大的伤亡。随着我国卫星监测和通信技术的高速发展,即使在恶劣天气下,铁路运营安全也有望得到更可靠的保障。

(3) 铁路交通事故的应急处理[①]

在铁路上遇到突发事故的应急处理方法主要有:

第一,列车运行中突发剧烈冲击、晃动,旅客应立即蹲下,紧紧抓住列车固定物,保护好头部,不要盲目跳车;列车脱轨、颠覆停车后,旅客应按列车工作人员指挥迅速离开车厢。

第二,列车运行中突发爆炸、火灾时,要保持冷静,听从列车工作人员指挥,迅速有序撤离事故车厢;火势不大的,可用衣被、灭火器等立即灭火。列车未停稳前,切忌擅自打开列车门窗跳车。

第三,发现装载易燃易爆、剧毒及化学危险品的列车脱轨、颠覆、爆炸等情况时,要迅速撤离到上风位置,及时报警,远离事故车辆。

第四,机动车辆在铁路道口熄火或被卡住而无法移动时,车上人员要立即下车,在道口两端采取措施拦停列车。

第五,遇到铁路道口栏木关闭或看守人员示意停止行进时,应依次停在停止线以外。

[①] 参见《铁路交通事故》,http://www.xcjxzjg.com/article-22-58116-0.html,2020年8月12日访问。

第六,通过无人看守道口时,应停车瞭望,确认安全后方可通过。

第七,不得在铁路线上行走、坐、卧,不得在铁路线路 20 米范围内或者铁路防护林地内放牧。

(4) 乘坐火车必须掌握的逃生知识和技能[1]

2011 年"7·23"温州动车事故的发生令人痛心,由于乘客慌忙、紧张、着急等多方面的原因,许多人未能及时逃生。因此,掌握一定的逃生知识和技巧,或许就能够大大增加事故中生存的概率。

火车发生事故通常有两种情形,即与其他火车相撞或者火车出轨。一旦发生火车事故,乘客几乎不可能不受伤害,但是可以通过掌握逃生知识与技能、做好防护以尽量减少事故的伤害。火车出轨的征兆是紧急刹车、剧烈晃动,而且车厢会向一边倾倒。

第一,火车事故的紧急避险。

① 脸朝行车方向坐的人要马上抱头屈肘伏到前面的坐垫上,护住脸部,或者马上抱住头部朝侧面躺下。

② 背朝行车方向坐的人,应该马上用双手护住后脑部,同时屈身抬膝护住胸、腹部。

③ 发生事故时,如果座位不靠近门窗,应留在原位,抓住牢固的物体或者靠坐在座椅上。同时,低下头,下巴紧贴胸前,以防头部受伤。若座位接近门窗,则应尽快逃离。

④ 在通道上坐着或站着的人,应该面朝行车方向,两手护住后脑部,屈身蹲下,以防冲撞和落物砸伤头部。如果车内不拥挤,应该双脚朝着行车方向,两手护住后脑部,屈身躺在地板上,用膝盖护住腹部,用脚蹬住椅子或车壁,同时提防被人踩到。

⑤ 发生事故时,在厕所里的乘客应背靠行车方向的车壁,坐到地板上,双手抱头,屈肘抬膝护住腹部。

⑥ 事故发生后,如果无法打开车门,就把窗户推上去或砸碎窗户的玻璃,然后脚朝外爬出去。要时刻注意的是,碎玻璃是非常危险的,铁轨也可能有电,即使你确认不会被碎玻璃划伤,也还是会有被电击的危险。如果车厢看起来不会再倾斜或者翻滚,待在车厢里等待救援是最安全的。

---

① 参见《发生火车遇险事故时的自救》,http://www.safehoo.com/Live/Aid/Fire/201909/1577574.shtml,2020 年 8 月 12 日访问。

⑦ 确定火车停下需要跳车避险时,应注意对面来车并采取正确的跳车方法。跳下车后,要迅速撤离,不可在火车周围徘徊,否则很容易发生其他危险。

⑧ 离开火车后,应设法通知救援人员。如附近有一组信号灯,灯下通常有电话,可用来通知信号控制室,或者就近寻找电话报警。

⑨ 发生事故后,一切行动听指挥。

第二,火车着火的逃生技巧。

当火车发生火灾事故时,乘客要沉着、冷静、准确判断,切忌慌乱,然后采取措施逃生。

① 让火车迅速停下来。在火车高速行进时,盲目跳车的行为与自杀没有分别。乘客要保持冷静,使火车迅速停下才是首要选择。即应迅速通知列车员停车,采取措施灭火;或迅速冲到车厢两头的连接处,找到链式制动手柄,按顺时针方向用力旋转,使列车尽快停下来;或迅速冲到车厢两头的车门后侧,用力向下扳动紧急制动阀手柄,使列车尽快停下来。

② 在乘务人员疏导下有序逃离:其一,运行中的旅客列车发生火灾,乘务人员在引导被困人员通过各车厢互连通道逃离火场的同时,还应迅速扳下紧急制动闸,使列车停下来,并组织人力迅速将车门和车窗全部打开,帮助未逃离着火车厢的被困人员向外疏散。其二,在起火车厢内的火势不大时,乘务人员应告诉乘客不要开启车厢门窗,以免大量的新鲜空气进入加速火势的扩大蔓延。同时,立即组织乘客利用列车上灭火器材扑救火灾,同时引导被困人员有秩序地从车厢的前后门疏散到相邻的车厢。当车厢内浓烟弥漫时,要告诉被困人员采取低姿势行走的方式逃离到车厢外或相邻的车厢。

③ 利用车厢前后门逃生。旅客列车每节车厢内都有一条长约20米、宽约80厘米的人行通道,车厢两头有通往相邻车厢的手动门或自动门,当某一节车厢内发生火灾时,这些通道是被困人员可利用的主要逃生通道。发生火灾时,被困人员应尽快利用车厢两头的通道,有秩序地逃离火灾现场。

④ 利用车厢的窗户逃生。旅客列车车厢内的窗户一般为70厘米×60厘米,装有双层玻璃。在发生火灾情况下,被困人员可用坚硬的物品将窗户的玻璃砸破,通过窗户逃离火灾现场。

第三,火车不同位置的自救。

火车一旦发生事故,在火车不同位置的乘客应采取不同的预防和自救措施。

① 在座厢时:其一,在火车发生倾斜、摇动、侧翻时,如果有足够的反应时

间,就应该平躺在地上,面朝下,手抱后脖颈。其二,在人多的车厢里求生取决于你的反应。动作一定要快,必须马上反应并行动。快速反应是防范金属扭曲变形、箱包飞动、玻璃破损飞溅而受伤的最佳求生办法。其三,背部朝火车引擎方向的乘客,如果没来得及躺上地面,应该赶紧双手抱颈,然后抗住撞击力。

② 在走道时:面部朝地趴在地上,脚朝火车头方向,双手抱在脑后,脚顶住坚实的东西,膝盖弯曲。

③ 在卫生间时:如果有时间反应,应赶快采取行动:坐在地上,背对火车头的方向,膝盖弯曲,手放在脑后抱着。

④ 在列车外:其一,如果发现列车正接近并可能撞击其他车辆、被卡在铁轨里面的汽车或者一些捣乱的人在铁轨上放置的破坏物,可以发信号让火车停下来。其二,如果附近没有红灯,也没有红色的旗帜,白天可面向来车站在安全的地方双手伸过头顶交叉摇晃,夜晚则可在列车接近的时候狂乱挥动灯具(任何颜色)。其三,如果看见铁轨上有障碍物,应该立即通知铁路部门。如果知道列车有可能马上通过(因为住在附近,或者听到远处有火车汽笛鸣叫),同时如果自己有可能移走这些东西,应立即动手移走它。其四,如果身处铁轨之上,但不知道列车会走哪一股铁轨,而且也没有任何可依赖的指示来判断列车会走哪股道,这时不要尝试躺倒在正在使用之中的铁轨之间的空地上,而应该卧倒在相邻两股轨道之间的空处。

第五节 地铁出行安全应急知识与技能

随着社会经济的不断发展,城市交通的压力越来越大,为了减少环境污染,提高人们的出行效率,我国很多城市建造了地铁。但是,人们在享受地铁带来便利的同时,地铁安全故障和安全隐患也会不断地发生和出现。

从地铁的特征和物理结构上看,地铁处于地下,在一个封闭性极强的环境中,且地铁中人员密集、流动性大、情况复杂,人员疏散较困难。一旦发生突发事件,不但会造成较大的人员伤亡和严重的经济损失,还会在一定程度上引起不良的政治后果。因此,应该积极完善城市地铁的安全风险防控,努力做到未雨绸缪,最大限度地预防和避免安全事故的发生。

一、地铁出行存在的安全隐患

1. 供电故障导致地铁事故频发

2013年9月8日晚,杭州地铁1号线从湘湖开往文泽/临平方向的一趟列车在钱塘江底下的隧道中"趴窝",列车上的113名乘客只能沿着地铁隧道里1.2米宽的栈道撤离,足足走了半个小时。这次"趴窝"引发的延误效应,一直扩散到整条地铁1号线的运营:不少乘客滞留在地铁站内,足足等候了大半个小时才乘上地铁;原本回家16分钟的车程,却开了长达一个半小时;中途被"请下"列车;没赶上高铁末班车;部分站点提前"歇业"……这是杭州地铁1号线自2012年11月开通以来最惊险的一次故障。此前已发生过10余起故障。[①]

回顾我国城市地铁几十年的运营历史,因供电或信号系统故障导致的事故并不罕见。据不完全统计,仅2013年3月至4月期间,深圳便发生了3起电力故障而导致列车退出服务的地铁事故;2011年,全国各地地铁供电或信号系统故障更是达到了9起,而且全部集中在北上广深这些已运营地铁多年的一线城市。由此可见,供电和信号系统已然成为地铁交通能否安全稳定运行的关键。

2. 地铁脱轨事故

近些年来,国内外地铁脱轨导致地铁安全事故频发。

2014年7月15日,莫斯科发生地铁脱轨事故,造成20人死亡、161人受伤。

2017年6月27日,美国纽约市曼哈顿A线地铁发生脱轨事故,造成34人轻微受伤,并导致曼哈顿A、B、C、D四条地铁线路运行中断。

2005年6月24日上午,中国长春轻轨运营公司的4号轻轨车在行驶进火车站终点、由南侧道岔转向北侧道岔时,发生第二节车轮脱轨事故,轻轨车第二节车厢下右侧一轱辘被"崴断"。

3. 火灾、爆炸事故

由于地铁自身环境的原因,在地铁中发生火灾引起的损害及伤亡一般都十分严重。1995年10月28日夜,阿塞拜疆首都巴库地铁失火,造成558人死亡、269人受伤。2003年2月18日,韩国大邱市地铁站因人为放火,12节列车被烧毁,死伤三百余人。

2016年7月7日,中国台湾地区台北松山站台铁列车发生爆炸起火,造成

[①] 参见《杭州地铁故障停钱塘江底 百名乘客紧急疏散》,http://news.sohu.com/20130909/n386159901.shtml,2020年9月12日访问。

25人受伤。后查明,爆炸系一名林姓男子非法制造的爆炸物引发。

4. 暴力恐怖袭击

恐怖袭击威胁着城市轨道交通列车、行车区间、车站、控制中心等关键部位。近些年来,世界上爆发了数十次城市轨道交通恐怖袭击事件,造成巨大的人员和财产损失。例如,2005年7月7日,伦敦多处地铁车站和公共汽车在人流高峰期遭爆炸袭击,导致53人死亡、25人失踪。

二、地铁安全隐患因素分析

1. 人为因素

通过相关数据统计以及对以往案例的分析可以发现,在城市地铁安全事件中,人为因素造成的原因占很大比例,具体可分为乘客和地铁工作人员的原因两方面。

(1) 乘客安全意识不强

从乘客方面来说,部分乘客安全意识不强,不遵守地铁运营管理的规章制度。例如,不按规定在等候线外等候,跨越地铁等候安全线;进入地铁或者上车时候秩序混乱,不遵守先下后上的乘车秩序,造成人员拥挤,发生踩踏事件。另外,还有一些乘客无视地铁禁止携带危险化学品进入的规定,擅自将危险化学品带入地铁,严重威胁了地铁和乘客的安全。

(2) 地铁工作人员工作失误

实践中,地铁工作人员的工作失误也会造成地铁安全隐患。由于地铁内部员工需求量越来越大,许多新员工没有充分的时间进行岗前培训,只是完成简单的紧急预案处理学习就被要求进入岗位工作。这些人缺乏相应的经验,没有参加过地铁中可能遇到的突发事件的模拟演练,对地铁运营中发生的危险不可能及时有效地进行处理。这样,地铁工作人员工作失误成为阻碍城市地铁安全运营的一个重要因素。

2. 设备因素

地铁设备主要由地铁列车、钢轨组成,两者都有许多零部件,如列车车轮、钢轨地基等,这些零部件的状态决定着地铁运营的安全。实际上,地铁设备在一定时间、一定次数的运行之后必然会出现损耗,导致其状态不佳,并进而引发地铁列车脱轨、钢轨松动等问题或隐患,对乘客安全造成威胁。

(1) 设计问题

我国城市地铁起步较晚,一方面,一些重要的技术掌握得还不够精湛,诸如烟气控制等依然是建设工程中的重点和难点,无疑会给城市地铁的安全运营带来一定的隐患。另一方面,地铁的运行是一个复杂的系统,它需要照明、供电、通信等各方面的共同配合,任何一个环节出现问题都会影响其正常运行。而一些设备使用较长时间后,部分零部件如未能及时维修,在一定程度上也会增加地铁运营发生故障的概率。同时,在一些地铁车站中仍然存在商业设施和部分轨道运营共存的现象。此外,在实际建设中,地铁站点安全通道和疏散出口安全系数较低,很多地铁车站疏散出口都没有满足实际需要,这和伤亡事故有着紧密的联系,大大增加了消防救援的难度。

(2) 消防配套设备

地铁不同于室外建筑,需要在地下运行,严重缺少消防直通通道,且出入口一般都比较狭小,发生火灾时大型设备很难进入,无法发挥作用。同时,在地下封闭空间中火灾产生的烟气很难排放出去,地下通道内部温度较高,会对乘客疏散的速度造成影响,并会损伤人体。同时,地铁火灾造成的厚重烟雾也会给救援增加困难。虽然救援人员配有呼吸器,但是由于能见度过低,救援工作困难重重。此外,地下运行的地铁处于封闭空间中,无线互通设备信号本就受到一定影响,火灾发生时很多通信系统可能处于崩溃状态,消防人员在地下难以切实辨认具体位置,导致救援难以高效完成。

(3) 材料性质

地铁建设工程中选用的材料多具有阻燃性,但是地铁运行需要工作人员对机房、设备的运行进行控制和维护,而工作人员日常所用器物多具有可燃性;同时,乘客携带的物品也多具有可燃性。这些物品都可能是地铁起火源,难以有效地控制。我国在火灾事故发生原因的分类统计中主要以点火源进行划分,具体包括吸烟、玩火、雷电、自燃、用火不慎等11种类型,点火源在引发火灾事故的因素中处于关键的地位。此外,地铁站内布设了大量的电气设备、电气系统及电缆等,由于它们各不相同的性能或者标准,长时间运行后就会出现问题。

3. 环境因素

灾害天气等自然灾害也会给地铁运行带来了一定的危险。例如,我国东南沿海地区经常发生台风和暴雨灾害,其强大的破坏性极有可能对地铁的通信设备和供电设备等造成损坏,导致地铁不能正常运行。又如,夏季发生的特大暴雨可能造成地铁轨道受损,轨道积水可能导致地铁线路短路现象,这些都会影响地铁的正常运行。因此,如何降低自然灾害对地铁安全运行的影响是一个值得认真研究的问题。

三、地铁出行安全事故应对

在对地铁出行过程中可能存在的问题和隐患进行详细分析和探讨后,编者认为,为了提高地铁出行的安全性,降低意外事故的发生率以及对突发事件能够实施及时有效的应对方案,相关部门应该对地铁安全管理体系建设给予高度重视,明确地铁安全管理原则和目标,健全相关责任制度,采取有效措施提升地铁安全管理水平,促进地铁事业充分、健康、安全发展。

1. 加强轨道交通安全管理立法,提高运营安全标准化水平

"不以规矩,不能成方圆",小到日常起居,大到国家行为,一切行为都应当依照相应的规则进行。相关部门应该从我国地铁发展的实际情况出发,总结、借鉴国外的地铁安全管理案例,制定符合我国实际的制度和规定,明确地铁在规划、设计、开工建设和正常运行上的安全指标和要求。同时,政府要起到有效监督的作用,对轨道交通安全问题进行周期性的排查,使轨道交通安全维护成为日常工作之一。政府的重视可带动起社会各阶层的行动,从而提高轨道交通安全管理水平。

只有制定并实施高层次的深入细致的法律、法规和条例,并运用法律进行有效管理,才能从宏观的视角看待轨道交通安全问题,从法律上回答什么是安全"红线",并确立真正的"红线"。因此,制定高质量的轨道交通安全法律、设置专门的安全监管机构以及全面实施安全评估认证是当前我国轨道交通安全管理法治建设的重要任务。

2. 加强人员安全教育和培训工作

(1) 提升地铁员工安全责任意识

地铁全体员工都有责任和义务保障地铁运营的安全,从站务巡视到设施设备巡检,从列车点检到监控值守,从行车调度到列车驾驶等,任何一个步骤都要进行细致入微的检查和维护,每一个步骤都是与安全相关的重要环节。地铁运营安全主要是要依靠员工,因员工岗位培训不到位、工作疏忽或玩忽职守造成的突发事件,往往会对地铁正常运营带来重大影响。因此,要不断提高管理人员的综合素质,加强对地铁工作人员和乘客的安全教育,从而保障地铁的安全运营。

地铁工作人员的安全教育工作,主要是从法制教育、技术教育、安全教育三个方面进行,要鼓励工作人员积极参与相关培训教育,不断丰富自身专业知识和管理经验,提高自身安全管理意识和技能,加强自身思想道德修养和职业素养。

(2) 提升乘客安全责任意识

要提高乘客的安全责任意识,地铁方面应增强宣传力度,通过多种渠道和宣传媒介持续培育广大乘客地铁出行安全理念,逐步形成"安全出行,文明乘车"的良好风尚。

首先,开展公众安全宣传教育,营造安全出行的整体氛围。地铁运营方应定期梳理、更新安全宣传资料,借助车站广告栏、列车电视屏等媒介定期推出安全宣传片、宣传海报;结合社会关注热点和安全短板,积极策划组织"地铁安全宣传进社区""地铁公共安全宣传周"等主题宣传活动;联手相关教育部门,逐步推进地铁安全宣传教育进校园工作,从娃娃抓起,努力拓展安全宣传的受众层次,争取社会公众对地铁安全管理工作的理解和支持。

其次,充分依托属地政府和社区街镇开展安全教育活动。在既有安全举措的基础上,相关单位应进一步与所在区县、街道交流共建,做到人员对接、预案对接和培训演练对接,持续提高派出所、消防队、志愿者等社会力量参与轨道交通安全防范、事故救援的能力。

最后,完善主动发现、积极接受的安全问题搜集机制。一方面,地铁运营方应在官方网站、微博、微信等新媒体平台上主动搜集轨道交通相关信息,及时发现风险隐患和突发事件。另一方面,积极应对市民服务、地铁服务等热线来电,一事一议,做好回复;鼓励乘客通过电话、手机客户端等方式举报风险隐患,并给予适当奖励。此外,应坚持社会责任和共享发展理念,健全政府指导、企业主导、社会协同、公众参与的系统化社会共建机制。总之,地铁交通安全工作应当坚持以人为本,把人本思维的理念贯穿于企业管理全过程,在持续提高运营服务质量的同时关心员工成长,让社会、乘客和员工共享地铁发展成果。

(3) 加强设备管理

设备故障不可避免,但是可以采取有效措施实现对影响范围、影响时间以及影响程度的控制。为此,要结合地铁系统运行特点,总结以往管理工作经验,建立健全一套故障管理体系,按照专业要求进行故障接报、传达、响应以及修复等工作;根据故障实际情况选择相应的处理措施,编制合理的应对方案,做好各项数据的收集与分析,通过管理控制来减少或避免故障的再次发生。

在地铁车站安全管理工作中,由于地铁车站系统涉及多个专业与工种,大大增加了系统结构的复杂程度。为了提高车站安全程度,要合理规划和设计地铁车站运营结构,使其符合安全标准。同时,定期考察在岗人员综合能力,加强在岗人员道德素养与责任意识,降低事故发生的可能性。在技术装备上,要着眼于地铁车站系统的整体性能,引入先进的技术设施,对车站系统设备加以完善和优化,降低事故发生概率。例如,将信息技术引入车站监控管理系统中,若系统发生故障,可以及时传输到控制管理中心,并采用智能化控制技术,防止人为因素造成的安全风险。

(4)加强消防安全,做好日常检查

消防安全工作是地铁安全管理的重点。一方面,要加强车站安保工作和检查工作,加大安全检查力度,保证安全检查人员充足,以落实各项安全检查措施。安排足够的安全巡检员,他们肩负安全巡查责任,在早晚高峰期或发生紧急情况时及时疏散乘客,协助乘客上下车,以防止人员踩踏。同时,要做好安检工作,避免乘客将违规品带入车站内;加大安全宣传力度,让乘客自觉遵循安全规范,提高安全意识,进而消除火灾隐患问题。另一方面,要做好消防安全检查、宣传和培训工作,防患于未然。定期开展消防检查工作,加强对灭火器、应急照明、疏散标志、安全出口以及疏散通道等消防设备检查,降低火灾事故的发生概率;一旦发生火灾事故,能够在短时间内启动应急预案,组织救援,采取措施保护乘客和工作人员,控制人员伤亡和经济损失。

(5)做好安全疏散设计,预防踩踏事件

在地铁安全疏散设计中,要分别从地铁列车车厢、区间隧道以及车站站台层等方面入手。在地铁列车车厢安全疏散设计中,要保证两个连接车厢间通道的通畅性,当一个车厢发生火灾时,乘客可以通过连接通道撤到其他车厢,自由选择下车位置,缩短下车逃生的时间。同时,要在车厢空白区设置安全疏散线路,在发生突发事件时,可引导乘客采取紧急防护措施并沿安全疏散线路撤离,保证乘客的人身安全。遇到撞车或是非正常停车等情况,乘客会出现惊慌情绪,特别是在发生火灾时,车厢内会形成大量烟雾,车厢内部温度会迅速上升,因此紧急疏散十分关键。根据地铁车站布局,单线区间隧道长度一般为600米,在区间隧道安全疏散设计中,应在通道两侧安装甲级防火门。若发生事故,乘客可以迅速进入隧道安全区。在车站站台层安全疏散设计中,站台的功能位置直接关系到列车危险程度和紧急疏散效果。就一般地铁车站而言,影响地铁安全疏散效果的多是客流量、行车间距、站台宽度等因素。车站的紧急疏散能力应保证在远期高峰小时客流量时,在 6 分钟内将一辆列车中的及站台上候车的乘客和工作人员全部撤离站台。相应地,在站台设计中应当规划好客流量、行车间距、站台宽度等因素。

第六节 公交车出行安全应急知识与技能

公交车是城市居民生活、工作出行的最重要的交通工具之一,承担城市客运的重要任务。公交车安全事故会造成公众的恐慌,并对公众出行造成影响。我国交通运输部《城市公共交通"十三五"发展纲要》提出,要全面建成适应经济社会发展和公众出行需要、与我国城市功能和城市形象相匹配的现代化城市公共交通体系。而城市化的发展,使城市人口和地域不断增加,对城市公共交通的需求量相应快速增长,对城市公共交通的安全要求也进一步提高,保障公众的出行安全显得更加重要。

此外,随着我国交通运输行业和汽车行业的不断发展,汽车保有量不断增加,道路交通事故频发,我国已成为世界上道路交通事故伤亡人数最多的国家之一。目前,国内公交车安全管理机制还不健全,公交车安全问题也引起社会各界的深度思考。

一、公交车安全隐患

1. 公交车自身设计问题

车内材料不达标准。由于目前国内公交车设计、生产没有统一的、标准的规范,导致很多公交车生产时没有很好地考虑到车内材料的安全性。

车内设计不标准。公交车内部扶手位置设计没有充分考虑到乘客的安全。根据安全程度,公交车内部座位可分为三种颜色——红色、橙色和蓝色。蓝色座位是安全座位。橙色座位是位于后轮胎上方的两排座位,是次安全座位。红色座位,包括车内最后一排(尤其是中间三个座位)和前面两排与行驶方向垂直的座位,这些座位一般没有扶手,如果公交车急刹,很容易导致乘客摔倒。

公交车安全设施不够。国内公交车上基本都配有逃生锤、灭火器、车顶逃生窗和报警器等安全设施,但由于逃生锤之类是用金刚石做成的,这种东西竟然成了小偷的盗窃对象。于是,有的公交公司为了防盗,索性就不为公交车配备这种逃生必用的工具。

2. 公交车缺少专用车道

由于城市内主干道车流量非常高,考虑到公交车这种大型车的特殊性,国内超大城市(如北京、上海、深圳、广州等)都逐步规划并建设了公交专用道,这样既能满足公交车运营速度和准确率的要求,也能避免和其他车辆混行产生不必要的危险。但是,目前国内公交专用车道实施情况并不乐观。[1]

3. 公交车燃爆火灾事故

近些年来,我国各地发生多起公交车爆炸、纵火案件,造成了大量人员伤亡,给国家和人民的生命财产带来极大的危害,也使公众对公交车的安全性产生了担忧和恐惧。乘客在无意或不知情的情况下带进公交车的危险品,如易燃易爆物品、管制刀具等物品,都对公交乘客的生命与财产安全构成潜在威胁;乘客故意携带危险品进入公交车并企图危害他人生命财产安全的,则对他人的生命与财产安全构成直接威胁。事实上,公交车爆燃多是人为纵火,即用汽油作媒介,在行车时人为点燃。由于汽油挥发很快,导致火势在短时间内就蔓延且扩大到整个车厢,加上犯罪分子通常会选择人多的车辆作案,极易造成大量的人员伤亡。银川、厦门、上海、杭州、成都等城市公交车爆燃事故均是如此。

扭曲的人格是引发公交车纵火案的决定因素。实施公交车纵火行为的人都具有不健全的人格。从多起公交车纵火案看,纵火者多没有固定的职业和稳定的收入,生活窘迫、经济拮据;有的孤身在外打拼,没有家庭的温暖,缺少家人的关爱,性格孤僻,悲观厌世;有的为生活所累,为琐事、为情、为病所困;有的有偷盗、赌博、嫖娼前科。引发极端行为的导火线却往往是一些生活琐事,如因病致穷、与他人发生矛盾纠纷或因违法被处理,发生心理畸变,产生仇恨和报复社会的扭曲心理,形成变态的人格,并把侵害的矛头指向无辜的人。

此外,社会上的特殊群体,如精神病患者在乘车时受到刺激而进行危害他人安全的行为、突然发难或是在事后进行破坏活动。再者就是正常人的报复行为,如因在乘车时与驾驶员或同车乘客发生矛盾而进行伤害他人的报复性行为。

4. 暴力恐怖袭击

暴力恐怖袭击会严重威胁公共安全,影响社会稳定。随着机场、火车站、地铁站防范措施的日益严密,城市地上公交系统因其线长、点多、面广等特点成为

---

[1] 参见李果、胡安新:《公交车安全管理浅析》,载《决策探索》2015年第7期。

较为常见的袭击目标。据不完全统计,2009年至2015年,全国公交车上发生纵火、爆炸案件9起,造成89死291伤。公交车暴恐案件虽然总数不多,但对社会公众人身安全的危害性极大,极易酿成群死群伤的恶性事件。① 就伤亡人数统计来看,大多数公交车暴恐案件伤亡数在10人以上,超过一半的案件在30人以上,个别案件甚至超过100人,其后果的严重性可见一斑。与此同时,由此引发的社会恐慌也不可忽视。2014年,某地就发生过因乘客过度敏感而误认警情,使用逃生锤砸破车窗玻璃,或者开启车门应急装置逃生的"乌龙"案例。

二、影响公交车安全的因素

1. 交通参与者法律意识淡薄,安全意识缺乏

交通参与者一般分为行人、乘车人和驾车人(含骑车人)三种。有些驾车人、行人法律和安全意识不强,如驾车人不打灯强行并线或随意压越中心实线超车,酒后驾车、越线行驶、闯红灯等违法行为也较普遍;有的行人走路不规范,乱穿马路、闯红灯、攀越栏杆、行走在慢车道上甚至在高速公路上行走。

从已发生的纵火案看,犯罪分子泼洒汽油和点火都需要时间,有的点了多次才点燃,而且是在众目睽睽之下进行,但乘客却视而不见,或只顾自己逃避,只要自己离起火点远一点就行了,无人制止。除一部分人出于明哲保身外,不少人都是缺乏安全意识和处置突发事件的能力。

2. 公交车驾驶员安全意识淡薄

公交车辆每天都是在同一线路上运营,行驶速度慢,个别驾驶员感到乏味或思想麻痹,自以为对该条路线情况都了然于心,容易心生疏忽,行车时缺乏遇风险采取紧急措施的预防观念。一旦遇险,手脚忙乱,措施不当,致使有些本可以避免的事故因处置不当而发生。驾驶员驾驶行为是人、车、环境因素综合作用的结果,驾驶员的驾驶行为过程包括驾驶员的感觉过程、知觉过程、识别与判断过程以及技术发挥与操作过程等,每个过程都非常重要,都要避免或者减少差错,否则驾驶行为必然发生较大差错,驾驶行为差错超出交通规则的范围,必然会导致交通事故甚至造成生命财产的重大损失。

公交车驾驶员作为驾驶员中的一个特殊群体,每天单调地行驶在固定的路线上,乏味枯燥;安全责任重大,一旦发生事故,不仅对乘客造成伤害,而且还会

---

① 参见李建敏、吴尤:《城市公交车爆燃事故的防范分析和安全处置对策》,载《消防界(电子版)》2016年第2期。

造成恶劣的社会影响；服务要文明、耐心，不能与乘客发生纠纷；无人售票公交车驾驶员还要肩负监督售票的职责。因此，公交车驾驶员在工作过程中要时刻保持精神的高度紧张，并且在驾驶过程中感到疲劳也不能立刻得到休息，这样就大大增加了他们的劳动强度，极易导致他们精神压力增加、注意力不集中、反应能力下降等疲劳现象，这些都会对安全驾驶产生极大的影响。

调查数据表明，在100起交通事故中，因驾驶员疲劳驾驶引起的有12起。由此可见，驾驶员的精神状态和行为对公交车安全有着不可忽视的作用。[①]

3. 电动车等任意穿行，增加公交车行车难度

国内多数城市的街道没有禁止电动车、摩托车通行，而个别电动车、摩托车驾驶人不遵守交通规则，"见缝插针"式地随意行驶，使得公交车驾驶员防不胜防，极易酿成车祸。

4. 突发事件处理机制不健全

应急联合演练存在欠缺。公交车发生安全事故时，很多情况下都需要交警、派出所、消防等各个部门互相配合，在最短时间内作出快速反应。但在这方面，各部门间配合的契合度还有所欠缺。

没有安检设施和安检措施。目前，乘坐飞机、火车、地铁等交通工具都有相关的安全检查措施，乘客携带的所有物品都必须经过安检之后才能带上交通工具，而乘坐公交车却是完全开放的。由于公交车运营范围广、客运量大、流动性强且站点分散，除了依据相关规定在公交车上张贴乘客不准携带易燃易爆物品的告示外，并没有实行有效的安检措施。而仅靠有限的人力进行随机抽查，难以发现偶发性、突发性的治安隐患。

公交车视频监控系统建设滞后，性能有缺陷。迄今为止，尽管一线大城市公交车都安装了视频监控系统，但监控的范围有限，大多数只能监视到公交车到站时的乘客上下车，以免车门夹伤乘客。同时，由于受移动通信网络带宽等的限制，这些监控摄像获取的信息还不能与公交车监控系统实现信息共享，犹如一个个信息孤岛，使外界无法对公交车进行实时监控。二三线城市的公交车则基本上没有安装视频监控系统，存在更大的隐患。

公交车逃生设施欠缺。公交车大多为封闭窗体、车门旋转折叠向内开启，一旦发生火灾，车内人员可能无法立即通过车窗逃生。同时，由于车厢和门开启处

---

① 参见马林才、季永青、方栋华：《城市公交车安全现状调研与危险性分析》，载《消防科学与技术》2017年第1期。

人员拥堵，可能导致无足够空间而打不开门，进而堵塞了最重要的逃生通道。此外，上下车门必须等车停稳才能打开，而驾驶室的车门只有在起点和终点才能打开，既减少了逃生通道，也耽误了逃生时间。

5. 对公交车定期维护不够重视

由于公交车运能大，工作时间长，部分车辆长期处于超载严重的状态，长时间的磨损使得公交车自身难免出现问题。实际上，公交车由于没有进行定期维护导致机械出现问题，进而引发交通惨案并不罕见。

三、国外相关经验与借鉴

1. 美国应对公共交通设备突发公共安全事件的措施

遭遇 2001 年"9·11"恐怖袭击事件后，美国国土安全部于 2004 年 3 月 1 日颁布了《全国突发事件管理系统》。[①] 其目的在于建立一个能够把全国组织、机构、资源组织协调起来应对突发事件的体系，实现对各种类型、规模突发事件的高效应对和事后恢复。该管理系统为美国各级政府应对突发事件提供了一个全国统一的模板，将全国的资源统筹起来，让全社会不分性质、地域共同应对国内发生的无论何种原因、何种规模的突发事件。该管理系统由突发事件指挥系统、通信与信息管理系统以及资源管理系统组成。

美国《全国突发事件管理系统》结合了各州自行制定和实施的法律制度，带有明显的联邦制特点。从联邦政府、州、郡到市共四级，上级只具有纯粹的协调作用，联邦政府以下各级突发事件应对机构的权力全部归属于各级政府，并严格遵照相关法律制度行使。2004 年 12 月，美国国土安全部颁布《全国应对预案》，该预案是建立在《全国突发事件管理系统》基础上应对突发公共安全事件的方案。事实上，美国作为全球最早建立现代预警系统的国家，拥有极为丰富的预警系统实践经验，其预警系统覆盖战争、自然灾害、事故灾难、公共卫生事件、恐怖袭击事件等领域。

在美国，各大城市的公交车站、地铁车站等交通枢纽并没有配备专门的安检设备和安检人员，但这并不意味着美国政府不重视交通枢纽的公共安全事件隐患。在波士顿爆炸案发生后，美国各大城市对公共交通枢纽的公共安全更加警惕，配枪的警察会携带警犬在人流密集的车站随时抽检那些携带大件行李或背

---

① See U. S. Department of Homeland Security, National Incident Management System, March 2004.

着背包的乘客。一旦发现可疑情况,配枪的警察有根据法律规定作出应急处置的权力。

2. 以色列应对公交车突发公共安全事件的具体措施

公交车爆炸袭击在以色列非常频繁,但是由于该类事件发生突然,反应时间很短,所以很难有非常有效的防范措施。

对可疑人员的排查。在以色列,如果条件允许,公交车司机在乘客上车前应该停车观察候车乘客,初步甄别其中的可疑人员;在乘客上车后,公交车司机对可疑人员进行盘问,如果确信其有威胁,可直接拒绝其乘车。

加强对公交车司机应对公共安全事件技能的培训。在常规应急技能培训之外,以色列安全部门还会针对袭击的新特点随时对公交司机进行补充培训。例如,2003年5月,以色列发生了两起袭击者以特定民族服饰为掩护发动袭击的案件之后,安全部门迅速反应,对公交车司机开展了专门识别特定民族服饰的训练。

成立专门负责公交车安全的队伍。以色列配备了专门收集公交车爆炸信息的情报专员,负责对公交车爆炸信息进行核实,以避免公交车爆炸事故的发生。同时,以色列还成立了一支由作战经验丰富、经过严格筛选的退伍老兵组成的专门负责公交车安全的队伍,这支队伍被称为"梅根队"。

相关部门反应迅速。在以色列,一旦遇到可疑情况或者突发公交车公共安全事件,警察和救护车一般情况下都能在5到10分钟内赶到现场实施救援。

3. 其他国家应对公交车突发公共安全事件的实践经验

在加拿大,大多数城市公交车虽然都采用封闭式车窗,但是在封闭式的车窗下方的醒目位置不但配置了逃生锤,而且还设置了应急开启装置。这个应急开启装置是一个颜色鲜艳的扳手,扳手的旁边附有文字及图样解说。一旦公交车上发生紧急情况,需要及时疏散乘客,只需要按照图文解说步骤扳动应急开启装置,整块封闭式的玻璃车窗就会变得很容易被推出车外,形成一个巨大的应急逃生通道。同样,如果遇上紧急事件,要使用逃生锤逃生,只要按照逃生锤的使用说明,将封闭式玻璃敲破即可。加拿大的公交车车窗玻璃都是防爆玻璃,容易破裂但是不会变成碎片,它会在破裂的瞬间变成没有棱角的圆形颗粒,不会形成会割扎人体的碎片,不会对人体造成伤害。加拿大的校车及专门运送老弱病残等特殊群体的公交车还配备了更人性化的应急装置,当特殊群体在专门公交车上需要应急疏散时,其车窗不但能够轻松敞开,连整个公交车的尾部都可以开启并下放形成坡架,有利于特殊群体的迅速撤离。

在日本,公交车司机要接受消防预防能力培训,具备消防应急处理能力方能上岗。日本各地的消防局都配有一支紧急救助队,这支紧急救助队的队员都是从消防员中选拔出来的,是消防精英中的精锐。这些队员都要经过特殊训练,不但要具备消防员的基本素质,对消防员所具备的各项技能都熟练掌握,而且还被要求具有防化、急救、防暴、防恐等知识与能力。他们比消防员更强健,携带的工具比消防员更多更精更细。他们能在公交车突发安全事件的第一时间赶到现场,也能在事件发生的第一时间投入到救援工作中,更能在最危险的时刻第一批冲入危险中开展救援工作。

全球最先进的发动机自动灭火装置的制造商 Fogmaker 公司的总部设在瑞典,该公司的自动灭火装置率先在瑞典运用,并被普遍运用在城市公交车中。一旦公交车上发生纵火等起火事件,该自动灭火装置能够及时探测烟和火,并将数据发送到司机座位附近的报警及控制装置。同时,该自动灭火装置会通过自身动力自动启动,不但能及时对火情进行处理,还能在第一时间提醒司机做好更科学的应急处置,这样就能在自动灭火装置和人力的完美配合下尽可能地将突发事件控制住或者将损失降到最低点。

在英国,伦敦的公交系统和美国的一样,没有设置安检装置以及配备安检人员。但是,伦敦拥有超过 50 万个探头,是世界上监控最密集的城市。伦敦被称为"罪犯的噩梦都市",因为每天有超过 50 万个探头 24 小时实时监控着公众的一举一动。在伦敦这座城市,想要实施公交车纵火行为,基本上还没动手就被制止了,因为在公共区域任何可疑的举止都会被及时发现并通过快速反应系统及时作出处置。

四、公交车突发安全事故应对

1. 建立健全公交应急预警体系

(1) 健全预警应对体系。构建公交车突发公共安全事件预警体系的依据在于,2017 年,国务院办公厅印发《国家突发事件应急体系建设"十三五"规划》,明确提出将突发事件预警信息发布系统建设列入我国应急体系建设重点项目。2011 年 7 月《国务院办公厅关于加强气象灾害监测预警及信息发布工作的意见》要求,积极推进国家突发事件预警信息发布系统建设,形成国家、省、地、县四级相互衔接、规范统一的气象灾害预警信息发布体系,实现预警信息多手段综合发布。

（2）将公交车突发公共安全事件纳入反暴力反恐怖预警范畴。公交车突发公共安全事件产生的群众生命安全问题、财产安全问题以及社会危害性都应当引起政府相关部门的高度重视，应当将公交车突发公共安全事件的应急预警级别提升至反暴力反恐怖事件的预警级别。虽然公交车突发公共安全事件的概率小于其他性质的暴力、恐怖事件，但是其造成的社会危害却是其他性质的暴力、恐怖事件难以比拟的。它的发生会直接动摇社会公众的安全感，会严重影响政府的公信力。而提升公交车突发公共安全事件的预警级别，将会促使政府有关部门提高重视程度，推动相关部门加强对公交车公共安全相关的检查、监督以及治安管理，加大其人防、物防、技防建设，以及联动各相关部门，提升公交车突发公共安全事件预警体系建设水平。具体而言，公交车突发公共安全事件预警体系建设的主要构思如下：

第一，建设公交车预警信息发布平台。在公交车上安装烟雾感应装置，并将该装置获取的公交车信息数据通过网络系统实时发送给公交车突发公共安全事件应急监测系统，同时在公交车驾驶员操作平台设置手动预警信息发布装置。例如，当公交车驾驶员发现乘客携带危险物品上车时，可及时将相关信息发送至公交车突发公共安全事件应急监测系统；驾驶员当场劝阻携带危险物品的乘客上车，同时将该乘客图像等相关数据传输到公交车突发公共安全事件应急监测系统；公交车突发公共安全事件应急监测系统再将该乘客的信息传送给途经附近的公交车驾驶员或邻近的派出所，通过信息共享确保安全隐患不在其他公交车或其他公共场所出现。这样，该预警平台的搭建就能够有力地预防公交车突发公共安全事件的发生。

第二，创新公交车预警信息发布手段。有关部门与机构除了利用微型网络电子终端、电视、手机短信等手段发布预警信息以外，还可积极探索广播、微博、预警专用终端等新的预警信息发布手段，扩大预警覆盖面。例如，让乘客在公交站和公交车上能够实时看到公交车广播、实时连线公交车微博。公交车应急预警广播具有成本低、成效佳的优点，在公交车上的乘客可以实时看到相关的信息发布，当然这要求公交车信息广播插播要优先于一般的娱乐休闲广播；公交车应急微博具有实时互动、灵活便捷等特点，在发布公交车预警信息方面具有巨大的优势与潜力。当乘客发现车上存在疑似安全隐患时，在保证自身安全和避免直接冲突的前提下，可使用公交车微博将相关信息直接传输到公交车预警平台，公交车驾驶员和相关部门则可及时对疑似安全隐患进行排查,从而确保乘客的人身和财产安全。

第三,健全公交车应急预警管理制度。建立健全公交车应急预警管理制度的目的在于,明确公交车预警信息发布的单位、流程、性质等,提高公交车应急预警信息发布的权威性和准确性,限制某些人乱发布应急预警信息,避免造成不必要的资源浪费。明确公交车应急预警信息发布的源头,能够让公众心中有数,避免多头发布信息造成影响虚大化以及扩大公众恐慌心理的情况。

2. 构建应急指挥系统

应急指挥系统是指政府及其他公共机构在突发事件的事前预防、事发应对、事中处置和善后管理过程中,建立科学有效的应对机制,采取一系列必要规范措施,其目的是保障公众生命财产安全,促进社会和谐健康发展。应急指挥系统应当提供全方位的具体信息,如现场图像、声音、位置等。

公交车突发公共安全事件应急指挥系统并非特指仅用于公交车突发公共安全事件的应急指挥系统,它是多功能应急指挥系统,是可用于各类突发事件的应急指挥系统,是基于先进科学技术的多功能应急指挥系统。它是集现代科技、网络通信等技术为一体的现场应急指挥系统,具体包括:第一,现场指挥车辆系统。现场指挥车辆系统是急救指挥系统工作的前台系统,通过卫星传输信道的通信手段将各种事件现场图像信息、声音信息发送到指挥车辆中,担负着现场图像的采集、录音、信号调制和信息传输等一系列复杂的过程。第二,应急指挥中心。应急指挥中心由信息采集处理系统、信息查询系统、指挥辅助分析发布系统、地理信息系统、投影显示系统等构成,主要功能是收集、综合分析、预测、发布、反馈汇总各方面的信息,同时根据业务流程对收集到的信息进行审批处理以及统计分析。第三,应急指挥调度系统。作为应急指挥系统中的一个通信枢纽,它有机结合多种通信方式,形成了一种便捷、可靠的通信网络。实践中,应急指挥调度系统可以接收公用电话、卫星、移动互联网等多种通信方式以及语音、传真、电子文件等多种形式的报警。第四,辅助决策系统。辅助决策系统是一个由多种功能组成的综合系统,主要借助相关技术和事件信息为生成迅速、有效的应对措施提供支持。

3. 制定完善应急预案

应急预案又称"应急计划",是针对可能发生的重大事故(件)或灾害,为保证迅速、有序、有效地展开应急与救援行动,最大限度地降低事故损失而事先制定的计划或方案。公交车突发公共安全事件应急预案的制定更是为了在公交车发生公共安全事件时相关部门能够统一行动,及时有效地整合救援力量,包括人力、物力,控制风险和救助现场,避免现场的慌乱无序,防止贻误最佳救援时机和漏管失控等局面,以最大限度地降低人员伤亡和财产损失。同时,公交车突发公共安全事件应急预案的制定,可以让相关部门发现一些日常安全检查中不易发现的安全隐患,以及熟练掌握公交车突发公共安全事件时紧急疏散乘客的能力,进一步提升公交车安全指数。公交车突发公共安全事件应急预案的制定和完善是在辨识、评估公交车潜在重大危险、事件类型、发生过程、事故后果和损害程度的基础上,对相关部门的职责及相关技术、救援人员、设备、装备、物资、救援行为和综合协调等工作预先作出的具体安排。

4. 建立高效运行机制

公交车突发公共安全事件是社会性公共安全事件,需要由政府主导建立高效的运行机制,在第一时间协调各个相关部门,在最短的时间内将损害降到最低。首先,应组建突发公共安全事件决策领导小组。突发公共安全事件决策领导小组负责人应当是当地的主要领导,并应召集当地各部门实战经验丰富的主要领导、专家组成决策领导小组,一旦突发公共安全事件发生,决策领导小组应具备强有力的综合协调能力。其次,要建立调查研究机制,由决策领导小组成员定期组织相关部门开展公交车突发公共安全事件的专项调研,并不定期组织相关部门以及社会公众开展公交车突发公共安全事件的应急预案演练,及时协调研究解决应急预案及相关工作中存在的突出问题。同时,还要制定公交车突发公共安全事件重大决策专家咨询制度,广泛听取专家的意见建议,并对专家的意见建议组织专家开展有针对性的论证,形成对决策部署有益的文件。再次,要完善分工协作、沟通协调机制。在对任务要点进行分解的基础上,对各相关部门的工作任务进行科学分工,统筹各部门的运行工作,各部门则要增强协作意识。最后,政府各相关部门之间的有效高效联动救助是应对公交车突发公共安全事件的重要环节,只有高效的运行机制才能在最短的时间内给公交车突发公共安全事件的受害者提供救助。

5. 预案演练常态化

目前,针对消防预案演练、突发公共卫生事件预案演练时有开展,针对公交车突发公共安全事件的预案演练却鲜有耳闻。毫无疑问,开展公交车突发公共安全事件预案演练关乎社会公众的人身和财产安全。同时,在大型公共交通工具上的自救演练对于社会公众来说也是非常实用的,这类预案演练的开展能够提高乘客的应急自救能力,社会公众也能够掌握更多的应急逃生知识。更关键的是,公交车应急预案演练是其不断完善提高的长效机制,只有在现场预案演练中,才能发现该应急预案存在哪些不足,才能不断改进和逐步完善,才能在突发公交车公共安全事件时更好地保护自己和帮助他人。

6. 设立心理疏导救济绿色通道

(1) 突发公共安全事件相关的心理疏导

突发公共安全事件发生后,要尽早、尽力降低事件对公众心理造成的负面影响,防范大范围恐慌和焦虑情绪蔓延,协助受到心理创伤的群体摆脱心理危机。这就要求政府部门在事件发生后第一时间组织卫生部门,立即启动突发事件救护应急预案,同时启动突发事件心理危机干预预案;结合突发公共安全事件的实际情况,制定工作方案。在做好医疗救助部署的同时,集中事件发生地附近的心理危机干预力量,立即赶到现场,对伤员、家属、群众、救援人员的心理展开疏导。

(2) 事件发生后续跟进

突发公共安全事件发生后,除了对伤员的医疗救治,更重要的是要对伤员及受到事件负面影响的群体进行心理疏导救助。专业心理疏导人员应当对受事件影响者的心理状态进行评估,包括情绪状态、思维认知状态、行为状态的评估,发现异常的,及时联系精神科专家开展专业救助,防止受到事件负面影响的群体出现自残、自杀等后果。

(3) 日常心理疏导机构的设置

建立心理危机干预专家库。由各地卫健委负责牵头,组织精神心理专家、心理咨询师、社会工作者和志愿者组成心理危机干预团队。

设置心理疏导机构。在大型公共场所甚至大型社区设置心理咨询疏导机构,定期接受需求者的来访并开展救助。同时,在大众传媒上不间断地宣传心理疏导机构的功能,让心理疏导常态化,并让社会公众逐步在思想上接受此类机构存在的必要性和常规性。

鼓励心理危机干预团队与社区工作人员密切配合,适时主动干预。社区工作人员可定期向就近的心理疏导机构汇总本社区疑似需要心理危机干预的人员,心理疏导机构可组织相关心理干预专家及志愿者主动联系相关人员,对其开展心理疏导帮助。

培训心理疏导专业队伍。培训一支具有专业技能、热情高效、勇于奉献的心理疏导专业队伍是建构化解社会矛盾纠纷的心理疏导体系的关键。相关部门应建立心理疏导工作制度,定期对心理疏导专业人员以及社区工作者、志愿者进行心理疏导知识培训,发挥他们的作用,及时避免社会极端分子因为没有心理疏导、救济而形成自卑、自残、自杀、报复社会等心理和做出危害社会的行为。

7. 明确责任,严肃问责

明确各有关部门、肇事者、信息发布者等各类主体所应当承担的责任。

(1) 政府相关部门人员责任

政府实行首长负责制,但是相关部门责任人员,包括决策领导小组成员、现场指挥人员等,不管在应对公交车突发公共安全事件过程的哪个环节出现错误,也应被追究相应的责任。

(2) 企业相关人员责任

明确公交企业负责安全生产的领导责任以及公交车驾驶员在处置突发公共安全事件时的责任,同时规定相应的免责情形。

(3) 肇事者的责任

对于公交车突发公共安全事件的肇事者,应严格按照我国刑法的相关规定送司法机关处理。

(4) 媒体及信息发布者的责任

媒体应当坚守职业道德,及时、如实地报道相关事实以及事件的发展,不随意夸大事件的影响,不进行无事实依据的报道;信息发布者应做到不信谣、不传谣,不随意转发网络上的事件信息,否则将受到法律的制裁。

8. 公交运营企业要强化安全生产意识

(1) 安全第一,兼顾效益

效益为企业的生命线,但是和公众的生命安全相比,后者要永远摆在第一位。作为大型交通工具经营企业,每天面对成千上万的乘客,效益只是企业提供服务的目的之一。让每天乘坐公交车的乘客们平安上车、平安下车则是公交经营企业的使命和根本宗旨。安全第一,不仅仅要求公交经营企业在安全生产过程中严格按照政府相关部门的文件精神部署安全生产工作,还要求公交经营企业不定期对所辖的公交线路开展安全生产检查,杜绝公交车运行过程中的安全隐患;安全第一,同样要求公交车调配、维护、操作人员在工作中一切以乘客的生命安全为重,将乘客平安上车、平安下车作为服务的使命。从多起纵火案中我们不难发现,案件往往发生在上下班高峰期,乘坐公交车的人数很多,明显存在超载现象等。而在现实生活中公交车超载是普遍现象,公交车运营企业为了利益最大化基本上默许超载的情况。然而,一旦发生公共安全事件,每超载一名乘客就意味着多一个人陷入危险。因此,在公交车突发公共安全事件应对中,公交车运营企业及驾驶员必须遵循的准则就是乘客生命安全高于企业运营效益。

(2) 引进先进安全技术设备

在公交车突发公共安全事件中,公交车是载体,是案发地点,它的安全系数直接关系着公交车突发公共安全事件的伤亡情况。

第一,改进逃生锤。逃生锤的主要作用是,以点带面瞬间将公交车车窗玻璃彻底砸碎,在公交车突发公共安全事件无法打开车门时使乘客有机会从车窗位置快速脱离危险环境。目前,大部分公交车都配备有逃生锤,但是在现实生活中,多数乘客并不知道如何正确使用逃生锤,而且悬挂在车窗边上的逃生锤容易丢失。因此,可以对逃生锤作如下改进:一是在逃生锤悬挂位置下方张贴正确的使用方法,同时提示乘客逃生锤属于公共资源,是突发公共安全事件时的逃生工具;二是在逃生锤上设置警报装置,一旦逃生锤被取下,驾驶员便能在第一时间收到提醒信号;三是为了防止突发公共安全事件发生时乘客过度惊慌,遗忘逃生锤这个逃生工具,可以在逃生锤上加装提示灯,以提醒乘客在遇到突发公共安全事件时使用逃生锤。

第二,公交车安全门。通常情况下,公交车后车门即是安全门,多数公交车会在后车门的醒目位置张贴安全门的开启方法,提示乘客在遇到突发公共安全事件时可以按照步骤开启安全门。但是,可以想象,在公交车突发公共安全事件时,车内的情形是混乱的,车内乘客的精神状态是紧张而迷茫的,一般人可能没法正确使用安全门或者错误开启安全门导致安全门开启故障;熟练掌握安全门开启方法的人可能因为车内混乱无法到达安全门开启装置的位置。因此,可以设置安全门开启备用装置,如在驾驶员的操作室内安装一个安全门开启的一键启动装置,当公交车突发公共安全事件时,驾驶员能够第一时间一键操作开启安全门,方便乘客逃离公交车。

第三,公交车车窗。可考虑将车窗设计成可升降式车窗,让车窗在突发公共安全事件时能够缩入车体内,给乘客提供足够大的逃生通道。当然,这种车窗也应当设置两个控制系统,主控制装置依旧是安装在驾驶员的操作室内,而在逃生车窗旁安装副控制装置。同时,在副控制装置上设置警报装置,一旦乘客触碰就会及时提醒驾驶员,同时也给恶意触碰者以威慑警示。

(3) 引进创新型公交车安全技术

第一,公交车监控预警系统。在公交车上安装监控预警系统,该监控预警系统分为自动监控预警系统和手动监控预警系统,整个系统都实时连接公交车突发公共安全事件应急监测系统。自动监控预警系统与车前后门的高清探头连接,具备人脸识别功能,可以全方位监测公交车;通过与该系统配套的先进后台数据处理系统,该预警系统可以对公交车内的温度、烟雾程度以及乘客人数进行数据统计,一旦达到警报标准,该预警系统将自动针对相应的安全隐患发出语音警报。手动监控预警系统装置安装在驾驶员操作室,当公交车驾驶员发现乘客携带危险物品上车时,可及时将相关信息发送至公交车突发公共安全事件应急监测系统,驾驶员当场劝阻携带危险物品上车的乘客,同时将该乘客的相关数据传输到公交车突发公共安全事件应急监测系统。

第二,公交车内饰材料改进。普通公交车的座椅、车顶篷装饰板、车顶篷隔热泡沫、车内通风道装饰板、地板等都属于易燃材料制品,一旦发生火灾或者爆炸,公交车内饰将在极短的时间内燃烧并释放有毒有害烟雾。这些内饰材料如果燃烧,公交车上配备的一般灭火装置并不能将其有效熄灭。因此,应严格要求公交车生产企业改用耐火、环保型公交车内饰材料。同时,国家应针对公交车内饰材料制定相关标准。

第三,充分利用公交车多媒体设备。目前,大部分公交车都配置了电视及无线网络,因此可以在公交车运行过程中不间断地播放公交车突发公共安全事件应急预案演练的全过程,让乘客熟知公交车突发公共安全事件时应当如何应对,如何科学有效地利用公交车上配备的公共资源安全撤离;利用车载无线网络,张贴公交车突发公共安全事件应急监测平台的微博,实现与乘客之间的实时互动,拓宽乘客提供公交车突发公共安全隐患线索的渠道,将公交车突发公共安全事件扼杀在摇篮之中。

(4) 加强培训,提高驾驶员应变、应急能力

在公交车突发公共安全事件中,公交车驾驶员的作用举足轻重。因为公交车驾驶员对公交车的性能及配备的装置都很熟悉,其应急能力可以有效减少伤亡。

第一,落实公交车驾驶员上岗制度。目前,大部分公交车驾驶员的上岗要求仅限于驾驶技术及相应的驾驶年限和资质,并未对他们面对突发公共安全事件的应急能力提出要求。这也是诸多纵火案公交车驾驶员在突发公共安全事件

中没有发挥应有的作用的原因。近几年,公交车突发公共安全事件频发,逝去的生命警示着我们,公交车驾驶员在上岗前应当接受消防部门等的专业培训和考核,只有在具备消防等应急处理能力后方能上岗。

第二,定期对在岗公交车驾驶员有针对性地开展培训。时代在进步,科技在发展,应定期组织专家对公交车驾驶员进行培训,让公交车驾驶员了解并熟悉新的应对公交车突发公共安全事件的技术和装置;对公交车驾驶员面对突发公共安全事件的心理综合素质进行定期考核,驾驶员应对突发公共安全事件的应急心理状态在很大程度上会影响其在突发公共安全事件中的应急能力和行为决策能力。

9. 公交出行应急知识与技能

第一,提升自救和互救能力。在公交车突发公共安全事件时,乘客的自救能力显得尤为重要。众所周知,公交车的空间是有限的,车辆运行过程中是封闭的,一旦突发公共安全事件,现场就会极其混乱。在慌乱中自救和互救能力将可能保全自己并帮助他人逃生。

第二,平时注重学习,掌握大型交通工具逃生设备的使用。如在乘坐公交车时注意观看公交车突发公共安全事件应急演练视频,关注细节,并且在脑海中想象自己如果遇到公交车突发公共安全事件应如何处理,需要熟悉掌握哪些用于逃生的设备,以及平时乘车时处于公交车的什么位置比较安全或便于逃生。

第三,平时注重良好心理素质的养成。很多时候在公交车突发公共安全事件中是有机会逃生的,只是面对突如其来的事件,很多乘客会一下子六神无主,乱了分寸,造成慌乱之中错误使用安全门而导致安全门故障,或者拥堵到安全门出口导致安全门被堵死,或者拥挤踩踏导致人员伤亡,或者忘记其他逃生设备及通道等。因此,在公交车突发公共安全事件中,乘客的个人心理素质十分重要,它能使乘客沉着应对突如其来的危险,保证自己并帮助他人有序逃离事发现场,有利于降低事件的损失。

第四,在学会自救的情况下,乘客还应当提升救助他人的能力。因为突发公共安全事件发生后,各方救援队伍并不能立即赶到事发现场,这时候具备救助能力的乘客,就应当帮助现场其他乘客有序逃离。事件发生的地点是运行中的公交车,公交车外的人员对车内的情况并不能马上掌握一手资料,只有现场人员才熟知事件的真实情况,如果能够由具备救助能力的乘客引导现场的其他人员互相协助,共同撤退,则可以为救援队伍的到来争取时间,也能够有效地减少事件的伤亡、损失。

第五,树立危机意识,时刻保持警惕。防范公交车突发公共安全事件发生要求我们在候车时要注意身边的行为可疑的人。一般情况下,实施公交车突发公共安全事件的肇事者并不是专业的恐怖分子,没有接受过专业的恐怖训练,实施危害公共安全行为前的状态必然是异常或者至少有迹可循的,如携带汽油上公交车。汽油是挥发性液体,有刺鼻的气味。一旦发现携带易燃、易爆及化学危险品的人,要么劝阻、不让其上公交车,要么将该人员的信息发布至突发公共安全事件应急预警系统;在公交车运行过程中,也要时刻保持警惕,公交车公共安全事件肇事者实施危害公共安全行为一般都需要一个过程,在这个过程中只有果断出击,奋力将危险扼杀,才是最好的应对。当然,树立危机意识,时刻保持警惕,并非草木皆兵,不能过分紧张,否则可能导致心理负担,严重影响精神状态,甚至造成心理疾病。

第六,提高辨识真伪信息的能力。由于公交车突发公共安全事件发生的车厢是封闭的,但同时又是公共场所,所以在官方媒体报道前公众能够获取的信息是有限的、片面的,加上当前互联网信息媒介的多样性,支离破碎的信息可能在短时间内被无数次传播。事实上,在官方媒体详细报道前,公众对事件的详细情况并不知晓,但在好奇心、疑惑及关注力的驱使下,公众又会产生联想和怀疑,这就给某些别有用心的人制造谣言创造了机会。因此,在公共安全事件发生后,政府官方媒体应当第一时间将事件的发生及发展及时向公众公开,只有公开信息才能消灭谣言。同时,不造谣、不信谣、不传谣是每个社会成员必须坚守的道德底线。杜绝谣言的蔓延需要每一个公民的努力,社会公众应主动学习一些常用的谣言辨识技巧,理性判断所收到信息的真实性,避免自己及身边亲友受到谣言的蛊惑。

第七节 飞机出行安全应急知识与技能

毫无疑问,来往于世界各地的大型民用客机是20世纪以来人类历史上最伟大的发明创造之一。有统计表明,大型客机是现代交通工具中最安全的。但是,每年总是有大型客机空难的消息以最快的速度在全世界范围内传播。人们在震惊、悲痛过后不禁要问,在科技高度发达的今天,都采用了哪些办法来防止这类事故的发生?怎样才能避免发生这类悲剧呢?

一、飞机飞行安全隐患

据统计,飞行员失误是导致飞行隐患及航空事故的一个重要原因。对 1980 年至 1996 年世界上发生的 279 起重大民航运输飞行着陆事故的统计分析表明,疏忽/措施不当、不清楚飞机在空中的位置、飞行操纵、判断力/飞行技术差是最常见的事故原因,占事故比率高达 71%。一般来说,飞机夜间进近着陆的重大事故率大约是白天进近着陆的 3 倍。[①] 此外,天气原因、设备原因、机械故障、其他人员错误和人为破坏等,也是导致航空事故发生的重要原因。

根据国际权威性的航空安全组织飞行安全基金会的统计,目前民用航空运输中两个最主要的安全事故是可控飞行撞地事故(CFIT)和进近着陆事故(ALA)。在这两项事故中死亡的人数约占民用航空运输重大事故死亡人数总数的 80%。所谓 CFIT 事故,指的是飞机在可控状态下撞山或障碍物等复杂地形的某一部分而发生的事故。它容易发生在机组进入距地平面 1500 米以下高度飞行,试图完成进近着陆时,或在 1500 米以上高度航路飞行准备转场另一个机场的情况下。[②]

多数情况下,恶劣的天气总是与 CFIT 事故如影随形。其根本原因是,恶劣天气会导致机场及跑道附近能见度下降,为本来就处在高负荷状态下工作的机组人员增加了操作难度和心理压力。飞行员普遍将进近着陆的这个时间段称作"关键的 11 分钟"。此时,不仅飞机距地面高度很低,而且飞行员需要在视觉、听觉接收大量信息的条件下完成一系列的操作。在巨大的压力下,飞行员的相对位置的感觉及反应会面临挑战。[③]

以航空大国美国为例,从 1903 年莱特兄弟的成功试飞开始,美国航空已有百余年发展史,其航空业是全球最发达、最先进的。然而,仅在 1994 年,其民航国内航线空难就造成 264 人死亡。据美国国家交通安全委员会 1992 年的统计:在 10 万次起飞之中,涡轮螺旋桨小型客机可能发生 0.24 次安全事故,而喷气式大型客机仅发生 0.05 次。

通过对飞机安全事故案例的分析,人们还发现,可控飞行撞地事故极易发生

[①] 参加刘雪元、李永娟、蒋丽:《民航从业者工作负荷研究》,载《中国安全科学学报》2008 年第 6 期。
[②] 参见张楠:《追剿空难"杀手" 依靠技术进步降低事故率》,http://news.carnoc.com/list/15/15379.html,2020 年 8 月 12 日访问。
[③] 同上。

图 2-2　飞机失事现场①

在一些军民合用机场附近,这多是由于这些地区净空条件不好,地形相对复杂,一旦天气不好,会给飞行员造成更大的困难。实际上,绝大多数航空安全事故是各种因素交织在一起的。除了天气、机械等外在因素外,人为因素也占有相当大的比重。无论是机场的空中交通管制员还是机组,特别是机长,在关键时刻的决策决定着机上人员的生死。

二、国外相关经验与借鉴

国外学者对通用航空安全管理体系的研究始于 20 世纪 80 年代左右,并在长期研究中逐步形成了比较完善的理论体系。加拿大是首个制定安全管理体系的国家,其交通部认为安全管理体系是以书面形式将运营、技术系统、财务和人力资源管理整合在一起的风险管理程序。国际民航界对于航空安全的研究主要以人的因素为主,涉及航空管理者、员工技能以及操作者方面的安全管理能力,把以人为本、安全领导、安全培训等作为安全管理的核心内容。整体而言,国外

---

① 参见《重大意外事故 近发生的意外事故》,http://m.wjw.cn/baoxian/article-5021.html,2020 年 8 月 12 日访问。

飞机飞行安全管理的相关研究和实践对于我国通用航空的安全管理具有重要的借鉴价值。

1. 民航安全评估

国外民航安全评估主要是对影响民航安全的隐性或显性危险源进行分析。通过评估能够精准找到影响民航安全的主要威胁因素，从而更好地改进民航安全工作。国外对民航安全评估的研究主要集中在安全管理体系评估、安全绩效评估、安全风险评估、安全评估方法应用等方面。

在安全管理体系评估方面，土耳其航空公司在公司内部开展了安全管理体系(SMS)评估，通过定性研究方法对11个组织的SMS经理进行了半结构化访谈，并采用归纳分析法对定性数据进行分析。同时，也有学者通过评估飞行操作风险来检验SMS的实施效果。

在安全绩效评估方面，国外有学者认为，许多安全事件的发生都是由多个人为因素交互作用所导致；还有学者运用软系统方法论(SSM)与帕累托分析相结合来对航空安全绩效进行评估。

在安全风险评估方面，国外有学者利用二次样条函数的比例危险度模型来研究航空安全因素的非线性影响，灵活评估航空风险。同时，还有学者基于安全调查、审计和会议等数据，从程序、共享安全信息、文化因素、协调安全管理活动规划等方面对航空安全风险管理进行评估，以测量组织内部纵向和横向管理是否能够有效实现航空安全风险管理目标。

在安全评估方法应用方面，国外有学者提出了一种基于模糊数据包络分析(DEA)和模糊多属性决策(F-MADM)的航空公司安全排序方法，这种新的混合方法可以有效地克服传统混合DEA-MADM模型的缺陷。还有学者利用航空交通数据测绘和评估潜在的飞行风险，该方法利用飞行路线数据在地方、区域和国家尺度上生成飞机危险图。另外，为了评价飞机事故干预的成功性和恢复的有效性，有学者建立了飞机事故响应系统需求模型，并提出加强飞机事故响应系统运行措施。

2. 民航场域安全

国外对于民航安全的研究主要涉及两个场域的安全，其一是地面的机场安全，其二是空中的客舱安全，这两大场域安全共同构成完整的民航安全体系。有学者分别从机场安全和客舱安全两个层面对民航场域安全进行了探讨。

机场是高度复杂的组织，囊括了航空公司、地面运输、飞行服务、地面服务、客户服务等相互依存的业务。这就要求机场必须确保其操作以安全和有效的方式进行,因为操作过程中的任何错误或故障都有可能导致灾难性后果。有学者以个案研究和民族志研究方法建立机场安全保障,重点探讨设施管理在改善机场安全保障方面的作用。

在客舱安全方面,国外学者们主要从客舱乘客视角探讨客舱安全管理问题。有学者强调信息播报对乘客安全至关重要,在客舱中使用噪声消除耳机,有助于参与者听到和回忆信息,能够提高参与者听到和回忆信息的能力。同时,在飞行前安全视频中使用名人或幽默内容被证明在关键安全信息的记忆方面是行之有效的。

3. 民航安全的人为影响因素

民航安全受到多种因素的影响,主要可分人为因素和机械因素。随着航空器安全水平提高,飞机机械原因导致的事故比例已由80%下降至20%,这使得航空安全的关注焦点转移到"人"的身上。据统计,大约80%的航空事故与人为因素有关。因此,国外学者将关注焦点主要集中在人为影响因素方面,从安全文化、机组资源管理以及疲劳管理等方面展开研究。例如,澳大利亚对于航空安全体系的管理体现在以下方面:(1) 提高人员的安全意识。澳大利亚民航安全局(CASA)非常重视对通用航空行业的安全教育以及提升行业人员安全意识。(2) 设立专门的安全分析与教育司,履行行业安全教育职能。该司经常与澳大利亚航空(AA)、澳大利亚气象局(BOM)以及澳大利亚皇家空军(RAAF)合作,开展一些针对飞行学员、私人飞行员的培训。(3) 定期举办会议、论坛,介绍飞机的保养维护,编制教材、宣传材料、风险管理口袋书,以强化安全教育。

安全文化方面。安全文化涉及相关人员对安全承担责任,保持、加强和交流对安全关注的行动,主动从失误的教训中努力学习、调整、修正个人和组织的行为文化、价值与理念。有国外学者对航空业员工的安全管理和安全文化知觉进行评估。结果表明,航空业的各个部门需要做更多的工作来重视和推动安全文化建设。也有学者探讨了包括组织承诺、管理参与、飞行员授权、报告系统和问责系统的航空运营安全文化,并强调与其他传统行业环境结构相比,航空业的安全文化具有较大特殊性。

机组资源管理(CRM)方面。机组成员之间的分工合作对于空中飞行安全至关重要。有国外学者对民航机组资源管理进行研究发现,机组资源管理会对机组人员对于安全的态度产生影响。具体来说,机组人员的团队配合不力和沟通失败很可能导致重大航空灾难,而引入空勤人员 CRM 培训会对团队合作和沟通等表现有显著改善。

疲劳管理方面。现代航空已经发展成为全天候的运作体系,相关工作人员的工作负荷也随之加大,机组人员、空中交通管制人员、机务人员等会不时遇到工作时间延长、调整工作计划、频繁跨越时区、航班架次不断变化等问题。国外有学者研究发现,除了工作量和特定的工作环境之外,空乘人员还不得不接受不规则的工作时间,而这与昼夜节律相冲突,并可能对其睡眠、疲劳、健康、社会和家庭生活造成负面影响,这对飞行安全会产生重要影响。同时,当飞行员的睡眠时间不足、夜间飞行时间较晚或早晨较早时,疲劳程度会更高;随着飞行次数和飞行时间的增加,疲劳程度也越来越高,操作失误也会随着疲劳的积累而增加,事故风险率自然变得更高,尤其是在连续工作 13 小时或更长时间的情况下。

4. 民航安全管理体系

2001 年 11 月,国际民航组织(ICAO)建议各国在空中交通服务单位中建立安全管理体系(SMS)。自 2004 年起,ICAO 陆续要求各缔约国颁布和修订各种 SMS 文件。SMS 是国际民航组织倡导的管理安全的系统方法,它要求组织建立安全政策和安全目标,通过对组织内部结构、责任制度、程序等一系列要素进行系统管理,形成以风险管理为核心的体系,并实现既定的安全政策和安全目标。ICAO 的建议得到许多国家的积极响应,许多国家的民航管理部门以及航空公司相继发布了有关空管的 SMS 及其指导材料,大力推行 SMS。此外,安全管理要素较多,相应的研究成果也较为丰富,主要集中在安全管理体系实施、安全管理体系有效性评估等方面。

以美国的航空安全管理体系为例,美国联邦航空局(FAA)设有三级管理机构、规章标准和监察监督。其中,三级管理机构分别为地方管理局、现场办公室和认证办公室,这些机构能够从多个方面监管飞行安全。其规章标准涉及各种通用航空运行、飞行员培训、监察员执照培训的资质认证等,还拥有大量规范性文件。在监察监督方面,美国通用航空安全监察员共分为三类,即运行监察员、维修监察员和航空电气监察员。其中,运行监察员负责驾驶员考核、对通航人员的训练进行评估、对通用航空发生的事故进行调查等;维修监察员负责评估维修人员执照和训练计划,并检查通用飞机的适航性;航空电气监察员负责所有通用航空飞机电气系统的监察。除了三级管理机构、规章标准和监察监督外,美国通用航空的安全发展还依赖于通用航空机场数量、空域管理、专业的通用航空后勤服务站、高效的飞行服务站、航空知识的普及等。

在澳大利亚,为了保障空中交通安全,CASA 制定了《无塔台机场的运行程序》和《飞行员在被管制机场利用目视避让规则的责任》等规范,以便飞行员之间在无塔台区域内进行通畅沟通,合理安排飞行顺序,保持合理飞行间隔;BOM 在法律框架下提供航空气象服务,以使每名飞行员都能充分了解天气情况,合理安排自己的飞行计划;在空域及机场等处,有多名空管专业人员负责空管的安全信息与监察工作。此外,CASA 每三年会对 AA 提供的审计计划进行审查,提出当前运行或管理中需要改进的地方,以降低风险,提高安全水平。

5. 民航安全事件调查

国外有学者对民航安全事件进行了系统分析,通过事件分析找出主要原因,并为今后民航安全提供经验教训。有学者对美国全美航空公司 1549 次航班遭遇飞鸟撞击迫降事件分析发现,模拟训练和检查十分重要。通过应用机组资源管理原则,可以有效减少差错,保障乘客安全。[1] 也有学者对 296 份航空安全调查报告进行了精细分类,提出了一种基于安全事件可控性的安全事件分类修正方法。另外,有学者使用人为因素分析与分类系统(HFACS)作为概念框架对事故报告内容进行分析,通过与 1985 年至 2008 年期间全球航空事故及死亡率平均水平进行比较,评估尼日利亚航空运输业的安全表现。分析表明,尼日利亚的航空事故和旅客死亡率均高于全球平均数,主要原因在于其机场设施不足、缺乏及时的气象信息和航空技术人员匮乏。

对民航安全造成影响的事件还包括恐怖活动,特别是对于以美国为代表的部分国家,恐怖劫机事件曾在这些国家造成极为严重的损失。对此,尼克松总统曾经于 1970 年 9 月 11 日发布美国政府解决恐怖劫机问题的七点计划,包括:(1)成立空中警察保卫民航安全,在民间机构训练出充足的保安力量之前,从部队中抽调军事人员暂行代替;(2)联邦政府协助美国航空公司加强机场监控设施;(3)强化对恐怖劫机行动的情报搜集和防爆侦查能力;(4)与国外航空公司和政府机构加强航运安全的技术合作;(5)呼吁其他国家支持、加入并遵守与民航安全相关的国际公约;(6)呼吁劫持飞机降落的国家负责采取适当措施保护美国公民的生命和财产;(7)号召国际社会采取联合行动应对恐怖劫机。[2] 与此

---

[1] 参见《飞行员讲述全美航空公司 1549 次航班迫降惊险过程》,http://news.sohu.com/20090119/n261835995.shtml,2020 年 9 月 24 日访问。

[2] 参见张杨:《尼克松政府时期美国民航安全政策研究》,载《史学集刊》2010 年第 5 期。

同时,一方面,美国国务院和交通部就恐怖劫机问题建立起应急部际协调机制,双方派专人进行日常情报沟通,国务院协调中心将视情节的严重程度组建应对恐怖劫机事件的专门工作组。另一方面,美国国家安全委员会和国务院也相互配合,为实现民航安全领域的国际合作积极展开应急建设工作。美国联邦航空局在20世纪末21世纪初颁布了10多项关于民用机场应急处置和应急救援通告,内容涉及应急管理体系的机场应急计划、消防设施和装备、人员培训、通信等各个方面。其中,各商业运行机场必须符合联邦航空法规规定的该机场运行等级的最低救援设施和人员要求,不允许通过和社会各种机构协议的方式来满足条件,不能满足条件的机场不得运行或者降低等级运行。①

总体来看,为了消除恐怖劫机事件对美国民航运输业的威胁,美国政府内政和外交双管齐下。国内方面,通过成立空中警察、创建机场安检系统、提高监控系统的技术含量和加强部际协调等措施提高美国民航系统自身的反恐能力,这是打击和遏制恐怖劫机犯罪的必要条件。国际方面,通过一系列双边和多边外交,积极寻求民航领域的国际合作,争取建立引渡和惩处劫机分子以及制裁包庇恐怖分子国家的国际协调机制。上述民航安全政策增加了恐怖分子实施劫机行动的难度和风险,可对蓄意劫机的恐怖分子起到威慑作用,以有效遏制劫机事件的发生。

6. 完善民航相关法律

20世纪60年代,加拿大政府陆续颁布了《交通运输法》《航空法》《加拿大航空规章》和各种相关标准,加强对通用航空的监管,并制定了较为详细的监察员手册,使监察人员在执法中能更为准确地运用法律和规章。加拿大通用航空监察员包括专业监察员和执法监察员,专业监察员主要负责生产安全、飞机维修与运营以及旅客安全,目的是确保生产活动符合国家标准、维修与运营达到国际法律法规的要求以及旅客在旅途中人身足够安全、没有携带危险物等。执法监察员拥有强有力的执法权力,在航空安全领域起着主导作用。加拿大政府还设立了加拿大运输委员会,具体履行《交通运输法》和《航空法》中各种规制方面的职责,审查和颁发通用航空运营人国内营业执照等。同时,加拿大民航行政执法机关经常为航空俱乐部、学院、航空协会等举办讲座,帮助他们提高安全意识。此外,为了加强对通用航空监管行为的监督,加拿大政府还设立了一个较为独立的

---

① 参见程明、孙瑞山:《民航机场应急管理能力评估研究》,载《工业安全与环保》2013年第1期。

执法监督机构——加拿大运输申诉庭,其职责是审查执法行为的合法性。总之,无论是执法还是监督,加拿大通用航空安全管理体系的各个行政执法环节都能紧密结合,实现了高效执法,提升了安全管理水平。

7. 提高市场准入门槛

为避免过度竞争,加拿大政府提高飞行市场准入门槛,且每年会突击检查通用航空企业资质与自我监管水平,如果不符合标准就会面临巨额罚款甚至停业整改。这样做看似会减缓通用航空业发展速度,但从长远看,实际上能够提高通用航空业的整体实力,促使相关企业健康、可持续发展。

综上而言,国外对于航空安全管理研究成果较为丰富,涉及范围较广,其中的一些经验与教训是值得我国参考和借鉴的。完善的航空安全体系需要政府的大力监管,只有政府对相关企业进行大力监管,才能促使企业消除隐患,确保通用航空的安全。例如,美国主要通过三级管理机构、规章标准制定以及航空监察员的监督检查实施;加拿大在通用航空安全管理体系方面主要采用政府监管与自律监管相结合的模式;澳大利亚则主要是提高通用航空业各部门人员的素质等。

与此同时,国外民航安全管理研究还普遍存在航空安全基础理论研究薄弱,"重工具理性,轻价值理性","重个案个性分析,轻整体共性分析"等不足。[①] 未来,我国对于民航安全的研究可从以下几方面展开:一是注重民航安全基础理论研究。尤其是随着发展中国家民航运输量的急剧增加,航线网络的日趋复杂,加强民航安全基础理论研究有利于更好地指导民航运行实践。二是关注和强化民航安全研究的价值理性。当前,各国关于民航安全的定量风险评估研究较多,但具有价值引导的成果并不多见。三是要加强对民航安全的普遍性问题与有效对策的研究。民航安全不仅仅需要基于个案分析的经验教训总结,更需要大量案例对比分析的整体性问题与对策研究。

三、飞机安全事故及应对

随着我国通用航空业的发展,国内学者也对通用航空安全管理进行了研究。有学者通过具体的案例分析,系统介绍了浙江通用航空安全评估体系建设情况,提出了通用航空安全评估事项技术指导标准,为建立安全体系提供了法律借鉴。也有学者就某个因素进行深入分析,认为通用航空飞行员欠缺大量实践飞行经验和专业理论的训练是造成安全事故发生的原因,因此应当加强航空安全宣传、

---

① 参见冉连:《国外民航安全研究:现状、热点与展望——基于 WOS 的文献计量分析》,载《民航管理》2019 年第 7 期。

培训和管理。对于我国通用航空发展安全水平较低的情况,有学者分析了其存在的问题,主要包括飞机种类复杂、运行环境发展滞后等,并提出了合理化建议。以上学者从不同角度分析了我国通用航空安全管理体系建设中应该注意的问题,具有一定的借鉴作用。

落实到具体的实践,为了防止航空事故的发生,多年来通用航空业内采取了大量的措施,从不断完善飞行员有针对性的训练到研制和开发高科技机载探测装置,从减轻机组人员工作负荷的自动化设计到机场的各类引导和着陆设备的使用等,都是以提高航空安全水平、降低飞行事故的发生率为目标的。具体来讲,大致有如下几个方面:

1. 飞机的机载设备方面

借助计算机技术的突飞猛进,近些年来飞机机载装备技术有了长足的进步。例如,为应对前述的可控飞行撞地事故,一定座位数以上的客机都被要求安装一种增强型近地预警系统(EGPWS)数字化装置。在这种数字化装置巨大的内存中,以数据压缩的方法装有全球8400多个机场和2万多条跑道及附近障碍物的数据资料,且这些资料每4个月更新一次。当飞机进入某一机场附近时,机上装置的探测器所获得的数据会与已经存储的数据进行实时比对,以便飞机在进入危险区之前向机组发出警告,提醒飞行员拉高飞行高度,避免碰撞。

此外,为防止飞机进入危险的风切变区,目前的大型客机上还装有一种可提前探测到风切变的气象雷达,一旦发现飞机前方航路上有危险的云团,即以红色的图形显示在驾驶舱的显示器上,避免飞机进入危险区域。

2. 机场的配套设施方面

为保证航空安全,机场的安全设施设备必须具备较高的信息化和自动化程度,一是尽可能减少安全保障环节中的人为因素,二是增加自动报警处理系统,三是避免在特殊安全检查环节上对正常流程的干扰。为提高恶劣天气飞行员目视困难条件下的着陆能力,国外很多现代化的机场都装有仪表着陆系统(ILS)。它以发射和接收无线电信号的方式帮助机组对准跑道,完成着陆。我国的北京首都国际机场、上海浦东国际机场等也都装有此设备。

3. 建立健全相关安全监管系统

我国通用航空机场应充分运用现代电子信息与网络技术,发挥电子信息技术的辅助作用,建立健全航空安全信息化监管系统。对航空安全隐患信息实行动态管理和实时汇总分析,及时、科学地提出相应的管理方案和整改措施,避免传统安全管理模式中出现的安全信息传递衔接时间间隔长、信道堵塞率高等缺点,同时避免人为因素带来的差错,提高子系统之间的工作效率,简化安全信息流程,从而保证航空安全管理信息传输的及时性、唯一性和准确性。同时,有条件的机场还应考虑建立并完善门禁系统与安保监控系统。

政府管理部门在通用航空安全监管中主要起着三方面的作用。首先,相关部门应通过各种媒体宣传航空安全管理工作,明确各种相关法律法规,提高通用航空企业、从业人员以及消费者的安全意识。其次,政府应该做好通用航空安全管理的引导工作,帮助航空企业形成安全管理理念和文化,促使企业更加重视通用航空安全,进而确保通用航空安全管理的顺利实施。最后,政府应该建立健全通用航空安全管理监督部门,采取有效的监管措施来对通用航空企业的运营情况以及安全管理人员进行有效的管理。

4. 制定、完善具体的航空安全管理法律法规

"不以规矩,不能成方圆",法律法规是通用航空安全保障的基础。通过对国外通用航空安全管理体系的研究同样能够发现,在航空业发达国家,通用航空安全管理法律法规也相当完善。首先,完善法律法规能够净化通用航空市场,避免"劣币驱逐良币"现象的出现。严格详尽的法律法规能够提高市场准入门槛,使那些不具有资质的企业退出通用航空产业或无法进入市场。其次,在发生航空安全事故时,法律法规能够快速明确责任人,进而锁定意外事故成因,归纳风险点,尽量避免以后再次发生类似意外事故。最后,相关法律法规能够指导、监督通用航空企业的运行,促使企业时刻铭记自己的责任和义务,减少风险的发生。

此外,应制定一些区别于运输航空、适合通用航空各类作业特点的安全规章并且严格执行。同时,应逐步完善、更新相关法律法规,避免法律法规的滞后性,以便在发生航空安全事故时能及时进行规制和反馈,防止类似事故的再次发生。由于各个地区所处的地理位置、环境等都不尽相同,要结合不同地区的相似性逐步建立一个统一的标准,从而促进我国航空安全管理的发展。

5. 培养专业的通用航空安全管理队伍

航空从业人员是通用航空飞机安全飞行的关键。我国的通用航空飞行人员、专业维修人员、专业飞行管制人员严重短缺,因而往往会发生飞行员对其驾驶的飞机不够了解的情形。因此,一方面,民航局或者航空协会应定期开展安全培训、通用航空安全管理宣传,使安全意识根植在每一个通用航空人员心中。另一方面,通用航空安全管理需要专业的人员去实施,而我国的部分航空管理人员专业性较弱,因此需要加强我国通航专业人才的培养力度。有关部门应扩大专业航校建设,加强通用航空专业教育,只有这样才能从根本上降低通用航空

风险。

国家应设立安全管理资格限制制度，确保只有取得合格证书的管理人员才能从事安全监管工作。与此同时，提升通用航空安全管理人员现状的培训不应仅局限于原有的模式，还要借助新技术、新手段来提高培训质量，如通过引入"互联网＋通用航空职务安全管理人员培训"的模式，不仅可以提高相关安全管理人员的安全意识，还能全面提升安全管理人员的服务水平和技能水平。同时，他们还要经常提高自身的专业知识和技能水平，将知识运用到实践中，使自身素质能满足通用航空发展的需要，提升解决实际安全问题的能力。

此外，虽然造成通用航空安全隐患和相关事故的因素很多，但归根结底还是人为因素居多，因此培养一批专业的航空安全管理人员至关重要。通过对比美国、澳大利亚、加拿大的通用航空安全管理经验可以发现，安全管理人员在安全管理体系中发挥着至关重要的作用。一方面，专业的安全管理人员能够防患于未然，能够在事前发现问题、解决问题。这需要专业的航空安全管理人员严格把关。另一方面，专业的航空安全管理人员可以弥补相关法律法规的空白，进而促进航空安全管理体系更加完善。

6. 民用航空事故自救互救常识

对于普通的乘客而言，一旦遭遇航空安全事故，应当做到如下几点：

（1）遇到空中减压，应当立即戴上氧气面罩；飞机在海洋上空发生险情时，应当立即穿上救生衣。

（2）高空遇险时，个人应当将眼镜与假牙摘下，衣裤袋中的尖利物品都应当丢进垃圾袋，女士应脱掉高跟鞋。

（3）遇到失事报警，应赶紧准备一条湿毛巾，以备机舱内有烟雾时掩住口鼻。

（4）多数飞机的每个座位上都有一条保暖用的小毛巾被，可将其四角两两打成死结，待舱门打开后，充气逃生梯会自动膨胀，这时应两手各紧抓毛巾被的一个死结举到头上，当作微型降落伞使用，可防止头部先着地。

（5）飞机紧急迫降后，要听从工作人员指挥，迅速有序地由紧急出口滑落至地面。

（6）在紧急情况发生时，务必听从工作人员的指挥，不要慌乱。

（7）登机后，应当牢记舱门的方位及其与自己的距离。

（8）了解航空安全知识，有不清楚的地方要及时咨询乘务人员。

第三章 突发公共卫生事件及其应急知识与技能

第一节 突发公共卫生事件

一、突发公共卫生事件的内涵与特征

为了有效预防、及时控制和消除突发公共卫生事件的危害,保障公众身体健康与生命安全,维护正常的社会秩序,国务院于2003年5月发布并实施《突发公共卫生事件应急条例》(以下简称《应急条例》),并于2011年1月对其进行了修订。

根据《应急条例》第2条,所谓突发公共卫生事件,是指突然发生,造成或者可能造成社会公众健康严重损害的重大传染病疫情、群体性不明原因疾病、重大食物和职业中毒以及其他严重影响公众健康的事件。突发公共卫生事件可分为由生物因素造成病变引起的疾病、自然因素造成的灾害引发的疾病、人为造成的事故以及不明原因引起的大规模疾病等。突发公共卫生事件特有的突发性、广泛性、危害性、破坏力等属性决定了它必将导致诸多严重的后果,不但危害公众的身体健康与生命安全,给国家造成巨大的经济损失,还可能引发社会动荡甚至影响国家政权的稳定。

人类公共卫生安全实践与思想理论的发展离不开对流行病特别是传染病的研究。目前,各国对公共卫生安全的定义都已超越传统的传染病单一视角,更强调对疾病的预防和保健,以保障和延长人类的寿命为目标;公共卫生安全的范围也十分广泛,几乎所有涉及人类健康的因素都被纳入其中。

英国作为工业革命的发源地与巨大受益者,自18世纪后半期开始河流污染、工业污染、垃圾堆积等问题日益严重,特别是在贫民聚集区,各类垃圾堆积与水资源污染问题严重,导致各类传染性疾病肆意传播,公共环境与公共卫生状况也持续恶化。据统计,仅1838年,在英格兰和威尔士地区死于热病、斑疹伤寒等流行性传染性疾病的人数就高达56461人,占人口总数的3.9‰。[1]但这些问题

---

[1] 参见田明孝:《19世纪英国的公共卫生观念》,载《浙江学刊》2017年第6期。

在当时并没有引起人们的重视,也没有将伤寒和肺结核等传染病疫情频发、居民死亡率高、人均寿命缩短等与公共卫生联系起来。而将这两者联系起来,推动英国卫生事业立法、改革和设计工作的是埃德温·查德威克。[①]

事实上,人类早期对流行病的理解和解释多停留在宗教与道德层面,对于疾病带来的社会问题也往往手足无措,应对乏力;对公共卫生安全的关注非常单一,连基本的卫生环境甚至都未被直接重视。西方早期用于解释传染病病原的理论如接触性传染、瘴气理论等,影响了后来公共卫生安全的发展。查德威克等人对公共卫生安全管理改革的突出贡献,使得人类对公共卫生安全的研究翻开了新的一页,保障公共卫生安全也成为政府的一项不可推卸的责任,而对公共卫生安全的统一管理也使得公共卫生状况得到极大的改善。

在我国,按照突发公共卫生事件性质、危害程度、涉及范围,突发公共卫生事件划分为特别重大(Ⅰ级)、重大(Ⅱ级)、较大(Ⅲ级)和一般(Ⅳ级)四级。

1. 特别重大突发公共卫生事件(Ⅰ级)

(1) 肺鼠疫、肺炭疽在大、中城市发生并有扩散趋势,或肺鼠疫、肺炭疽疫情波及2个以上省份,并有进一步扩散趋势。

(2) 发生传染性非典型肺炎、人感染高致病性禽流感病例,并有扩散趋势。

(3) 涉及多个省份的群体性不明原因疾病,并有扩散趋势。

(4) 发生新传染病或我国尚未发现的传染病发生或传入,并有扩散趋势,或发现我国已消灭的传染病重新流行。

(5) 发生烈性病菌株、毒株、致病因子等丢失事件。

(6) 周边以及与我国通航的国家和地区发生特大传染病疫情,并出现输入性病例,严重危及我国公共卫生安全的事件。

(7) 国务院卫生行政部门认定的其他特别重大突发公共卫生事件。

2. 重大突发公共卫生事件(Ⅱ级)

(1) 在一个县(市)行政区域内,一个平均潜伏期内(6天)发生5例以上肺鼠疫、肺炭疽病例,或者相关联的疫情波及2个以上的县(市)。

(2) 发生传染性非典型肺炎、人感染高致病性禽流感疑似病例。

(3) 腺鼠疫发生流行,在一个市(地)行政区域内,一个平均潜伏期内多点连续发病20例以上,或流行范围波及2个以上市(地)。

---

① See Edwin Chadwick, *Report on the Sanitary Condition of the Labouring Population of GT. Britain*, Edinburgh University Press, 1965, p. 78.

(4) 霍乱在一个市(地)行政区域内流行,1周内发病30例以上,或波及2个以上市(地),有扩散趋势。

(5) 乙类、丙类传染病波及2个以上县(市),1周内发病水平超过前5年同期平均发病水平2倍以上。

(6) 我国尚未发现的传染病发生或传入,尚未造成扩散。

(7) 发生群体性不明原因疾病,扩散到县(市)以外的地区。

(8) 发生重大医源性感染事件。

(9) 预防接种或群体性预防性服药出现人员死亡。

(10) 一次食物中毒人数超过100人并出现死亡病例,或出现10例以上死亡病例。

(11) 一次发生急性职业中毒50人以上,或死亡5人以上。

(12) 境内外隐匿运输、邮寄烈性生物病原体、生物毒素造成我境内人员感染或死亡。

(13) 省级以上人民政府卫生行政部门认定的其他重大突发公共卫生事件。

3. 较大突发公共卫生事件(Ⅲ级)

(1) 发生肺鼠疫、肺炭疽病例,一个平均潜伏期内病例数未超过5例,流行范围在一个县(市)行政区域以内。

(2) 腺鼠疫发生流行,在一个县(市)行政区域内,一个平均潜伏期内连续发病10例以上,或波及2个以上县(市)。

(3) 霍乱在一个县(市)行政区域内发生,1周内发病10—29例或波及2个以上县(市),或市(地)级以上城市的市区首次发生。

(4) 一周内在一个县(市)行政区域内,乙、丙类传染病发病水平超过前5年同期平均发病水平1倍以上。

(5) 在一个县(市)行政区域内发现群体性不明原因疾病。

(6) 一次食物中毒人数超过100人,或出现死亡病例。

(7) 预防接种或群体性预防性服药出现群体不良反应。

(8) 一次发生急性职业中毒10—49人,或死亡4人以下。

(9) 市(地)级以上人民政府卫生行政部门认定的其他较大突发公共卫生事件。

4. 一般突发公共卫生事件(Ⅳ级)

(1) 腺鼠疫在一个县(市)行政区域内发生,一个平均潜伏期内病例数未超过 10 例。

（2）霍乱在一个县（市）行政区域内发生，1 周内发病 9 例以下。

（3）一次食物中毒人数 30—99 人，未出现死亡病例。

（4）一次发生急性职业中毒 9 人以下，未出现死亡病例。

（5）县级以上人民政府卫生行政部门认定的其他一般突发公共卫生事件。

20 世纪以来，世界各地的突发公共卫生事件给公众健康和社会带来沉重的打击。1918 年 H_1N_1 型流感、1957 年 H_2N_2 型流感、1968 年 H_3N_2 型流感、2003 年大量人员"非典"、2005 年禽流感、2009 年甲型 H1N1 流感以及 2020 年新冠肺炎疫情等都造成大量人员死亡，给经济发展和社会安定带来了极大的冲击，在全球范围内引起了巨大的恐慌。

一般来说，突发公共卫生事件的特征如下：

第一，突发性和隐蔽性。突发公共卫生事件发生的征兆不太明显，对于它何时发生、在哪些区域发生，我们很难进行精准的预测。实际上，突发公共卫生事件一旦发生，我们往往无法及时采取有效的应对措施，从而导致事态扩散和升级，造成更大的危害和损失。例如，传染病、食物中毒、水污染等可能在日常工作、生活中通过人与人之间的接触、饮食等媒介传播、扩散，不易被发现，也无法对其进行实时监测。

第二，成因和种类的多样性。引发公共卫生事件的因素包括生物、自然灾害、食品药品以及人为原因等，如食物中毒、病虫害侵袭、传染病疫情等。其中，自然灾害，如地震、海啸、洪水、干旱、森林火灾等，极易引发公共卫生事件。例如，地震后最重要的就是要及时预防次生灾害发生，积极采取科学有效的应急措施，尽快切断灾害链，以免地震后疫情大暴发。以 2008 年汶川大地震为例，灾难发生后，在党中央和地方各级政府的高度重视以及全国人民齐心协力共同救援下，有效避免了大灾之后必有大疫的情况发生。同时，公共卫生事件与事故灾难常常密切相关，如水源污染、土壤污染、大气污染、生态环境破坏、有毒化学品泄漏等，都可能引发公共卫生事件。另外，社会安全事件也会造成公共卫生事件的发生，如大型集会的踩踏事件、动物疫情、疫苗安全、食物中毒、职业危害等。

第三，分布的差异性。（1）季节分布的差异性。例如，传染病存在明显的季节差异，如流感、腮腺炎、百日咳、猩红热、非典型性肺炎等，易发于冬春季节；而肠道传染病、疟疾、乙型脑炎等则往往在夏季流行。（2）地域分布的差异性。例如，传染病的地域差异性较大，在天气炎热的南方，易流行疟疾、乙型脑炎、登革热这些由蚊虫传播的疾病；在北方,因气候寒冷,流感、腮腺炎、水痘等更为常见；在一些偏僻地区,则易发生自然疫源性疾病,如荒漠和牧场可能发生流行性出血热、蜱传回归热等传染病。(3)年龄分布的差异性。例如,儿童、老人免疫力相对较低,儿童易患手足口病、麻疹、水痘,老人则易患肺结核、流感、呼吸道及肠道传染病,而青壮年则不易染病。

第四,传播的广泛性。当今世界正处于全球化时代,经济的全球化带来了人员、物资的大量流通,同时也为疫情的加速传播提供了有利条件；病源可以随着各种现代化的交通工具跨国传播,而一旦造成广泛的传播,就会成为全球性的灾难。社会的流动性越大,疫情传播的速度就越快,越有可能在不同国家、不同地区、不同种族之间广泛流行,2020年1月暴发的新冠肺炎疫情已迅速发展为全球性的重大灾难便是明证。传染病一旦具备传染源、传播途径以及易感人群这三个条件,便可能不分国界地广泛传播。所以,突发公共卫生事件关系到全人类的共同利益,需要全球各国齐心协力、共同参与并积极应对。

第五,危害性涉及面广。重大的突发公共卫生事件不但危害公众的身体健康和生命安全,而且对国家政治、经济和军事都会产生巨大的冲击。突发公共卫生事件一旦暴发,便会迅速蔓延,造成不同程度的社会混乱和人员死亡,并严重影响社会经济的正常运行和发展；在公众的身体健康和生命安全受到巨大威胁的同时,国家的物质资源、社会财富、精神财富也将受到严重打击,并可能影响公众对政府执政能力的信任。如2020年新冠肺炎疫情,在欧美等国家和地区造成大量人员死亡及巨额经济损失,并使其政府的公信力遭受重创。

第六,治理的综合性和系统性。突发公共卫生事件的突发性、公共性、危害性等特点使其往往处于牵一发而动全身的复杂状态,任何环节处置不当便会增大事件的危害程度和波及范围。因此,突发公共卫生事件暴发后,需要各部门在党和政府的统一领导下,综合调查、治理各个方面的问题,系统规划、组织突发公共卫生事件的应急处置工作。突发公共卫生事件应急处置需要注意以下四个方面:(1)技术层面和价值层面的支持。先进技术的投入固然重要,而相应的资金投入也必不可少。(2)直接任务和间接任务的对接。只有两者的成功对接才能有效完成应急处置任务。(3)责任部门和其他相关部门的有效配合。有关部门之间的协调配合,是应急处置工作顺利开展的基本保障。(4)国际和国内相结合。只有通过全球一体化的协调、配合,方可使突发公共卫生事件的应急处置收到良好的效果。此外,诸如社会体制问题、机制问题、工作效能问题以及人员素质问题等,也会对应急处置效果产生相应的影响。

第七,突发公共卫生事件的频发性。近些年来,突发公共卫生事件频发,如三聚氰胺毒奶粉事件、"非典"疫情、禽流感、艾滋病、新冠肺炎等,都给公众健康造成严重威胁和危害。

第八,食品安全问题的严重性。1988年,上海因市民食用不洁毛蚶导致甲肝流行;1999年,宁夏发生沙门氏菌污染肉品引起的食物中毒事件;2001年,苏皖地区发生肠出血性大肠杆菌食物中毒事件;2002年,南京发生特大"毒鼠强"集体中毒事件,造成300余人中毒,42人死亡;2008年,发生三聚氰胺毒奶粉事件等,均与食品安全和饮食卫生有关。

二、突发公共卫生事件的演变规律

突发公共卫生事件的发生和演变是一个动态的过程,这个过程是一个循环的周期(如图3-1),主要包括潜伏期、暴发期、蔓延期和恢复期四个阶段。只有严格区分各个阶段,才能根据不同阶段的特点制订相应的应急方案。为预防和减少突发事件的发生,控制、减轻和消除其引起的严重社会危害,规范突发事件应对活动,保护公众生命财产安全,《突发事件应对法》明确规定了突发事件的预防与应急准备、监测与预警、应急处置与救援、事后恢复与重建以及法律责任。相应地,突发公共卫生事件的每个阶段也要设置切实可行的应急管理机制。

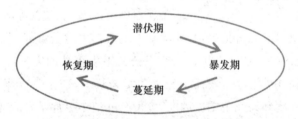

图3-1 突发公共卫生事件发展过程[①]

1. 潜伏期

潜伏期是导致突发事件发生的各种诱因逐渐积累的阶段,诱发因子已经出现并开始聚集,但尚未达到临界点而暴发。这个阶段是突发事件的起始阶段,矛盾尚处于量变和积累状态,或者质变已发生但不明显。在潜伏期,突发事件的一些典型特点不断出现,但尚未造成实质性的影响。此时,人们不易察觉其中的变

---

① 本图由编者根据相关文献整理而成。

化，普遍缺乏警惕性，并且难以区分征兆性质。比如，传染病潜伏期是指病原体侵入人体至最早出现临床症状的这段时间。不同传染病的潜伏期长短不同，有的长达数年，如艾滋病。有的疾病潜伏期只有数小时或数日，如 H7N9 禽流感潜伏期一般为 7 天以内，患者临床症状与流感相似，伴有发热、头痛、咳嗽和浑身酸痛等；重症患者病情发展迅速，体温往往高达 39 度以上，并伴有急性呼吸窘迫综合征、休克、意识障碍等症状。所以，要根据具体情况及时采取有效的隔离、救治措施，以防病情加重及扩散。同时，有关部门必须及时进行传染病通报，并加强密切接触者追踪管理和流行病学调查等工作，以便尽早尽快切断传染途径。

在潜伏期，可能引起突发公共卫生事件暴发的因素都在不断积聚，事件在无预警的情况下被点爆的可能性也在日益增大。突发事件潜伏期的特点就是不易被感知，而且没有特别明显的标志性事件发生，所以政府有关部门应该高度警觉，实时监测，不断加大监管力度，及时发现危机暴发前的细微征兆，并努力做好防范突发事件的应急准备。这样，一旦暴发公共卫生事件，有关部门便可以有条不紊地迅速展开应急响应，尽可能最大限度地降低突发事件造成的严重后果和对社会产生的负面影响。突发事件潜伏期没有明确的起点，时间前后跨度也较为自由，根据各个事件的不同，时间跨度也不同。但是，突发事件的突发性及其紧急性并不意味着不可预防，其暴发在本质上也是一个从量变发展到质变的过程。突发事件总是由诱因慢慢积累起来的，如果能够在其暴发之前及时发现征兆，迅速进行事前干预，将危机遏制在萌芽状态，则能有效地避免可能造成的危害，从而大大降低突发事件的破坏力度。

由上可知，在突发公共卫生事件潜伏期，政府主管部门和相关机构就要做好预防与应急准备工作，如制订应急预案、进行危机风险评估、健全社会管理机制、加强宣传教育培训工作等。只有在危机发生之前就采取相应的预防措施及应对措施，才能尽量避免突发公共卫生事件的暴发及其产生的负面影响和严重后果。预防与应急准备工作是应对突发事件的基础性工作，在危机形成或者暴发之前采取行动和措施，通过储备可用资源，做好任何危机发生时的预防与准备。一方面，可以避免危机的发生，防患于未然，将危机扼杀于摇篮之中；另一方面，即使危机发生，也可以从容应对，得到各方的积极响应，尽可能有效减少人员伤亡和财产损失。

2. 暴发期

突发公共事件暴发期是指诱发因子潜伏到一定阶段后，由于某个事件的影响或由于某个原因达到暴发的界点,直到影响逐渐消除的阶段。绝大多数突发事件是在人们缺乏充分准备的情况下暴发的,使人们猝不及防,严重影响人们的正常生活,并使社会的有序发展受到干扰。在暴发期,由于突发事件的急速发展和严峻态势,事态逐渐升级,迅速引起社会普遍关注,影响人们的正常生活和工作。同时,公共事件的暴发直接影响社会组织的正面形象或团队声誉,对社会冲击、危害极大。

值得庆幸的是,近些年来,随着公众危机意识和监测预警技术的不断提升,我国对于突发事件应急管理工作也更加完善。许多突发公共事件的发生都是有苗头和征兆的,因此平时要进行监测和预警,以便及时控制事件并防止其蔓延。日常监测与预警工作必须做到:第一,经由科学分析和判断之后,及时发现事故隐患,迅速采取科学有效的应对措施,把突发事件控制或消除在萌芽状态,以最大限度地保护人民生命财产安全和降低突发事件给国家造成的经济损失。一般突发事件如能得到及时处置,不至于演变成重大突发事件。第二,健全的预警制度是做好突发事件应急响应的依据。第三,面对不可预测的事件演变过程,政府应相应地调整自己的行为并让公众知晓事件的真实情况。这不仅是应对突发事件的需要,也是降低管理成本、保护公众权益的措施之一。

3. 蔓延期

危机蔓延期是指突发事件暴发后产生影响和有可能引起次生事件的时期。突发公共卫生事件危害性大、涉及面广,不但直接危害公众的人身安全,而且对国家、社会、经济和政治都会造成巨大影响。突发公共卫生事件暴发后,如果不引起足够重视,应急措施不到位或处置不及时,一旦造成迅速蔓延,就可能引发次生、衍生事件。比如,H7N9禽流感暴发后,社会公众在网上议论纷纷,网络舆论也经历了酝酿期、暴发期、高潮期和平息期。在酝酿期,社会公众通过政府公告、媒体报道以及其他途径接收各种消息,产生恐慌情绪。随着国家及权威媒体的相继通报和报道,公众强烈的情绪状态被激发出来,而这种情绪化的状态正是舆情的一个重要的特征。在这种情绪影响下,公众的理解力、自制力都会受到非人为控制因素的影响,此间关于禽流感的种种猜测也会被再次传播开来,即使是一些错误的认知、被证明的谣言也不例外。普通网民的分辨能力并不高,在无法判断的情况下就充当了以讹传讹的角色,也在一定程度上为公众消极情绪的积聚起到助推作用;再加上恶意发布造谣信息者为了博取关注而扰乱公众情绪,以及由于利益诉求而被操控的网络推手的无端炒作,都会促使公众的情绪、舆情的趋向向着更加激化的方向发展。所以,在当今互联网时代,政府有必要关注网络舆情,使其朝着健康的方向发展。一方面,官方网络媒体对突发公共卫生事件的报道可以有效过滤网络上混乱冗余的不良信息内容,保证事件的真实信息公开、透明、准确和快速地传递给社会公众,有助于提高公众对事件的认知,增强公众对突发公共卫生事件的重视度;在突发公共卫生事件发生后,通过权威网络媒体对网络舆情进行正确引导,可以防止极端情绪和恐慌情绪的发生和蔓延。另一方面,权威媒体、网络对突发公共卫生事件的过度报道会产生一些负面效应,包括媒体报道本身同质化严重,报道的放大效应使得事件迅速被全社会关注,可能妨碍有关部门展开调查、救援和心理疏导。同时,随着舆情的演变,网络媒体的报道焦点也会随之偏移,对涉事主体多角度的挖掘会给其带来二次伤害;细节的过度暴露,会引起对相关信息的曲解和谣言的产生,会给当事者和管理部门带来不必要的困扰,以及给事件处理造成无形的压力。

总之,在突发公共卫生事件蔓延期,要做好应急处置与救援工作。公共卫生事件发生后,首要任务就是进行有效处置,以最大限度地减少损害,防止事态的扩大和次生、衍生事件的滋生。具体包括采取各类控制性、救助性、保护性、恢复性的应急措施,建立社会各方面的应急协作机制,明确相关部门和机构的应急责任与义务等。

4. 恢复期

突发公共卫生事件恢复期是指事件得到控制后逐渐平复的阶段。在突发公共卫生事件中,危机蔓延到一定程度后,损害会逐渐减小,事件也会逐步得到控制,无论是社会影响还是民众心理都会慢慢平复。在这个阶段政府要做好总结工作,为日后类似事件的管理累积经验。这一阶段的时间长短不一,主要取决于突发事件的破坏程度和政府对突发事件的处置力度。事件恢复期开始于政府采取有效的应对措施之后,事件影响范围逐渐缩小,社会危害程度逐步降低,事件最终平息,如疾病疫情、食物中毒事件得到控制等。这一阶段的标志性事件有:受害者得到妥善安置补偿、官方对事件的解决方案办法出台、肇事者得到处理、伤亡人数得到控制不再增加等。需要注意的是,有形的损害容易恢复,但心理创伤等的恢复需要时间。此外,政府不仅要解决已经发生的突发事件,还要考虑到日后可能引发的新危机,要及时做好预防工作。

突发公共卫生事件的恢复时期相对较长,这主要是由其暴发所具有的特点决定的,其危害的复杂性和治理的综合性无疑给事后恢复带来一定的难度。但是,正因如此,政府才更要重视事件后的恢复与重建工作。在处置工作结束后,要制定恢复重建计划并修复公共设施,争取尽快恢复生产、生活、工作秩序;同时,还要进行整体的、系统的评估,便于将来从灾难中总结经验并吸取教训,避免类似事件的发生或者是降低同类事件带来的损失。[①] 当然,突发公共卫生事件的演变周期也是一个循环的生命周期,在恢复期结束后并不意味着可以放松对突发事件的警惕,在进入事件恢复期后,一方面是已发生的突发事件得到逐步解决,社会秩序逐渐恢复,生产生活步入正常轨道;另一方面也可能是新的诱发因子慢慢累积的开始。此外,在事件恢复期,政府不仅要注重对事件的善后处理,而且要对事件中的舆情进行分析,总结经验教训,为日后防范、解决类似问题提供思路和借鉴。

第二节　流感类公共卫生事件应急知识与技能

一、2003年"非典"疫情

非典型性肺炎(以下简称"非典")是由SARS病毒引起的严重急性呼吸综合征。"非典"疫情于2002年11月在中国广东顺德首发,在短短几个月的时间内SARS迅速扩散和蔓延至全球众多国家(地区),直至2003年中期疫情才被逐渐控制。根据世界卫生组织(WHO)2003年4月11日的统计,中国(包括香港、澳门、台湾地区)的感染地区占全球总感染区的一半以上。[②] 在全球相互关联、相互依存的时代背景下,有效解决"非典"疫情不仅关系到百姓的生命安危,也影响着国际社会对中国政府的评价。同时,"非典"疫情的发生与应对也是对转型期中国危机管理体系的严峻考验。

"非典"疫情不仅是一次蔓延全球的突发公共卫生事件,而且是一次典型的社会危机事件,影响范围遍及政治、经济、社会等各个方面。作为中国面对的21世纪第一场现代社会危机,其过程中表现出以下几大特征。

第一,"非典"疫情是从公共卫生事件蔓延到政治、经济、社会各个方面的一场复合性危机。自2002年11月16日广东顺德发现首例病人开始,短短数月

[①] 参见闪淳昌、薛澜主编:《应急管理概论——理论与实践》,高等教育出版社2012年版,第38页。
[②] 参见《十六年前,一场史无前例的战争打响!中国取得全面胜利!》,https://www.sohu.com/a/322808852_100016235,2020年8月20日访问。

间,SARS危机从单一、区域性的突发公共卫生事件(健康危机)发展成为以政府信誉为核心的复合性危机。一开始这只是一场突如其来的公共卫生事件,对民众生命健康构成严重威胁,并造成个别的人员伤亡。但是,随着事态的发展,危机逐渐波及经济领域(抢购风波,国家经济发展受到一定程度的影响)、政治领域(政府信誉受到一定程度的损害)、外交领域(中国政府对于疫情数据公布迟缓的做法受到国际舆论的批评,多项原计划在中国举行的大型活动被推迟或取消,一些国家纷纷建议国民不要前往中国,一些国际活动表现出对中国的排斥,部分地区还出现了排华现象)等多个领域。从危机波及的时空领域看,此次"非典"疫情经历了从有限范围的区域性危机(广东部分地方发现病例)、全国性危机(疫情扩散到全国多个地方)直至全球公共卫生危机(很多国家都发现SARS病例)等几个阶段。

第二,"非典"疫情是一场在全球化、信息化背景下发生全球震荡的公共卫生危机——信息技术迅猛发展下的全球相互联系、相互依赖使得危机的性质和影响与中世纪的瘟疫、近代的流感暴发具有本质的不同,SARS的迅速蔓延证明了公共卫生危机的超国家属性。在全球化、信息化时代,国界阻止不了疾病、污染、有组织犯罪、恐怖活动的扩散。在全球相互关联和开放条件之下,地方性的局部危机有可能迅速扩散和蔓延到全球,危机的原因和结果往往都是世界性的,其传播和影响也常常具有全球化特征。

推动全球化时代社会运转的主要动力之一就是交流,包括信息和知识的交流、人员的来往和交流、货物的进出口等。但是,这种密切联系与交往可能使公共卫生危机在地理上迅速扩散,传播范围轻易超越国界。一国发生公共卫生事件带来的损害很可能在全球经济、政治等方面造成连带性冲击。因此,在面对公共卫生危机时,政府职能部门要清醒地认识到,如应对不当,一国的危机就极有可能变成区域性甚至全球性的公共卫生危机。

与此同时,在全球化背景下,公共卫生危机的应对也必须是全球化的,需要世界各国的配合与协调。公共卫生危机的超国家属性决定了其解决需要世界各国共同努力,而不能仅由某个国家或地区独自承担;对其进行有效控制也不仅是一个国家或地区的责任,而是关系到全人类共同的安全和利益。此外,有效应对公共卫生危机需要国际组织的参与。

第三,在信息化时代,政府部门如不及时向社会发布权威信息,社会上的各种传闻就会填补政府留下的"信息真空",从而对公共卫生事件管理造成消极影响。公共卫生事件在初始阶段常常是不可控的，这并不可怕。真正可怕的是没能有效控制、隔离危机，让危机从公共卫生领域扩散到社会、经济乃至政治领域。以前，民众信息渠道来源单一，政府"内紧外松"的宣传政策在一定程度上可以防止危机信息给社会公众带来不必要的恐慌。然而，在当今的信息时代，政府难以全面控制所有信息渠道。特别是在公共卫生事件发生初期，人们通常面临着知识和信息的不完全性、不对称性，如果无法从正式信息渠道得到官方消息，各种消息就会通过非正式渠道迅速传播。在这种情况下，信息的传播就往往会有失真性、放大性和快速性，容易加剧公众的恐慌情绪，使社会心态发生意想不到的变化。"非典"疫情中出现的抢购风潮便是直接的例证。

第四，"非典"疫情是一场结构良性的危机，有助于动员社会各界共同对其进行"围剿"。从危机情境中所涉主体的态度可以将危机划分成一致性和冲突性危机两类。一致性危机是指在危机中涉及的利益主体具有相同的要求，如全民救灾；冲突性危机则是指危机中存在着两个或两个以上的不同利益主体，如战争、革命等。"非典"疫情是一场结构一致性的危机，对于这样的公共卫生事件，任何国家、政府都难以事先预料和避免，与遭受地震、森林大火、洪水、蝗灾等自然灾害没有任何差异。因此，没有国家或政府需要对其造成的灾难或危害必然负责，但必须正视所遇到的问题。

当然，即便是作为一致性危机典型的自然灾害，也潜伏着冲突的可能。例如，1999年发生在土耳其的地震本是一场自然灾害，属于一致性危机。但是，由于土耳其建筑商偷工减料，造成很多建筑物质量低下，它们在地震中倒塌导致重大人员伤亡，引起了公众的愤怒，导致自然灾害向社会危机转化。从这个意义上讲，危机管理者需要动态、准确地把握事态发展中不同利益相关者可能的行为逻辑。总之，面对严峻的公共卫生事件，相关部门要充分重视，要能够及时公开信息、措施，有效地采取行动以控制危机，这样才有可能使得社会各界共同面对危机，齐心协力共渡难关。

SARS是一种新型的传染病，是人类进入21世纪后经历的第一次严重的全球公共卫生危机，对中国乃至全球各国都产生了巨大冲击，同时也给政府管理者带来了前所未有的挑战。

第一，公众的正常生活受到重大影响。一方面，"非典"疫情打破了公众原来正常的社会生活，中国多所大学的正常教学进度被打乱，人们出行都戴着口罩；WHO对部分出现疫情的国家和地区发出了旅游限制，呼吁人们尽量避免前往这些国家和地区;社会上不时出现抢购、堵路等非理性行为,整个社会弥漫着紧张和不安的气氛。另一方面,社会公众的心理、情绪十分不稳定。由于事发突然,传播源不明,政府在初期对疫情信息的公布不够及时、透明,同时医护人员感染的消息不断,使社会公众对身体健康和生命安全产生了极大担忧,引发了严重的心理恐慌。

第二,经济损失惨重。据路透社 2003 年 4 月 14 日报道,标准普尔评级机构称,由于"非典"疫情,中国香港地区的 GDP 将损失 0.6 至 1.5 个百分点,新加坡的 GDP 损失 0.4 至 2.0 个百分点,而中国内地的 GDP 则将损失近 0.5 个百分点。[1] 事实上,SARS 危机发生后,中国内地和香港地区的旅游、外贸、交通、餐饮等产业都遭受了较大冲击。

第三,对政府治理能力的挑战。从危机应对的方式和态度来看,政府对此次 SARS 危机的管理经历了一个从被动适应到积极主动,从信息发布不精准、不详细到信息透明、公开、及时的过程。"非典"疫情的蔓延,也暴露了中国政府的突发事件管理机制,特别是重大突发危机事件的应急处理机制存在薄弱环节——应对公共危机事件能力不强、信息传递不通畅、危机管理机制不健全等。而在一个民主、开放的现代社会,政府应重视和构建一整套应对重大危机事件的应急管理机制,提高治理水平,树立公信力和权威形象。

二、流感类公共卫生事件应急管理的基本过程

1. 预防与准备

应急预案是做好预防与准备工作的基础,有利于有效指导突发事件应急管理工作。为有效预防、及时控制和消除突发公共卫生事件及其危害,指导和规范各类突发公共卫生事件的应急处理工作,最大限度地减少突发公共卫生事件对公众健康造成的危害,保险公众身心健康与生命安全,2006 年 2 月,国家卫生行政主管部门按照分类指导、快速反应的要求,制定了《国家突发公共卫生事件应急预案》,报请国务院批准后发布。此外,我国已陆续出台了《突发公共卫生事件应急条例》《传染病防治法》《重大动物疫情应急条例》《动物防疫法》等多部法律法规,标志着我国突发公共卫生事件应急管理工作已进入法制化轨道,突发公共卫生事件应急机制也在制度上得到了进一步完善。

---

[1] 参见《"非典"疫情将持续多久?SARS 如何影响经济》,http://finance.sina.com.cn/g/20030422/1257333778.shtml,2020 年 8 月 20 日访问。

进行危机风险评估。各级政府应当对辖区内易于引发突发公共卫生事件的危险源、危险区域进行科学分析、实时检测、风险评估等,并责令相关部门做好应急预案,因地制宜,采取行之有效的防范措施。在危机发生之前进行有效的危机风险评估,可以及时了解相关信息,并对信息进行整理、分析和研判,以利于在公共卫生事件发生之前做好降低风险以及应对风险的准备。

流感类公共卫生应急管理的宣传教育培训。应急管理的宣传教育培训是指通过宣传、教育和培训等有计划、有组织、有系统的活动,由相关机构在全社会普及和宣传应急知识、组织应急培训及演练、提供应急管理专业教育,使公众提高安全意识和应急技能,自愿采取有利于应对突发事件的行为以消除或减少危险因素,并对宣传教育培训结果作出评价的过程和活动。① 《突发事件应对法》第30条第1款规定:"各级各类学校应当把应急知识教育纳入教学内容,对学生进行应急知识教育,培养学生的安全意识和自救与互救能力。"据此,就可能发生的突发公共卫生事件,相关组织应对不同层次的公众进行广泛深入的宣传教育和培训工作,以增强公众的防范意识和救援意识,提升全社会应对突发公共卫生事件的能力。

2. 监测与预警

建立健全突发公共卫生事件监测制度。监测是预警的基础,《突发公共卫生事件应急条例》第14条规定:"国家建立统一的突发事件预防控制体系。县级以上地方人民政府应当建立和完善突发事件监测与预警系统。县级以上各级人民政府卫生行政主管部门,应当指定机构负责开展突发事件的日常监测,并确保监测与预警系统的正常运行。"第15条规定:"监测与预警工作应当根据突发事件的类别,制定监测计划,科学分析、综合评价监测数据。对早期发现的潜在隐患以及可能发生的突发事件,应当依照本条例规定的报告程序和时限及时报告。"此外,我国还制定了一系列法律法规,要求相关部门对突发公共卫生事件进行监测。比如,我国传染病监测法制体系正在不断健全完善,已出台包括《突发事件应对法》《传染病防治法》《国境卫生检疫法》《突发公共卫生事件与传染病疫情监测信息报告管理办法》及《国家突发公共卫生事件应急预案》等不同效力层级的规范。总之,我国突发公共卫生事件监测制度得到不断健全和完善,在突发事件监测方面也取得了良好的成效。当然,今后还要根据实际变化进一步完善相关

---

① 参见闪淳昌、薛澜主编:《应急管理概论——理论与实践》,高等教育出版社2012年版,第201页。

制度,使监测工作与时俱进。

建立和完善监测系统。县级以上政府部门应当根据突发事件的性质、类别,建立完备的基础信息数据库,完善监测网络,划分监测区域,明确监测项目,并提供必要的设备和配备专业人员,对可能发生的突发事件进行实时监测。在公共卫生监测方面,2004年1月1日,国家疾病监测数据中心正式启动基础疫情报告系统,全国传染病与突发公共卫生事件网络直报系统基本建成;2006年,当时的卫生部宣布直报网络基本建成,国家疾控中心自此开始全天候实施网上监视与网上搜索。同时,我国仍在逐步完善公共卫生监测体系网络,对可能引发公共卫生事件的各种因素进行严密的监测,预防公共卫生事件的发生,保障公众的身体健康。

完善监测技术。突发事件监测方法主要包括传统的群众监测和专业监测方法。传统的群众监测是一种发动广大群众,特别是发动可能受到公共卫生事件威胁的个体或者集体采用简单的设备通过观测直接参与潜在公共卫生事件监测的监测方法。专业的监测方法是指利用3S技术、视频、无线、卫星等科学技术进行监测,对潜在风险进行测量和监控。科学的专业监测与全面的社会监测相结合是监测工作的重要原则之一,而如何提升专业监测的水平,更好地发挥社会监测的作用,实现高效的监测活动则是监测工作的重要内容。在实际监测工作中,要注重专业监测和传统监测的有效结合,构建由各级政府、相关主管部门、专业机构、监测网点以及基层部门等组成的综合监测体系,通过多种途径及时、全面、准确地收集突发事件信息。[①]

3. 应急处置与救援

第一,突发公共卫生事件初期应急响应。在公共卫生事件发生初期,相关部门应当及时对危机的性质以及发展趋势作出正确的判断和分析,并采取措施进行早期应急控制和处置,从而有效控制事态扩大,减少危机造成的损害。《突发公共卫生事件应急条例》第26条规定:"突发事件发生后,卫生行政主管部门应当组织专家对突发事件进行综合评估,初步判断突发事件的类型,提出是否启动突发事件应急预案的建议。"在启动应急预案后,应及时通知民众做好应对危机的准备,向受影响地区民众发布警告,发布警告的手段应当全面多样,保证所在区域所有民众都能接收到警告信号,具体可通过电视、广播、网络、电话、警报器

---

① 参见闪淳昌、薛澜主编:《应急管理概论——理论与实践》,高等教育出版社2012年版,第224页。

等发布警告。

在突发公共卫生事件初期,相关部门在作出应急响应的同时,要立即采取应对措施。根据《突发事件应对法》第49条的规定,自然灾害、事故灾难或者公共卫生事件发生后,履行统一领导职责的人民政府可以采取下列一项或者多项应急处置措施:

(1) 组织营救和救治受害人员,疏散、撤离并妥善安置受到威胁的人员以及采取其他救助措施。比如,发生传染性疾病时,必须迅速采取紧急疏散或者隔离人群,并依法及时对传染病疫区实行消毒、封锁。

(2) 迅速控制危险源,标明危险区域,封锁危险场所,划定警戒区,实行交通管制以及其他控制措施。为防止突发公共卫生事件影响范围扩大,减少人员伤亡和财产损失,相关部门应立即采取措施,控制其蔓延。比如,对食物和水源进行控制,及时对易受感染的人群和其他易受损害的人群采取应急接种、预防性投药、群体防护等各项措施。

(3) 立即抢修被损坏的交通、通信、供水、排水、供电、供气、供热等公共设施,向受到影响的人员提供避难场所和生活必需品,实施医疗救护和卫生防疫以及其他保障措施。应有序开展受损设施抢修,使受影响人员的生活尽早恢复正常。

(4) 禁止或者限制使用有关设备、设施,关闭或者限制使用有关场所,中止人员密集的活动或者可能导致危害扩大的生产经营活动以及采取其他保护措施。比如,2003年"非典"疫情时期,一些学校停课,教育部要求北京等地高校学生就地学习和生活,动员外地学生"五一"期间不离校回家,发病人数较多地区的高校调整教学和学习方式以避免疫情扩散,多场体育比赛和热身赛被取消、更换主办地或者推迟赛事等,这些措施对防止疫情扩散、保护公众生命安全具有重要意义。

(5) 启用本级人民政府设置的财政预备经费和储备的应急救援物资,必要时调用其他急需物资、设备、设施、工具。应急经费和物资对于突发公共卫生事件的应急处置具有关键性作用,突发公共卫生事件发生后,在外部救援还未到达之前,事件发生地政府部门应当确保事件应急处理所需的医疗救护设备、救治药品、医疗器械等物资的生产、供应,铁路、交通、民航等运输部门应当切实保障应急救援物资的及时输送。

(6) 组织民众参加应急救援和处置工作,要求具有特定专长的人员提供服务。突发公共卫生事件发生后,应积极组织动员一切社会力量参与救援工作,人尽其才,鼓励一些有救援经验或有特定专长的人员提供救援服务。同时,事件发生地医疗救治人员资源有限,必要时需要接受上级政府和其他地区的医疗机构和队伍的增援。

(7) 保障食品、饮用水、燃料等基本生活必需品的供应。

(8) 依法从严惩处囤积居奇、哄抬物价、制假售假等扰乱市场秩序的行为,稳定市场价格,维护市场秩序。

(9) 依法从严惩处哄抢财物、干扰破坏应急处置工作等扰乱社会秩序的行为,维护社会治安。

(10) 采取防止发生次生、衍生事件的必要措施。即科学分析、评估突发公共卫生事件,积极采取有效应急措施,及时切断灾害链,以防止次生、衍生灾害事件的发生。

第二,突发公共卫生事件处置与救援的重要内容是对事件受害者的处置与救援。在突发公共卫生事件处置中,保护民众生命安全是救援工作的重中之重。医疗机构应当及时为事件受害者提供医疗救护和现场救援,对重症人员需要及时转送至指定的医疗机构,并随带详细病情记录,必要时及时采取措施防止交叉感染。尤其需要注意的是,对传染病病人和密切接触者必须采取医学治疗、隔离观察措施,并应当依法及时向当地疾病预防控制机构报告;接到报告的疾病预防控制机构应当立即对可能被感染的人员进行调查,根据需要采取必要的控制措施。在重大公共卫生事件发生后,不仅要关注受害者的身体健康,还要注意他们的心理健康。同时,面对突如其来的公共卫生事件,社会上可能出现恐慌、焦虑、担忧等心理反应。为帮助民众调整心态,正确认识危机,政府部门应组织心理专家有计划地对民众的心理活动和心理问题施加影响,使之朝着积极的方向发展。

第三,做好危机应对者的协调管理工作。突发公共卫生事件影响的广泛性决定了参与者的广泛性。危机参与者不仅包括政府部门、医疗卫生机构、受害者,还包括在事件发生后社会各方的支援力量,如企事业单位、社会团体、媒体网络等。在传染病暴发、流行时,地区街道、乡镇以及所在社区都应积极响应,迅速组织公职人员、学生、居民、志愿者等一切力量共同应对,积极配合政府部门和医疗卫生机构做好疫情信息的收集登记、人员的疏散隔离、公共卫生措施的落实等工作,及时向民众宣传和普及传染病防治的相关知识。

4. 恢复与重建

《突发事件应对法》第 58 条规定:"突发事件的威胁和危害得到控制或者消除后,履行统一领导职责或者组织处置突发事件的人民政府应当停止执行依照本法规定采取的应急处置措施,同时采取或者继续实施必要措施,防止发生自然灾害、事故灾难、公共卫生事件的次生、衍生事件或者重新引发社会安全事件。"

突发公共卫生事件发生后,相关部门事后恢复能力的强弱直接关系到社会秩序和公众身心健康能否迅速且有效地恢复。在恢复能力的关键构成要素中,表层能力包括重建规划能力、救助补偿能力和管理更新能力;里层能力包括评估调查与总结能力、行政问责能力、心理干预能力和社会动员能力。据此,政府可以从以下七个方面采取措施提升突发公共卫生事件的事后恢复能力:(1)做好政府事后恢复工作部署。一旦突发公共卫生事件应急状态终止,各级政府应立即以召开工作会议等形式对恢复工作的要点与要求进行明确规划,科学、合理地确立各部门的具体工作。(2)制订全面且详细的救助补偿方案,分别对突发公共卫生事件的直接受害者和工作人员实施相应数额的救助与补偿。(3)完善应急预案内容,增加或修改原有预案不足之处,从而提高应对类似事件的能力。(4)实施应急管理的定量评价,总结工作经验与教训。(5)落实在突发公共卫生事件应急处置过程中政府的内部监督和责任追究制度,做到信息公开透明,加强问责力度。(6)充分利用媒体宣传效应安抚公众情绪,提供必要的心理咨询服务,加强防范谣言和迷信活动。(7)以社会宣传和社区活动为主要载体,开展内容丰富、形式多样的事后恢复活动,动员公众积极参与恢复工作,从而使社会秩序和公众身心健康得到快速且有效的恢复。

当前,我国突发公共卫生事件应急机制还存在一些问题:(1)应急指挥系统不健全。临时成立的应急指挥中心不能体现应急管理的常规性,可能导致突发公共卫生事件中决策指挥系统运转效率低,以及在政府进行调配时发生缺位的情况;各个相关部门不能够进行有效的合作,影响其联合开展突发公共卫生事件的防控管理工作。(2)在突发公共卫生事件的信息沟通上,地方和中央以及部门和部门之间有时会出现沟通困难问题,这种信息沟通和交流上的阻碍会严重影响公共卫生事件的防控管理工作。[①] 进入 21 世纪后,全球经济发展态势良好,科技水平不断提高,但是各类突发事件还是层出不穷,防控难度也在增大,公

---

① 参见张观连等:《突发公共卫生事件应急机制研究》,载《中国卫生产业》2018 年第 25 期。

共卫生安全也面临着新的挑战。因此,相关政府部门应"对症下药",防范突发公共卫生事件的发生,保护民众的身体健康和生命安全。

第三节 食物中毒类公共卫生事件应急知识与技能

一、卫辉市林牧中学食物中毒事件

2004年4月19日14时30分,河南省卫辉市卫生防疫站接到狮豹头乡卫生院防保科电话报告,该市林牧中学120多名学生出现恶心、呕吐、抽搐症状,疑为食物中毒,部分中毒学生已被送往新乡市医学院第一附属医院。接到报告后,卫辉市卫生防疫站立即启动突发公共卫生事件应急预案,组织有关领导和业务人员组成调查组赶赴林牧中学和新乡市医学院第一附属医院,采取临时控制措施,进行组织抢救、流行病学调查、采集样品等工作,同时报告当地政府和上级卫生行政部门。经调查发现,该校位于山区,有在校生485人,事发当日有275人在学校小卖部购买过冷饮食用。12时20分左右,1名男生在进食"娃娃乐"牌冷饮后约10分钟突然出现头晕、恶心、呕吐、抽搐等症状;截至14时,有37名学生在进食同一品牌冷饮后6—25分钟也陆续出现类似症状。

根据现场流行病学调查、中毒者临床症状和以往经验,卫生监督人员怀疑可能为毒鼠强中毒,冷饮为可疑中毒食品。据此,卫生监督人员立即对学校小卖部进行检查,对所有冷饮类食品进行封存。据初步分析,人为投毒的可能性极大,公安部门立即以涉嫌投毒案介入调查。[①] 一时间人心惶惶,先后又有进食其他品牌冷饮的91名学生也出现头晕、恶心症状;部分学生有呕吐症状,呕吐次数多为1—3次;少数学生有1—2次短时抽搐,这些学生体温均正常,无腹泻、腹痛症状。学校教师、闻讯赶来的家长用诱导性语言询问,如"谁吃过冷饮赶快讲""谁有身体不舒服赶快讲",以及公安人员的审讯式问话,都使学生更加紧张。再加上新闻媒体不当宣传的推波助澜,个别未吃冷饮的学生甚至也出现类似症状。

经治疗,所有收治入院的学生均痊愈出院,无死亡病例发生。针对癔病患者,卫生防疫人员与新乡市医学院第一附属医院的临床、心理学专家对相关学生

---

① 参见单纯刚:《河南卫辉一中学集体中毒 冰水中含有毒鼠强成分》,http://news.163.com/2004w04/12528/2004w04_1082458703891.html,2020年10月4日访问。

及家长、教师进行耐心细致解释和宣传,排除干扰,疏散病人,进行隔离治疗,避免相互感应,造成连锁反应。同时,对部分病人进行正面疏导,消除恐慌心理,稳定情绪,防止顾虑,并辅以药物治疗;对部分病人采用暗示疗法。其中 73 名症状轻微的学生当日相继回到家中,症状明显的 18 名学生则留院观察,对症治疗,也很快痊愈并返校学习。

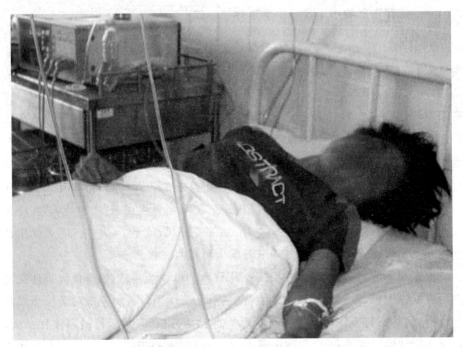

图 3-2　卫辉市林牧中学一名中毒学生正在接受治疗[①]

调查结果显示:经检验,本次中毒事件为毒鼠强引发的学生集体食物中毒,中毒物为学生在学校门口的小卖部里购买的河南省淇县东关食品加工厂生产的"娃娃乐"冰块。卫辉市警方经过 4 个昼夜的仔细侦查,发现这是一起有预谋的人为投毒案。犯罪嫌疑人王某某因未获学校小卖部的经营权而怀恨在心,伺机报复。他用注射器将毒鼠强注入 50 包"娃娃乐"冰块中,然后乘人不备与学校门口小卖部的同品牌 50 包"娃娃乐"冰块偷偷调包,致使食用者中毒。事发后,犯罪嫌疑人为逃避法律制裁,于 4 月 21 日凌晨服毒自杀。警方在其住所和经营的

[①] 参见《河南省卫辉市一中学发生集体中毒事件》,http://news.sohu.com/2004/04/20/79/news219897960.shtml,2020 年 8 月 12 日访问。

商店里查获"闻到死"鼠药及对"娃娃乐"冷饮重新封装的证据,同时获取遗书等相关有力物证。"4·19"特大投毒案于4月24日上午告破。

本次林牧中学学生集体中毒事件调查处理过程中,学生发病急,潜伏期短。由于当地卫生防疫部门及时组织了流行病学调查,第一时间控制了毒源,明确了中毒物,加上学校送治及时,新乡市医学院第一附属医院对症下药、抢救及时,卫辉市警方侦破迅速等,多方合力,从而避免了中毒事态的进一步扩大,为抢救中毒学生赢得了宝贵时间。事发后,当地卫生行政部门依法对无卫生许可证从事食品经营活动且造成学生中毒的小卖部予以取缔,并督促林牧中学吸取此次中毒事件的教训,从学生健康安全出发,尽快为学生提供卫生的饮用水,以杜绝再次发生此类食物中毒事件。

二、食物中毒类公共卫生事件应急知识与技能

食物中毒的发病原因有细菌性、化学性和天然毒素三大类,其致病因素以细菌为主,还有一部分为真菌毒素食物中毒、植物性食物中毒、动物性食物中毒、化学性食物中毒。[①]

第一,细菌性食物中毒,是指人摄入含有细菌毒素(沙门氏菌、疾病性大肠杆菌、变形杆菌等)的食品、饮料而引起的食物中毒。夏秋炎热季节,由于气温高,蚊蝇多,容易滋生细菌,且炎热季节人体肠道的防御机能下降,如果食用了隔夜或不新鲜的食物,极易引发细菌性食物中毒。据不完全统计,细菌性食物中毒占所有食物中毒总数的50%以上,且每年夏季细菌性食物中毒发病率最高。所以,要尽量多吃新鲜的食品果蔬,少吃隔夜的食品,不吃受污染的食物。平时要注意冰箱、砧板及餐具的保洁和消毒,以减少细菌性食物中毒的发生。

第二,真菌毒素食物中毒主要是因摄入被霉菌及其产生的毒素污染的食品而引起,具有明显的地区性、季节性和波动性。如霉变甘蔗中毒,甘蔗霉变的主要原因是由于贮存时间过长或随着温度升高导致其发生霉变,食用霉变甘蔗会导致神经系统后遗症甚至直接危及生命,其中毒病死率在10%以上,重症可达40%。大量研究证实,节菱孢霉菌是变质甘蔗中毒的致病菌,产生的毒素是3-硝基丙酸(3-NPA),3-NPA是变质甘蔗中的主要物质,进入人体后会被迅速吸收,使中枢神经系统受损,干扰细胞内酶的代谢,从而引发脑水肿、脑疝等。

---

① 参见浙江省现代科普宣传研究中心编:《食物中毒的预防与急救》,科学普及出版社2017年版,第1—6页。

第三，引起植物性食物中毒的食品主要有：(1) 发芽土豆。土豆又称"马铃薯"，其致毒成分为龙葵素。一个正常的完好土豆中含有约 0.005%～0.01% 的龙葵素，而未成熟、发芽土豆中的毒素含量则可能高达 0.5%。大量进食可致急性中毒，严重时会引发脑充血、水肿等。此外，龙葵素对胃肠道黏膜亦具有较强的刺激性及腐蚀性，可能引起溶血，并会对中枢神经系统有麻痹作用，尤其是对呼吸中枢及运动中枢作用显著。(2) 豆角。大量进食烧煮不透或贮藏过久的豆角可致中毒。因为豆角内含有豆素、皂素两种毒性物质，其中豆素为一种毒蛋白，必须经长时间煮沸才可破坏。

第四，引起动物性食物中毒的食品主要有：(1) 河豚中毒。它属于动物本身身体中携带的毒素被人类食用后导致的中毒。(2) 含高组胺鱼类中毒。它是由于食用含有一定数量组胺的某些鱼类而引起的过敏性食物中毒。(3) 鱼胆中毒。青鱼、草鱼等鱼胆都有一定的毒性，食用后会引起急性中毒。鱼胆中毒发病快，一般在食用后 30 分钟发病，病情险恶，病死率高。(4) 动物甲状腺中毒。是指由于食用未摘除甲状腺的动物血脖肉、喉头气管而引起的中毒。甲状腺的主要成分是甲状腺激素，要加热到 600℃ 以上高温才能破坏其毒性。我国发生的动物性食物中毒主要是河豚中毒和鱼胆中毒。

第五，引起化学性食物中毒的食品主要有四种：(1) 被有毒有害的化学物质污染的食品，如被农药污染的食品。(2) 被误认为是食品、食品添加剂的有毒有害的化学物质，如工业酒精等。(3) 添加非食品级、伪造或禁止使用的食品添加剂、营养强化剂的食品以及超量使用食品添加剂的食品，如吊白块加入面粉增白、甲醛加入水发产品中防腐等。(4) 营养素发生化学变化的食品，如油脂酸败等。

在食品行业与科学技术高速发展的今天，不少食物中会或多或少地加入一些化学物质。若所加入的化学物质具有危害人类机体的性质，食用者就会出现食物中毒的反应。化学性食物中毒一般发病快，潜伏期短，病死率高，如不及时对症下药，常常会造成中毒者迅速死亡，酿成重大食物中毒事故。化学性食物中毒的发生通常无地域性，无季节性，也无传染性，而且通常是群体发病，病人都有进食某种食品的病史，临床表现相同。其中，食物被化学物质污染是目前引起化学性食物中毒的主要原因，如农药残留、滥用化学添加剂、使用有毒包装材料、重金属污染等。

近些年，我国多地发生过食物中毒事件，食品质量问题也频频曝光，食品安全问题是民众最关注的一大主题。引发食物中毒和食品安全问题的原因较多，我国食品安全问题的产生是公众、企业、政府等多方面原因共同造成的，具体如下：

首先，公众的食品安全意识薄弱。有些人缺乏自我保护意识，有些人则抱有侥幸心理，对问题食品没有提高警惕和缺乏鉴别能力。同时，有些消费者缺乏食品安全方面的常识。有些消费者在遇到食品安全问题时，不懂得维护自己的合法权益，不积极主动举报维权，非法食品生产企业因此有了生存的空间，而更多的消费者权益则会受到侵害。可以说，公众缺乏食品安全意识和饮食健康意识是我国食品安全问题频发的原因之一。此外，公众对食品安全的认识和警惕性也不存在不足，如瓜果和蔬菜没有洗净就吃，买食品不注意保质日期，食用过期食品等，都容易导致感染疾病或引起食物中毒。

其次，企业和商家是食品生产的源头，遵守道德底线是保障食品安全的基础。食品安全事故频发，暴露了当前一些商家缺乏职业道德，以谋取最大利益为目的，昧着良心赚取大量不义之财。为了降低生产成本，一些不良企业不惜使用劣质生产原料，过量使用食品添加剂乃至非法添加物，销售违规产品。比如，违规使用瘦肉精、染色馒头、回炉面包、地沟油等违法行为，严重损害消费者权益的同时，还带来了严重的食品安全隐患：有的可能引发食物中毒事件，有的可能危害公众长期的身体健康甚至生命安全。更为严重的是，此类事件会使消费者对食品安全失去信心，造成社会经营环境恶化，导致大多数合法、诚信生产经营企业难以在这样的环境中继续生存发展。

最后，政府部门食品监管问题。目前，我国食品安全监管状况有所改善，但在某些方面还有待完善。(1) 食品供应链监管不够严格。完整的食品供应链包括原材料的种植或养殖以及食品的加工、包装、贮藏、运输、销售和消费等环节。遗憾的是，我国对食品原材料的种植或养殖环节缺乏严格监管。2011年6月，时任全国人大常委会副委员长路甬祥指出，我国食品安全源头污染问题比较严重。例如，在食品原料的种植和养殖环节滥用或过度使用农药、激素和添加剂，有害物质的残留使食品原料"不纯"；工厂在生产操作过程中违规排放废气、废水，污染农畜产品；生产者和劳动者的食品原料安全意识不强，管理水平低；相关负责人知识储备不足，不熟悉食品原料的特性和保管要求等，这些问题都容易造成安全隐患。同时，食品生产、运输、销售方面的监管也有待加强。为了保证食品的新鲜度，有些企业会过量使用防腐剂、保鲜剂；为了谋取利益，有些不良商家会向消费者销售"三无"食品和变质食品。① (2) 相关法律法规不完善。虽然我国《食品安全法》已针对食品安全制定了较为先进的规范和原则,如食品安全风险监测和评估、食品安全标准、食品生产经营、食品检验以及安全事故处置等,但多是笼统的原则性规定,缺乏具体实施和操作办法,导致其对食品安全监管工作的指导性不强。(3) 信息公开不及时。食品安全信息公开是社会公众参与食品安全监督的重要途径,同时也是提高各监管部门之间协同执法效率的手段。但是,当前食品安全信息公开的内容过于笼统,且主要公布于相关食品监督管理机构的门户网站,社会公众往往难以及时有效获取相关的食品安全信息。同时,由于担心造成不良社会影响,食品监督管理部门在发布食品安全信息时可能瞻前顾后,不能做到及时公布。

对于上述引起食品安全和食物中毒的原因,社会各主体都应予以足够重视,有关部门要加强食物中毒应急知识的宣传教育,社会公众要提高自救和互救能力,以避免悲剧的发生。同时,食物中毒突发事件发生后采取积极的应急措施,以避免事态严重化。预防和处置食物中毒事件,可从以下方面入手:

第一,社会公众要提高食品安全意识,在日常生活中养成良好的饮食习惯,防止突发性食物中毒。(1) 养成良好的饮食卫生习惯。一些瓜果和蔬菜表面容易有农药等残留,一定要洗干净再吃,避免感染疾病或农药中毒;购买包装食品时,要注意其是否有厂名、厂址、生产许可证号等标识,检查食品的生产日期和保质期,有无过量的化学添加剂等;食用前要注意检查食品是否腐败变质、有异味;尽量不吃隔夜剩饭菜,如需食用,应彻底加热灭菌,不然极易引起细菌性食物中毒;不到没有卫生许可证的小摊贩处购买食物,路边的摊贩一般没有经营许可证,且流动性较大;应尽量不食用没有质量保证的食品。(2) 参与食品安全监督。任何人发现食品安全违法行为,如"三无"产品、过期食品等,都有权利、有义务依法及时向政府有关部门举报、投诉,也可以对食品安全监督管理工作提出个人见解。所以,为了食品安全,社会公众应积极行使权利和履行义务,共建食品安全网络。具体来讲,发现问题食品或违法犯罪行为的,可以向工商、卫生、公安等部门举报揭发,也可以把企业违法生产经营的线索反映给新闻媒体,让媒体曝光不良商家,共同守护食品安全、保护公众权益。

在食物中毒突发事件发生后,应果断采取应急措施。食物中毒通常会出现

---

① 参见农秋:《我国食品安全问题探析》,载《现代食品》2019 年第 4 期。

腹痛、恶心、呕吐、腹泻等症状,一般会在食用后少则半小时多则48小时即发病。除急性胃肠炎症外,还会有神经系统症状,如头痛、怕冷、发热、乏力、瞳孔散大、视力模糊、吞咽及呼吸困难等中毒症状,严重者可因腹泻造成脱水性休克或因脏器衰竭而死亡。一旦出现食物中毒症状,应及时进行应急处理。例如,食用时间在1—2小时的,可使用催吐的方法:立即取食盐加饮用水喝下,如不吐,则可多喝几次,并用筷子、手指或鹅毛等刺激咽喉,引发呕吐。如情况较为严重,应及时就医,避免病情进一步恶化。

第二,学校、企业等集体用餐单位食品安全管理。为避免集体性食物中毒突发事件的发生,相关单位应妥善做好应急准备:(1)健全基础设施。集体性就餐单位应具备与生产经营的食品品种、数量相适应的食品原料处理、加工、包装、贮存等场所及生产经营设备和设施,加强消毒、通风、防腐、防尘、防蝇、防鼠、防虫等基础卫生设施的建设,餐具、饮具等严格按照消毒操作规程进行彻底消毒和保洁。(2)加强食品安全宣传教育工作。平时应加强对食堂等餐饮区域的突击抽查和监管力度,经常对食品加工人员进行职业道德教育和食品安全教育,强化其食品安全意识和工作责任感。食品卫生管理人员应严格督促食品加工人员在生产过程中按卫生要求规范操作,确保就餐人员的食品安全、卫生。从业人员必须掌握正确的消毒知识,工具、容器要区分使用和消毒。对所有从业人员必须进行严格的体检,未取得健康证明的不得从事食品卫生相关工作。建立从业人员每日身体状况检查制度,如果出现咳嗽、发热、腹痛、腹泻、上呼吸道炎症、皮肤化脓感染等症状,则应杜绝带病上岗。(3)制定食物中毒应急预案,妥善做好应急准备工作。为了切实保障集体用餐人员的食品安全和生命安全,及时应对和控制食物中毒事故,相关单位应根据《食品卫生法》《餐饮业食品卫生管理办法》和《食物中毒事故处理办法》等相关法律法规的规定,结合本单位实际制定食品卫生条款、定期消毒制度和食物中毒应急预案等,并严格遵照执行。

在集体性中毒突发事件发生后,相关职能部门要及时应对危机,做好应急处置工作:(1)应急响应和报告。我国已建立突发事件应急报告制度,学校等集体用餐单位一旦发生食物中毒,应在2小时内向所在地的县级人民政府卫生行政部门报告。卫生行政部门接到食物中毒事件报告后,应详细记录和核实发生食物中毒事件的报告内容(单位、地址、时间、中毒人数、可疑食品和临床表现等),告知报告者及时抢救患者,保护好现场,保留可疑中毒食品和患者吐泻物等。同时,立即组织力量对报告事项进行调查核实,采取必要的控制措施,并按照报告的时限要求、报告方式、适用情况及时报告调查情况。(2)启动应急预案,在食物中毒事件的发生现场成立应急工作指导小组。由该小组领导、指挥相关人员在第一时间赶赴事故现场,并携带紧急救治的相关物资、医疗器材等设备迅速开展救援工作;开通检验急速通道,尽快对收集获得的样品进行检验,并对现场进行流行病学的相关调查;第一时间控制中毒源,确定中毒物质,全面实施应急预案的预防控制措施,以尽快控制中毒事件的扩散和恶化。救援人员到达现场后,应立即展开应急救援工作,对那些由于食品卫生安全受到伤害的人员,卫生行政部门必须迅速安排专业人员对其进行医治,根据应急事件的紧急程度向上级卫生部门申请增援救治物资和专业救护人员。同时,依照应急预案采取临时控制方案,全面迅速展开应急救治工作,避免食物中毒事故给周边地区的民众带来威胁和心理压力,防止事态进一步恶化,并应立即向当地食品安全监管部门通报中毒食品的生产地以及流向地,防止其到处流散。若发现存在大型食品污染事件或者将食品作为中介的投毒事故的可能性,需要迅速通知有关部门,以尽快采取封查、刑事侦查和案件追踪等手段。(3)食物中毒现场应进行消毒处理。突发食物中毒后,在对中毒人员进行妥善安置和救治的基础上,应立即对那些可能与细菌性中毒食物有关的餐具、容器及设备等物品进行煮沸消毒处理,或者使用浓度为 0.2%～0.5% 的漂白粉溶液进行浸泡和擦拭消毒,以保证充分杀毒灭菌。另外,对被污染的冰箱、桌椅、地面和墙壁等也要使用漂白粉溶液等进行充分擦拭消毒,对接触化学性中毒食品的容器、用具、设备等要彻底清洗消毒、煮沸消毒或直接销毁。(4)应急响应终止。卫生行政部门及时宣布食物中毒事件应急响应的终止,依法追究食物中毒事件中有关当事人的责任,并对造成食物中毒事件的生产经营单位依法进行惩处。在事件处理结束后及时将有关调查、取证、控制和查处等资料进行整理、分析、建档,组织有关人员对事件的处理情况进行评估总结。做好信息发布工作,依法发布食品安全事故及其处理情况,并对可能产生的危害加以解释、说明,以消除社会、公众的恐慌情绪。

第三,政府应积极采取措施,预防和处理食物中毒。(1)加强食品安全监管。对食品原料、生产、运输、销售各个环节进行严格督查,特别是强化学校及其周边、农村和城乡接合部等重点区域的监督检查,督促餐饮服务经营者和食堂开办者切实履行食品安全主体责任。同时,要加强对农村聚餐、工地食堂、养老托幼机构食堂等集体用餐单位食品安全的风险防控与监督指导,强化集体聚餐登记备案管理和流动厨师培训管理,切实发挥基层食品安全协管员和信息员作用,严防群体性食物中毒事件的发生。(2)行政职能部门应及时公开食品安全信息,使广大民众能够及时获取食品信息,保障民众的知情权。行政职能部门应及时在食品监督管理机构的门户网站公布食品安全标准、食品生产供应链信息、食品安全监管日常信息等,并建立监管者与消费者之间的有效信息沟通机制。只有克服食品安全规制中的信息不对称,才能发挥市场机制的调节作用,让食品生产企业的产品质量信息高效、便捷地在各主体之间流动。这样,食品生产企业为保障自己的利润,就会主动强化企业产品的质量安全。因为企业一旦违背食品安全的标准和要求,相关情况很快就会被监管者和消费者知晓,监管者可以据此对其进行处罚,消费者可以"用脚投票",不购买违法企业的产品甚至提起诉讼要求违法企业承担侵权责任,因此,通过强化社会压力和增加违法成本,可倒逼食品生产企业遵守食品安全法律法规。[①]

地方政府职能部门在收到发生食物中毒或者疑似食物中毒事故的单位、接收食物中毒或者疑似食物中毒病人的医疗机构的报告后,要及时进行食物中毒事故应急处置。(1)通报食物中毒事件。医疗机构一旦发现其收治的病人属于食物中毒病人、食源性疾病病人或者相关疑似病人,应当及时向当地县级及以上政府卫生行政部门通报有关疾病信息。卫生行政部门接到报告后应当迅速分析、评估有关疾病信息,及时查找中毒源,以防中毒事件扩散蔓延,威胁民众的生命安全。同时,应立即向上级主管部门汇报。(2)应急响应。《国家食品安全事故应急预案》规定了食品安全事故应急处置措施:经初步核实为食品安全事故且需要启动应急响应的,当地政府有关部门应迅速报告并展开应急响应,针对事故的性质、特点和危害程度迅速采取应急措施。医疗机构应在当地卫生行政部门的统一指挥下,有效利用医疗资源,立即展开食品安全事故患者的援救医治工作,以最大限度减轻事故危害和人员伤亡;及时组织疾病预防控制机构开展流行病学调查与检测,通过组织检验机构抽样检验,尽快查找食品安全事故发生的原因;对涉嫌犯罪的,公安机关应及时介入侦破;有关部门应当依法强制就地或异地封存事故相关食品及原料和被污染的食品用工具及用具,待卫生行政部门查明导致食品安全事故的原因后,责令食品生产经营者彻底清洗消毒被污染的食品用工具及用具,消除污染;对确认受到有毒有害物质污染的相关食品及原料,有关监管部门应当依法责令生产经营者召回、停止经营及进出口并销毁。经检验后确认未被污染的应当及时予以解封。及时组织研判事故发展态势,并向事

---

① 参见张锋:《信息不对称视角下我国食品安全规制的机制创新》,载《兰州学刊》2018年第9期。

故可能蔓延到的地方人民政府通报信息,提醒其做好应对准备。事故可能影响到国(境)外时,应及时协调有关涉外部门做好相关通报工作。同时,迅速切断事故源头,防止事态发展蔓延。(3)追责。在调查确认食物中毒起因后,应依法追究相关责任人的责任;对事故发生以及在事故应急管理工作中有失职、渎职行为的责任单位和责任人员,构成犯罪的,应依法追究其刑事责任。

总之,我国食品安全方面还存在一些问题,但社会各界也在积极响应、解决这些问题,食品安全问题直接关系到社会公众的身体健康及生命安全,因此加强食品安全卫生的监督管理意义重大。应该高度重视有关食物中毒类的应急知识宣传教育工作,社会公众、企业、政府等社会主体都要站好自己的岗位,减少和杜绝食物中毒事件的发生。

第四节 职业中毒类公共卫生事件应急知识与技能

一、"开胸验肺"事件

2007年年底,河南省新密市刘寨镇28岁的农民张海超被北京六家知名医院确诊为"尘肺"。但是,由于他原来打工的郑州振东耐磨材料有限公司(以下简称"振东公司")的百般刁难,拒绝出具国家规定的单位工作经历证明,致使他迟迟不能到权威医疗机构申请职业病鉴定。经多次向有关部门投诉,张海超最终获得作正式鉴定权利。然而,郑州市职业病防治所竟然歪曲事实、无视科学和法律,对他作出"肺结核"的诊断。2009年6月,被逼无奈的张海超来到郑州大学第一附属医院,不顾医生的善意劝阻,坚持"开胸验肺",以如此惨痛的方式为自己讨一个公道,揭穿了振东公司和郑州市职业病防治所制造的谎言。此超乎寻常之举轰动全国,一时引起媒体的关注和社会各界的强烈反响。[①]

张海超是一名年轻的农民工。在2004年6月至2007年8月三年多时间内,他在当地以生产硅砖与耐火材料为主的振东公司工作,从事开压力机、破碎及杂务工等工种。2007年8月,他出现气急、咳嗽、胸闷、多痰等呼吸系统症状。张海超起初并未引起重视,认为仅仅是感冒而已。然而,虽然经过治疗,他的病情非但没有好转,反而逐步加重。2007年10月,他向振东公司提出辞职。不

---

① 参见吴非:《张海超"开胸验肺"事件的前前后后》,http://news.sina.com.cn/c/2009-09-21/142918694913.shtml,2020年10月4日访问。

久,张海超前往郑州市第六人民医院检查,被诊断为疑似"肺结核",医生建议他去大医院作进一步检查确诊。经郑州大学第一附属医院诊断,明确排除了此前郑州市第六人民医院的疑似诊断结果——"肺结核",同时排除了肺癌,并高度怀疑是职业病"尘肺"。在医生的仔细询问和提示下,张海超回想起在振东公司工作的三年多时间中,车间里总是粉尘飞扬,通风及防护设备几近于零,唯一的防护用品仅仅是一只口罩而已。其间,他曾三次参加公司组织的在新密市卫生防疫站的体检,每次都有拍摄胸片项目,然而从未被怀疑有"尘肺"。带着疑问,张海超前往新密市卫生防疫站查询并借出胸片。医生当即对他说:"2007年体检时就发现你肺部异常,为什么拖到现在也不来复查?"张海超随后来到原工作单位振东公司追问,揭穿了原单位擅自扣留其体检复查通知的恶劣行为。张海超带着借来的胸片再次来到郑州大学第一附属医院,医生明确指出在2007年年初的体检中,胸片已显示其肺部出现明显异常,并建议他去权威医院作进一步诊治。在医生的指点下,他当晚就带着胸片登上了去北京的列车。在北京,张海超先后去了北京大学第三医院、首都医科大学附属北京朝阳医院、北京协和医院、煤炭总医院(现为"应急总医院")等六家知名的权威医院就诊,并被一致明确诊断为尚无有效治疗方法的职业病——"尘肺"。即便是权威的医院,目前唯一可行的也只能是采取保守治疗以维持现状。医生告诉张海超,根据当时我国对职业病的认定规定——必须是指定的职业病防治所或者具有职业病鉴定资质的医疗单位方有资格作出认定,而且申请职业病确诊鉴定的员工还要提供用工单位出具的工作经历证明,如证明相关员工从事有毒有害工种等,否则就无法进入鉴定程序。而一旦被认定为职业病,造成职业病的用工单位就要对患病员工按照病情轻重程度进行相应的经济补偿,严重违反职业病防治规定的单位还要接受有关上级部门的罚款和处分。正因如此,就不难理解此前振东公司对张海超要求进行职业病"尘肺"认定的种种刁难了。

从北京回来后,张海超曾多次到振东公司要求开具申请职业病鉴定的证明,但屡遭拒绝。张海超无法跨越原单位给他设置的人为障碍,万般无奈之下,他踏上了艰难的维权上访之路。直到2009年5月,他有幸遇到时任新密市委书记。在市委书记的关注下,张海超当时的工作单位——郑州市中岳塑化有限公司(以下简称"中岳公司")为他出具了相关证明,他才得以顺利申请进行职业病鉴定。然而,令张海超大失所望的是,郑州市职业病防治所最终的诊断为"肺结核"。张海超心有不甘,为了确诊病情,他耗费近9万元人民币到处求医,以致家中债台高筑。张海超先后在北京多家权威医院及河南省胸科医院、河南省人民医院就诊，均被明确诊断为职业病"尘肺"。然而，担负着职业病防治的对口专科医院——郑州市职业病防治所却作出了与众不同的"肺结核"结论，使张海超百思不解，不能接受。事实上，此前该院也有医生看到张海超的胸片后说是"尘肺"。2009年6月初，张海超来到郑州市卫生局，申请由郑州市职业病鉴定委员会复议并获批准。然而，令他意想不到的是，郑州市职业病防治所与郑州市职业病鉴定委员会是一套班子、两块牌子。这使张海超深深地陷入困惑。虽然他们可以为他进行一次复查，但是原班人马会推翻自己之前的诊断结论吗？鉴于对他们的严重不信任，张海超不得已打消了由郑州市职业病鉴定委员会复议的念头，直奔郑州大学第一附属医院。他想，郑州大学第一附属医院尽管不属于辖区内指定的职业病认定医院，它所作出的鉴定也不具有法律效力，但该院本身在医学界所具有的权威性和科学性是毋庸置疑的。为了得到一个明确的诊断，张海超强烈要求"开胸验肺"。他觉得唯有"开胸验肺"方能给自己一个公正的结论。郑州大学第一附属医院的医生非常同情这个年轻人，再三劝阻他"开胸验肺"，并为他进行利弊分析，告诉他此举虽有利于"尘肺"的明确诊断，但对身体将产生巨大的负面影响，非但无助于治疗，反而会缩短寿命。因为"尘肺"目前尚无有效治疗方法，不像肺癌可通过手术切除肿瘤，延长生命等。然而，张海超已经对通过其他方式获得明确诊断深感绝望，他铁了心要讨个说法。他悲愤地表示："即便是死，也要死个明白！"他一再恳求医生为他"开胸验肺"，明确表示后果自负。然而，张海超的妻子顾虑重重，拒绝在手术单上签字。最后，张海超的姐姐实在拗不过他的请求，在手术单上签了字。

2009年6月22日，铁了心的张海超婉言谢绝了手术室推来的轮椅车，这个硬汉子自己走进了手术室，躺上了手术床，接受了我国因职业病诊断不明而"开胸验肺"的第一例手术。打开胸腔，医生们一眼就发现他的肺上有大量粉尘。医生还为他作了肺部病理切片检验，完全否定了肺结核及肺癌的诊断。经过4个多小时的手术及病理检验，医生们明确告诉张海超诊断结果是职业病中的"尘肺"。然而，堂堂郑州大学第一附属医院的诊断结论却不被认可，不被认可就意味着"开胸验肺"手术白做。新密市信访局有关领导明确在电话中告诉张海超，政府只认可郑州市职业病防治所的诊断结论，其他综合性医院的职业病诊断一律不予承认。张海超不甘心地再次打电话给郑州市职业病防治所，对方同样不承认郑州大学第一附属医院的手术诊断结论，并且反诘道："你的伤口是真的吗？

你的开胸验肺又能如何证明是真的？"张海超的开胸手术花费约3万元，这使原本就负债累累的家庭更是雪上加霜，家中能卖的东西全都变卖了，曾经饲养的十几只绵羊和刚收下的小麦也卖了。债台高筑、贫病交加的张海超实在无法承担昂贵的治疗费用，2009年7月1日，术后仅9天的张海超只好转入收费较少的新密市第一人民医院进行观察治疗。虽然为张海超"开胸验肺"的郑州大学第一附属医院的出院证明中明确诊断其为"尘肺合并感染"，出院医嘱的首条要求是"职业病防治所进一步治疗"。然而，这些诊断证明均不被认可。振东公司的一名负责人明确表示："郑州大学第一附属医院等综合性医院并不具备法定的职业病鉴定的资质，因此它们的诊断也不被承认。只有职业病防治所等具有资质的医疗机构的鉴定结果才能被单位接受并承认。"他还说："你的尘肺即使诊断出来，公司也不会直接给你赔偿的，因为你在2007年辞职去了中岳公司，当时他们就应该为你做体检。而你现在离职已近两年，不属于公司职工；你的尘肺诊断是在离职之后，所以公司不会给你补偿。假如涉及职业病的赔偿，也是属于振东公司和中岳公司两个单位之间的事，应该是中岳公司向振东公司提出索赔，我们不会与你本人产生联系。"而为张海超施行"开胸验肺"的郑州大学第一附属医院的一位负责人如是说："张海超的开胸验肺与其之前拍摄的胸片都明确诊断他所患的病绝对不是肺结核或肺癌。虽然我院不具有诊断职业病尘肺的资质，但是我们尊重科学，更相信科学，也相信我们自己的职业道德和技术水平。"

张海超前后花费约9万元维权求医，身心备受煎熬，原本贫困的家庭更是雪上加霜，苦不堪言。加上他患病后完全丧失了劳动能力，动辄就气喘咳嗽，身心俱疲。彼时，他已家徒四壁，债台高筑，家中所有的事务都只能由妻子独自一人承担。张海超生病前，夫妻双双外出打工挣钱，每月收入2000余元，他们精打细算过日子尚有结余，所以女儿还能就读郑州教学质量较高的双语幼儿园。他患病后，家里负债累累，女儿也只得放弃了双语幼儿园学习，不得已回到农村读书。

张海超的"开胸验肺"是全国第一例，他为了追求事实真相，追求公平公正，追求职业病患者的合法权益，悲壮地采取如此无奈之举进行维权。此事经河南省相关媒体在第一时间报道后，众多媒体纷纷介入，其中不乏中央电视台这样的主流媒体。张海超的"开胸验肺"引起了社会的强烈反响，他在接受记者采访时表示，如有必要，他愿意第二次"开胸验肺"，从而让相关权威部门对病情作出进一步的鉴定。鉴于"开胸验肺"在全国引起的广泛关注，2009年7月15日，全国总工会委派工作人员对此事进行详细调查。河南省委、河南省政府高度重视，当时的主要领导都对此事发表了重要指示,要求立即成立由多部门组成的联合调查组,认真调查并严肃处理。

2009年7月15日,张海超意外地获得了今后不需要单位开具"申请职业病鉴定"的证明就可以随时进行复查的通知。这个曾经让他梦寐以求而又求之不得的好消息,是他以付出"开胸验肺"的沉重代价换取的,使他感到无比悲凉。在社会的关注及地方各级政府相关部门的关心下,新密市刘寨镇镇政府考虑到张海超贫病交加的实际困难,于7月20日给他送去了300元的救助金。此后,有关方面又给予他1万元的补助费。张海超的"开胸验肺"事件同时引起卫生部的高度重视。7月24日,卫生部特派专家组成的督导组奔赴河南,以尽快解决这一轰动全国、负面影响极大、绝无仅有的"开胸验肺"第一案。

在卫生部督导组专家的督导下,郑州市专门成立了由卫生部门、安全监管部门联合组成的"张海超事件"处理小组,时任常务副市长胡荃任组长。2009年7月26日,郑州市职业病防治所组织省、市内多位知名专家针对张海超是否患有职业病"尘肺"进行会诊。此次会诊明确得出张海超患职业病——"尘肺"病Ⅲ期的结论。郑州市委、郑州市人民政府责令监察部门对相关涉事单位和责任人进行全面深入的调查并严肃处理。《河南日报》7月28日以头版头条的醒目位置刊发了《专家确诊张海超患尘肺病》一文,并同版刊登了省委书记、省人大常委会主任徐光春对该文作出的批示:"如此草菅人命、如此损害河南形象的事,法不容,理不容,情不容。"与此同时,郑州市委宣布了对相关单位和责任人的处理决定:对郑州市职业病防治所给予通报批评,其所长李磊予以停职并接受组织调查处分。郑州市卫生局党委作出决定,免去李国玉郑州市职业病防治所副所长职务;报请省卫生厅撤销樊梅芳、牛心华、王晓光的尘肺病诊断资格,并根据张海超事件处理领导小组调查结果,分别给予相应的党纪或政纪处分。新密市委还同时决定:对新密市卫生局给予通报批评,免去耿爱萍新密市防疫站站长和卫生局副局长职务,责成相关部门对振东公司进行立案查处。至此,一场轰动全国、历时近两年的"开胸验肺"维权案落下帷幕。①

二、职业中毒事故的应急知识与技能

职业中毒前期往往毫无征兆,容易使人放松警惕。特别是一些危险化学品

---

① 参见曲昌荣:《"开胸验肺"事件相关责任人受处分》,http://news.sohu.com/20090729/n265557810.shtml,2020年10月4日访问。

泄漏,由于其各自独特的性质,对人类造成的危害也各不相同,如毒害性、腐蚀性、放射性等。其中,危险化学品泄漏的毒气扩散迅猛,时效性强,可瞬间造成火灾、爆炸、中毒、腐蚀等不同程度的危害,且危害范围广泛,救援困难。更可怕的是,如救援处置不及时,则会造成更严重的人员伤亡和经济损失。突发职业中毒事故防不胜防,所以相关部门应根据不同种类的职业中毒事故做好应急预案,以便科学高效地应对突如其来的各种职业中毒事故。

1. 职业中毒事故的特点

第一,危险化学品种类繁多。

在突发职业中毒事故中,以有毒化学品泄漏引发的急性中毒事故居多。在致病因素中,引起急性职业中毒的主要化学品毒物有四十余种,位居前列的有一氧化碳、硫化氢、氯气、苯和腈类化合物等。传统的硫化氢和一氧化碳职业中毒危害至今依然存在,同时由于化学工业的发展迅速,新的化学产品相继问世,有些化学品本身具有一定的毒性,不可避免地出现了以往较为罕见的氰类和腈类化合物中毒、有机锡中毒等。

第二,涉及领域广泛,造成后果严重。

据报道,我国有多个领域、三十多个行业不同程度地存在职业中毒危害,作业中接触有毒物品的人员数量极其庞大。随着化学工业的迅猛发展,越来越多的新型材料和新型产品被开发并广泛地运用到生产中。由此造成的职业中毒不再局限于原来的开采业、冶金业、机械制造业和化工业,而是向皮革制造、珠宝加工、箱包加工、农业、木器加工等众多行业扩展渗透。由于资金短缺,设备简陋,人员不足,一些商家为了获取更多的利润,生产中利用廉价的或不合格的化学制品,给职业中毒埋下了隐患;加上许多操作工人文化程度低,技术水平差,缺乏必要的应急知识和自我保护意识,一旦发生职业中毒事故,不具备必要的应对能力和自救能力,就可能造成群体性伤害事件。

第三,社会影响恶劣,经济损失严重。

苯是一种无色透明、具有芳香味并极易挥发扩散的有毒液体,常被用于油漆及胶粘剂中,在生产和使用过程中极易发生中毒。山东时风(集团)有限责任公司常年使用的胶粘剂中含苯量超标,且车间通风条件差,操作人员防护不到位。2002年5月,该公司发生一起重大苯中毒事故,导致31名工人集体发生苯中毒。[①] 其中,慢性轻度苯中毒5人,慢性中度苯中毒11人,慢性重度苯中毒15人

---

① 参见胡世杰、郑倩玲:《职业性慢性苯中毒发病特点与防治对策探讨》,载《中国职业医学》2012年第3期。

(再生障碍性贫血14人、全血细胞减少1人);死亡2人。29名幸存者基本丧失劳动能力,年龄为18岁至39岁,其中工龄最短的仅2个月,工龄最长的达4年。事故给中毒工人家庭所造成的痛苦和损失是难以弥补的。这些患者都是青壮年,本是社会的主要劳动力和家庭的经济支柱,但他们却因职业中毒而彻底丧失劳动力,而且还要长期进行治疗,往往生活艰难,债台高筑。这种长期的经济压力和精神压力使这些不幸的家庭痛苦万状,同时造成社会贫困人口增加和对社会不满情绪增加,在社会上造成极其恶劣的影响。

造成职业中毒事故的因素众多,但究其根本,职业中毒事故频发,一方面是由于某些企业生产工人文化技术水平低,生产操作不规范,自我安全保护意识薄弱。另一方面与企业管理混乱和操作制度不规范等问题密切相关。在必须使用某些有毒危险化学品时,一些企业没有按照有关规定正确使用有毒危险化学品。为了避免发生此类职业中毒事故,相关企业应经常性地定期开展安全教育和培训,严格强调正确规范的操作方法并制定相关的安全制度,提供作业时必备的劳动防护装备等。另外,部分企业机器设备老旧,劳动者长期处于密闭或通风不良的恶劣环境中作业,也为突发职业中毒事故埋下了隐患。

2. 职业中毒事故的致病类型和表现方式

改革开放以来,伴随着我国经济的高速发展及产业结构模式的调整,职业危害因素逐渐上升为影响劳动者生命安全的重要因素之一。当前,我国国民经济已驶入快车道,健康、稳定发展势所必然。相应地,人民的健康水平与人均寿命也得到提高,国家对职业中毒的防治也更为重视。在不断发展的过程中不可避免地会产生新的矛盾,传统的职业危害因素尚未得到根本解决,新的职业安全问题又逐渐凸显,职业中毒及工伤伤害事故呈上升趋势。据统计,近些年我国每年上报的重大急性职业中毒事故近40起,造成数百人中毒,其中因中毒死亡人数达几十人。[①] 各种职业病及其导致的诸多问题正日益突出,对劳动者的生命健康安全造成极大的威胁,同时还会带来严重的社会后果和经济损失,直接影响安定和谐的政治局面。当前,我国患职业病的人数居高不下,呈波动上升趋势,其中急性职业中毒病例在每年职业中毒病例中占据比例较小,而慢性职业中毒病例则较多,尤其是传统因素如物理因素、粉尘、有毒化学物等所造成的职业危害病例。同时,由于化工产业的迅猛发展,化学品种类的不断增加以及企业生产过

---

① 此系编者根据国家卫生和计划生育委员会发布的2005—2011年职业病发病情况资料整理而成。

程中不可避免地频繁使用各种化学品,劳动者接触有毒有害化学品机会也大大增加,所致疾病类型和表现方式也日趋多样化和复杂化。

第一,急性职业中毒事故。

急性职业中毒是指劳动者在生产过程中,由于不慎接触有毒有害化学品,造成身体的急性损伤甚至危及生命的现象。急性职业中毒事故往往事发前毫无征兆,具有突发性;且有毒化学品在空气中扩散迅速,极易造成中毒发病群体性,往往会对劳动者造成极大危害。目前,急性职业中毒事故已经成为影响社会和谐发展的主要因素之一。

重大急性职业中毒事故往往发生在化学工业、污水处理、矿产开采及建筑等行业,其中以采矿、挖掘、清洗、检修等工种的危险性居高。有学者对1989年至2013年15年间全国报告的重大急性职业中毒资料进行了描述性分析,结果显示:(1)15年间全国共报告重大急性职业中毒事故506起,中毒患者4657例,总的中毒率为54.8%,总的中毒死亡率为16.4%,平均中毒年龄31.9±9.8岁,平均中毒死亡年龄33.7±10.3岁;男性多于女性。(2)直接导致职业中毒的化学物超过12种,主要以硫化氢、一氧化碳、苯及同系物、金属和类金属、二氧化碳等为主。其中,硫化氢、一氧化碳引发的中毒率最高。(3)急性重大职业中毒事故以化学、制造、水处理、开采、建筑等行业多发,清洗、检修、生产、采矿、挖掘等岗位的危险性为高;事故相对集中发生在4月至8月份。其中,化工行业的职业中毒发病频率最高。在导致职业中毒事故的化学物中致死率居于榜首的一氧化碳,是无色无味的窒息性气体(包括硫化氢),它们被吸入人体后,会导致人体红细胞携氧能力下降,造成组织严重缺氧,极易造成细胞内窒息而引起死亡。紧随其后的是刺激性气体,如碳原子(C12)、氨气、苯和二氯乙烷等有机溶剂。

第二,慢性职业中毒事件。

根据原卫生部公布的统计数据,在职业中毒病例中,急性中毒占30%～47%,慢性中毒占53%～70%。总的来说,慢性中毒毒性反应慢,潜伏时间长,往往未引起劳动者足够重视,加上劳动者警惕性差,自我保护意识薄弱,因此发病率更高。①

慢性职业中毒是指在生产过程中劳动者长期接触有毒化学物品,经过不断地累积,从而慢慢损害身体机能的中毒现象。其中,苯、铅及其化合物是引发慢

---

① 参见丁洁瑾等:《我国职业中毒的现状分析及防治对策》,载《中国安全生产科学技术》2008年第1期。

性职业中毒的主要危险源,病例主要集中在有色金属、冶金、机械和电子等行业。锰、砷及其化合物等也是导致慢性职业中毒的重要危险源。慢性职业中毒潜伏期长,病程发展缓慢,而且发病前症状轻微甚至毫无症状,所以一旦发病往往已属中晚期,治疗效果差,因此对慢性职业中毒的认知与防治显得尤为重要。

导致慢性职业中毒事故的主要原因在于:(1)相关单位没有引起足够的重视,缺乏安全教育培训。(2)劳动者个人劳动防护设备不到位。(3)工作环境恶劣,通风设备差。(4)相关单位没有制定规范的安全生产操作制度。(5)厂房设备陈旧,劳动者违规生产操作。

3. 职业中毒事故的应急知识与技能

在突发职业中毒事故中,高效救援是降低中毒事故造成严重损害的关键所在,而事前应急准备工作的充分程度直接影响到救援质量和效率。事故发生前,应急管理部门应预先进行科学分析和策划,并梳理出中毒事故突发后的种种可能发生的危急状况和可能导致的严重后果,制定出一套完善的应急预案。同时,就事故不同阶段进行应急演练和实施检查。事故发生后,则根据事前制定的应急预案,有条不紊地快速进行应急响应。

应急管理是对突发职业中毒事故的全程管理,贯穿事故发生前、中、后各个阶段,充分体现了"预防为主,常备不懈"的应急理念。职业中毒事故的发生往往具有突发性和偶然性,但应急管理工作不能单单局限于事故发生后的应急救援行动。应急管理工作更注重对突发事故的事前预防和准备工作,即应急准备。它是针对可能发生的事故或可能产生的后果预先所做的各种准备,除了建立健全各项安全管理制度外,还应结合本单位、本地区可能发生的事故隐患及可能造成的危害程度成立应急管理工作的组织指挥体系,制定应急预案,落实相关部门、具体人员的职责和应急救援物资的调配等,以及应急队伍建设、预案演练及与外部应急力量的衔接等,其根本目的是保证突发职业中毒事故后应急救援所需的足够应急能力,以通过应急救援使职业中毒事故的危害下降到尽可能低的程度。此外,这种准备需要不断地维护和完善,从而使应急准备的各项措施时刻处于备战状态。在具体实施中,应急救援的过程是各个部门协同作战、统一调度的联动过程。其中,应急指挥程序如下:(1)现场分析事故情况(包括征求有关专家意见);(2)预测中毒事故发展趋势,初步确定事故救援方案,制定各阶段的应急措施;(3)明确各救援队伍的任务,按照初步确定的救援方案展开应急救援;(4)协调各救援队伍,合理分配救援力量;(5)宣布救援工作结束。

第一,监管部门的职业安全健康监督管理和应急处置。

2018年,国务院实行机构改革,将职业安全健康监督管理职责整合到国家卫生健康委员会,这体现了国家对职业安全健康的重视,职业健康监管由此迎来新时代。此前,国家已先后颁布了多部职业病防治法律法规,如《职业病防治法》《中共中央 国务院关于推进安全生产领域改革发展的意见》《国家职业病防治规划(2016—2020年)》等,为我国职业健康监管提供了有力的法律保障,体现出国家对职业病防治工作及应急处置的高度重视。当下,我国应建立健全重大职业中毒救治体系,按照《突发公共卫生事件应急处理条例》的要求,完善以国家职业中毒救治为中心、全面覆盖各级地方政府的重大职业中毒救治体系,同时培养一批训练有素的救治技术队伍。

为了更好地全面开展职业健康监督管理及应急工作,各级卫生健康部门及相关政府监管部门应不断加强对企业职业健康情况的监督、检查和管理的力度,坚持源头治理、预防为主、防治结合的原则,严厉打击并依法惩治造成职工职业中毒的违法行为。具体包括:(1)监督管理部门应督促企业落实职业中毒防治措施,积极开展安全教育与培训,增强劳动者职业中毒的防范意识,逐步建立用人单位负责、行政机关监管、行业自律、职工参与和社会监督的机制,实行分类管理、综合治理。(2)相关监管部门应加大对各类职业卫生技术服务机构的日常监管力度,严格规范各类职业卫生技术服务标准。(3)将应急处置工作纳入各级政府经济发展规划和政绩考核体系,提高各级地方政府对职业病防治工作的认识和重视。(4)通过职业病危害项目申报、职业卫生专项调查和职业病报告,及时收集用人单位职业病危害治理、职业卫生监督执法、职业健康检查、职业病诊断鉴定、职业病患者工伤保险待遇和救助落实情况等相关动态信息,充分发挥大数据在职业中毒风险监测中的作用。(5)有关部门应大力实施职业中毒防治专业人才培养计划,加强专业技术人员的业务素质培训,培养一支既精通业务,又熟谙法律的专业队伍。(6)在排查事故隐患时,有关部门应及时开展调查并实时跟踪监测,对毒物浓度监测数据进行科学分析及综合评估,随时掌握并报告事态进展情况,并做好定期检查、及时维护和补充。(7)一旦发生中毒事故,有关部门应根据有害物质的种类和特性,迅速组建专业救援力量、调配应急救援物资、交通工具以及医疗设备等,以免由于资源缺乏延误应急行动。(8)应尽快发出预警信号(蓝、黄色预警),根据危险源监控设备和监控人员提供的信息,按照早发现、早报告、早处置的原则,将信息汇总分析后,及时上报应急指挥部;应急指挥部应及时组织有关人员分析事故的发展态势,及时研究和确定应对方案,并据此向有关单位发出预警预报,同时通知有关应急组织机构和公众及时采取响应行动。

第二,用人单位的应急处置。

一旦发生中毒事故,应在识别危险源的基础上,正确分析评估其对周边地区或人员可能造成的影响和危害程度尤为关键,会直接关系到应急救援工作的顺利开展。例如,突发事故发生后,有关单位要及时确定哪些区域可能成为重灾区域(即脆弱区域)、重灾区域中可能殃及的人口数量以及遭受的破坏和影响等。同时,要科学分析事故的原因和性质,充分考虑事故可能影响的范围和严重程度,从而启动不同级别的应急响应。以一套完整的企业突发职业中毒事故的应急预案为例,其主要内容应包括:(1)储备足够的应急资源,如应急设备、救援物资等;(2)建立健全报警制度与报告程序;(3)事故危险性评估分析报告;(4)明确各应急部门及人员的职责;(5)建立突发事件应急指挥系统;(6)完备的监测与报警系统;(7)制定应急预案,如绘制各类应急图表、明确疏散路线及紧急集合点、救援物资存放地点及地形地貌图;(8)掌握规范的现场救援流程;(9)掌握事故中关闭特定设备的相关程序;(10)制定事故发生后的恢复重建计划等。

对于突发职业中毒事故而言,用人单位对职业中毒事故的重视和识别程度决定了其在事故发生后能否采取及时有效的应对措施,从而达到避免事故不断升级或在事故发生后将损失降低到最低程度。这就要求用人单位做到如下几点:(1)思想上高度重视。包括专门成立应急管理领导班子,全程指导应急工作的全面开展,单位负责人挂帅,层层落实,实行问责制等。(2)源头治理,改善工作环境,做好安全防护。在生产车间安装报警设备及安全防护装置,全面做好通风除尘工作。同时,加强职工个人防护,保证劳动防护用品如工作服、安全帽、防毒面具、口罩、手套、护目镜等的发放。(3)定期进行安全检查、设备维护,及时补充应急物资和设备,以免因资源匮乏造成应急行动延误而导致重大损害。例如,应熟悉应急物资和各种装备的名称、类型、数量、作用等,一一登记在册,并明确应急物资存放地点以及公开管理人姓名、联络方式等。(4)建立严格的报警制度,熟悉报告程序,掌握突发事故预警的条件、报警方式和信息发布的程序。应明确不同级别的应急响应所对应的不同的应急行动计划和不同的衔接部门;当本单位、本地区救援能力不足时,应及时向上级各有关部门请求增援或向驻地军队请求援助。(5)根据本单位可能存在的各种安全隐患,成立相应的应急小组,如火灾应急小组、有毒化学品泄漏应急小组等。指挥中心应承担统一部署和全面协调工作,及时指挥各应急行动支队进行应急联动。(6)定期开展安全生产宣传教育,对职工进行相关职业中毒知识培训和相关应急行动演练。加强职工自我保护意识,提升他们突发职业中毒事故的自救互救能力。(7)了解有毒化学品泄漏对人群和周边环境的重大伤害。有毒化学品泄漏时,应迅速关闭泄漏设备,及时清除泄漏物质,立即检测发生事故的周边环境中有毒化学品浓度和波及范围,设置警戒区,并紧急疏散人群至安全地带。(8)随时监测泄漏有毒化学品在环境中的浓度,并及时对突发事故的发展势态作出科学分析和综合评估,以有效降低突发事故所造成的损失。(9)建立健全网络直报信息平台。网络直报对探索职业中毒事故的规律以及预防和控制急性职业中毒事故具有重要意义,因此应建立健全职业中毒的网络报告体系,相关企业和单位需加强职业中毒的动态监测与上报工作。

第三,劳动者保护。

劳动者不应该只是社会财富的创造者,也应当是社会发展的受益者。劳动者应积极参加职业中毒安全生产教育培训与应急演练,保证职业中毒防治工作落到实处。劳动者应详细了解有毒化学品的特点、性质及危害程度,在生产中不断培养和提升自我防护意识。在有毒环境中工作时,必须严格按规定自觉佩戴合格的个体防护装备,如防护面具、防尘口罩、护目镜、安全服等;应牢记进入生产现场的各种条件,切实保障自身的生命健康与安全。与此同时,劳动者应该自觉认真学习有关职业中毒的急救方法,以便在突发职业中毒事故时能进行自救与互救。总体而言,在面临职业中毒事故的威胁时,劳动者自身应做到:(1)正确判断危险物质的毒性;(2)迅速采取相应的紧急应对措施(做好个人基本防护);(3)及时报警求援;(4)尽快撤离中毒区域;(5)如被困且无法脱身,应在救援人员到来之前及时进行自救与互救。

在遭遇职业中毒的情形下,劳动者通常可以采取"脱离现场法"和"就地抢救法"来进行自救与互救。"脱离现场法"的实施关键在于迅速撤离危险区域,及时消除有毒化学品对人体的进一步侵害,是避免造成重大群死群伤恶性中毒事故发生的最简单有效的方法。对已经中毒昏迷、休克的中毒者,则应该迅速采取"就地抢救法",把中毒者就近转移至安全区域,立即采取人工呼吸等急救措施,防止在长途送治途中错失最佳抢救时机而造成严重后果。

此外,劳动者应改变个人不良工作方式和生活习惯。许多职业中毒事故都是多种因素相互作用的结果,其中包括不良的生活习惯。如长期吸烟、酗酒、熬夜等不良的生活习惯会降低人体的免疫力,使劳动者在工作中更易受职业中毒的侵害。

综上,由于突发职业中毒事故特有的突发性和危害性,以及可能威胁到劳动者生命财产安全的严重后果,因此在突发职业中毒事故发生后,各地区、各部门的及时响应和处置对救援工作起到极为关键的作用。应急响应的前提是,充分考虑到各种突发职业中毒事故的特性、危害程度、发展趋势及其可能产生的后果。一旦发生事故,有关部门应急管理者应该遵循这些突发职业中毒事故的发展规律,迅速组织专家进行科学研判,综合分析各种情况,制定出行之有效的应急措施,以求最大限度地降低职业中毒事故造成人员死伤的严重后果以及给社会带来的巨大负面影响。同时,政府主管部门应迅速启动应急联动机制,号召各相关部门积极参与应急响应,如安全监管部门、公安部门、消防部门、医疗机构、交通运输部门以及当地的基层行政组织等。由于职业中毒防治工作是一项多部门联防联控的综合性工作,需要企业的自主管理,更需要政府相关部门形成监管合力和有关专业机构的技术指导的"条块"结合。此外,职业中毒事故应急响应的关键在于提升对危险化学品的快速处置能力和科学技术方法,特别是在日常工作中实时监测和有效识别危险品,对于预防各类突发职业中毒事故能够起到举足轻重的作用。

第四章　社会安全事件及其应急知识与技能

第一节　突发社会安全事件

一、突发社会安全事件内涵

社会安全的概念最早见于英国学者巴瑞·布赞的《人民、国家和恐惧》一书。[①] 20 纪 90 年代,社会安全开始作为一个理论得到发展和完善。当时,随着苏联的解体、欧洲一体化的飞速发展和欧洲民族主义与排外主义的再次兴起,过去在欧洲占据主导地位的军事安全和意识形态问题逐渐退居次席,而其他形式的冲突却时有发生。在西欧,一体化的深入扩展对欧盟各国的社会构成和政治体系产生了巨大冲击,成员国及其民众对一体化带来的变化忧心忡忡,担心其民族认同和社会文化遭到威胁;在东欧,前南斯拉夫地区发生的严重的民族间矛盾、冲突和战争发人深省。社会安全理论就是在这个背景下产生的,该理论认为社会安全的客体是"社会"(society)而不是"国家"(state),以图突破传统安全研究以军事安全议程为主的国家中心主义范式,从而将安全的中心转移到社会上来,社会安全理念由此诞生。[②]

关于社会安全事件的本质问题,西方社会冲突论者把韦伯的财产、权力、声望三维分层标准作为分析冲突原因的根据,认为社会资源的稀缺性及其分配不公是引发社会冲突的最终根源,而社会安全事件正是这种社会冲突和社会矛盾的具体体现和外化。一旦受到外在的刺激,具有非主流价值观念的人很容易演化为社会安全事件的引发者。如果机会出现,他们就会积极地参加,肆意地扩大负面影响,以求得到病态心理的满足和平衡。简单地说,社会安全事件的本质就是社会矛盾的激化。

对于社会矛盾与冲突,德国社会学家西美尔认为,现实社会中存在各式各样

---

① See Barry Buzan, *People, States, and Fear: The National Security Problem in International Relations*, University of North Carolina Press, 1983, p. 105.
② 参见冯毅:《社会安全突发事件概念的界定》,载《法制与社会》2010 年第 25 期。

的冲突,如稀缺资源的争夺、人口的征服、文化话语权的争夺等,这些问题导致的冲突都有可能演化成激烈的斗争甚至战争。但是,并不是所有的冲突最终都会导致斗争或流血的发生。如果一种冲突能够找到可替代性的手段加以最终化解,那么这种冲突原则上就具有可替代性,即这种冲突在形式上实际是人们为了达到一定目的的手段或途径,冲突不是目的,只是手段之一。这种冲突也被认为是一种手段的冲突。①

西美尔辩证地看待社会冲突,肯定了社会冲突的积极作用,认为社会冲突具有群体边界建立与维持的作用。群体的产生和存在意味着共同利益;当群体间发生冲突时,也就意味着利益的冲突。正是由于冲突的存在,人们为了维护自己的利益,才会构建共同的利益群体,共同行动,捍卫集体利益,并且随着冲突的发生群体的凝聚力也会发生变化。也就是说,社会冲突使得群体的边界得以存在,也正是由于冲突的需要群体才得以维持下去。②

关于"突发性"的问题,有两点是应当明确的:其一,"突发性"必须包含不可预料性的因素。这并不是说突发社会安全事件是不可预料的,而是说社会安全事件的发生是无法作出明确而具体的预测的,何时发生、何地发生、何人参与都是不能事先知晓的。其二,突发性事件是突然发生的,其暴发的时间、地点、方式、种类以及影响的程度常常超出人们的常规思维之外,使人猝不及防。社会安全事件就是在社会冲突不可调和的情况下,由于暂时的矛盾激化所导致部分社会成员所作出的在主观上违背一般社会认同感并且在客观上违背国家安全政策的行为。

目前,对于突发社会安全事件概念的外延有着不同的见解。例如,《国家突发公共事件总体应急预案》在"总则"中概括性地规定:社会安全事件主要包括恐怖袭击事件、经济安全事件和涉外突发事件。基于这个规定,各个地方政府在制定当地的应急预案时作出了各种各样的规定。其中,大部分地方性应急预案,如《成都市突发公共事件总体应急预案》,规定社会安全事件主要包括各类恐怖袭击事件、民族宗教事件、经济安全事件、涉外突发事件和群体性事件等。

一般认为,社会安全事件是与自然灾害、事故灾难、公共卫生事件相并列的概念。实践中,上述各类突发公共事件往往是相互交叉和关联的,某类突发公共

---

① 参见〔德〕盖奥尔格·西美尔:《社会学:关于社会化形式的研究》,林荣远译,华夏出版社2002年版,第186页。
② 同上书,第180页。

事件可能和其他类别的事件同时发生或引发次生、构成衍生事件。但是,为了明确突发社会安全事件的外延,避免相互混淆,必须对它们进行单独的研究。从上述《国家突发公共事件总体应急预案》的相关规定中可以看出,突发社会安全事件的外延和其他突发事件的外延还是很明晰的。

突发社会安全事件有着自己鲜明的特点:第一,突发社会安全事件概念的内涵意味着其必然是人为造成的,或者虽然由非人为因素造成,但是人力的介入对其产生了关键的作用。第二,在造成事件的人为因素中,必须有主观故意的成分。如果是出于过失或者根本不知情,就会使其由于缺乏社会性基础而成为纯自然事件。第三,突发社会安全事件必须具有广泛的社会影响,是社会大众所普遍关注的,它的产生、发展和结果会对相当一部分人的生产、生活造成不同程度的影响。基于这三点考虑,上述各类恐怖袭击事件、民族宗教事件、涉外突发事件、群体性事件等毫无疑问应当成为突发社会安全事件的内容。

在厘清了突发社会安全事件概念的内涵和外延之后,突发社会安全事件的概念便有了一个相对完整的定义,那就是在社会冲突不可调和的情况下,由于矛盾激化所导致的部分社会成员作出的不可预料性的在主观上违背一般社会认同感、在客观上对经济和社会秩序造成威胁和破坏的行为。这种行为包括重大刑事案件、恐怖袭击事件、涉外突发事件、经济安全事件、群体性事件、民族宗教事件以及其他社会影响严重的突发性社会安全事件等。

二、突发社会安全事件特征

社会安全事件、自然灾害、事故灾难、公共卫生事件皆属于突发公共事件,该四类事件具有广义范围的共同特征,同时每一种突发事件的自身属性和特征又是独立的。随着社会安全事件数量的逐年递增以及性质转变呈现的多元化,其基本特征也在事件的发展中表现出更多的形式。

1. 突发性和不确定性显著

突发性是社会安全事件的主要特征之一,主要存在于恐怖袭击事件、涉外突发事件、突发网络舆情事件等之中。社会安全事件的发生是由于原有的社会基本价值架构和人与人之间的行为准则被打破,具有极大的人为性,因此在其突发前夕会存在计划和安排的过程。当计划转变为实施,即冲破了社会基本价值架构和行为准则,其暴发是人们难以预料的。突然的暴发必定带来极大的不确定因素,事态的发展以及政府对事态的处置对于公众来说都是陌生的;由于此类事件并非常态化,因此公众的态度和表现也包含着极大的不确定性。

2. 人为因素明显

突发社会安全事件较之其他三类突发公共事件,人为因素是事件的起因和发展的决定性因素,具体表现在两方面:第一,有预谋的个人、组织或集团经过系统策划并付诸实施,对社会造成破坏,以实现其经济利益和政治目的。例如,2009年新疆"7·5"事件,该事件本身与广东韶关旭日玩具厂发生的严重治安事件无关,但境内外势力的扭曲和炒作使该事件成为"7·5"事件的导火索。加之后续的煽动和号召,一场影响和破坏极其严重的社会安全事件就此暴发。[①] 第二,个人、组织或公权力对于问题的预判失误或处置不当而引发。例如,2008年发生在贵州瓮安的"6·28"事件,公安机关将初中女学生李树芬尸体打捞上岸后,对于家属的工作开展和社会舆论引导上出现工作失误,以致事态愈演愈烈,最终导致长达7个小时的骚乱,更造成瓮安县委、县政府和公安局办公大楼不同程度的损坏和150余人受伤的惨烈后果。[②]

3. 暴力程度与破坏性加强

突发社会安全事件的人为因素明显,必定会带来对理想处置结果的追求。社会安全事件发生后,不论是组织者、实施者还是参与者,理性程度往往会下降,部分民众甚至会受到蛊惑和欺骗,"事情闹得越大,越会得到重视,处理结果越会倾向聚众者"的想法也会被散布开来。这样,在追求理想处置结果的同时,可能会出现焚烧政府大楼、袭击处置民警、阻断交通要道甚至砍杀路人的暴力行径。手段的严酷和残忍必将带来严重的破坏性。在这类恶性事件中,民众的生命财产、社会伦理价值、治安秩序都会岌岌可危。这种破坏可分为两种:一种是事件本身所造成的直接财产损失和人员伤亡;另一种是事件引发的连带反应。有学者将这种连带反应归纳为三个方面:一是同质牵连,是指与突发事件具有相同和类似品质的人或者事受到牵连;二是因果牵连,是指某一个突发事件导致相关事件的暴发;三是扩散牵连,是指由于突发事件造成的心理恐慌使得人们把突发事件的危机扩大到那些根本不存在危机的领域。

4. 处理的复杂性

社会安全事件本身涵盖多种类型的事件:恐怖袭击事件、涉外突发事件、群

[①] 参见蔡国兆、吴其冰:《广东韶关玩具厂斗殴事件中虚假信息散布者被拘》,http://news.cctv.com/law/20090629/100052.shtml,2020年10月7日访问。

[②] 参见吴伟:《贵州瓮安事件始末》,http://news.sina.com.cn/c/2008-07-08/094715892333.shtml,2020年10月7日访问。

体性事件、经济安全事件等。这些事件往往参与人数众多、背景复杂,且背后往往关涉利益群体,对于调查的消极态度等多种因素,决定了社会安全事件处置中的难度。到目前为止,我国还未以法律形式对社会安全事件作出具体分类并提供有法律保障的应对措施。由于处置人员能力的优劣以及技术装备和应对理念的参差不齐,实际工作中处置能力较弱地区的处置难度加大,隐患也随之而来。发生社会安全事件后,常规手段是难以解决问题的,因此正确认识处置过程中存在的问题,保持清醒工作思路,对处置工作至关重要。

第二节 突发社会安全事件的演变规律

一、突发社会安全事件的发生机理

国内对以群体性事件为主的突发社会安全事件的发生原因和演化过程有着大量的研究,学者们多从分析社会结构的视角追溯突发社会安全事件发生的经济、政治根源,探讨传统文化因素的影响等。相关文献认为,社会安全事件产生的原因可归纳为利益格局的分化组合、民众政治参与能力薄弱、基层组织社会控制弱化、社会权威结构失衡、政府决策偏差、利益诉求表达通道不畅等几个方面。其中,社会贫富差距的扩大造成社会结构出现分层,并极易引发民众的不满情绪,导致大规模社会安全事件的发生。长期以来,学者们对突发社会安全事件进行了深入的研究,并大致形成以下三种理论体系:

第一种是以大众社会理论和政治过程理论等为代表的基于社会结构的研究。这种理论把促成集群行为的决定性因素定义为固有的社会结构,认为阶层对立、资源分配不公平、社会政治机遇结构等是促成集体行动的要素。行动者则往往被视为客观结构功能的"支持者""承担者"和"输送者",因而往往被排除在关注视野之外;即使在考虑行动者因素时,也往往倾向于使其同质化,认为在同一类别下的所有人都是相同的,行动者仅仅是缺乏个性的角色扮演者。[1] 这种结构理论从客观结构入手,在宏观的社会、经济、阶级、国家、政治层面发现集群行为产生的决定因素。在这一种理论体系下,美国学者劳伦斯·巴顿提出了

---

[1] 参见〔美〕马克·I.利希巴赫、阿兰·S.朱克曼编:《比较政治:理性、文化和结构》,储建国等译,中国人民大学出版社2008年版,第334页。

"固有论",认为集群行为之于经济、政治、社会,就如台风、地震等自然现象之于地球,是社会中原本的一种固有状态。只要某些特定因素被激化,它就会自然发生。①

第二种是基于行为学的研究。该种理论体系把参与突发社会安全事件的人员作为研究中心,再基于理性假设或非理性假设形成两种观点。基于对行动者理性假设的研究(搭便车理论等)认为,行动者作出行动前都会不自觉地进行各种理性运算。人们会把负面情绪的表达、能获得的预期收益、所采取行动手段的成本进行计算,计算结果是个体参与集体行动的依据。"人们为了获得特别的好处而聚在一起";"集体成员身份的吸引力并不仅仅在于一种归属感,而在于能够通过这一成员身份获得一些什么"。② 基于对行动者非理性假设的研究(感染理论、模仿理论等)则认为,人们在社会生活经历中积累的怨恨、挫折感、负面情绪等不良的心理感受会通过极端言行的表达和群体的发泄而得到抒发。

第三种理论体系着重研究以上提到的结构导致与实际付诸行动的联结关系。该种理论认为,突发社会安全事件行动者在各自社会生活中形成的观念、信仰、价值目标会通过自我意义认知构建出一套行为动力,而既定的生活背景下的人们的行动选择性应用或者通过组织者创造的策略性活动则会导致突发社会安全事件。

如上所述,西方学者基于结构、行为学、意义三种范式开展了很多对社会安全事件发生机制的研究。国内学者这方面的研究在一定程度上借鉴了以上几种范式,有从结构视角分析我国特定历史背景下的利益格局、官僚主义和腐败风气等根源,有从行为学的角度讨论我国传统文化对个体行为的影响,等等。

二、突发社会安全事件演变生命周期

世界万物都具有产生、发展、消亡的过程,突发事件也不例外,而且其阶段性的特征更为明显。外国学者斯蒂文·芬克(Steven Fink)通过分析研究把突发事件划分为四阶段(如图4-1所示)。③

---

① See Laurence Barton, Crisis Management: Preparing for and Managing Disasters, *Cornell Hotel and Restaurant Administration Quarterly*, 1994, 35(2), pp. 59–65.
② 参见〔美〕曼瑟尔·奥尔森:《集体行动的逻辑》,陈郁等译,上海人民出版社1995年版,第2—6页。
③ See Steven Fink, *Crisis Management: Planning for the Inevitable*, AMACOM, 1986, pp. 32–36.

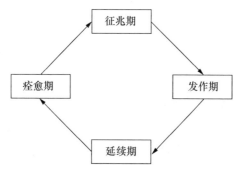

图 4-1 芬克四阶段紧急事件过程模型①

从最初的酝酿到事态的结束,社会安全事件的整个过程会形成一个事件的"生命周期"(如图 4-2 所示),呈现出一条不规则的动态抛物线。通过分阶段解读和研究,可以把这条抛物线划分成四个阶段:诱因阶段、暴发阶段、扩散或衰退阶段、恢复阶段。

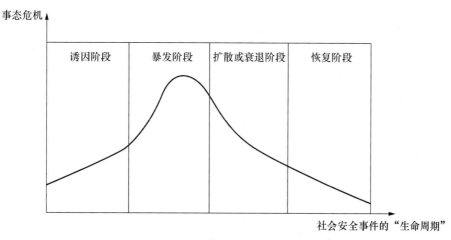

图 4-2 突发社会安全事件的"生命周期"②

第一,诱因阶段。社会安全事件有其自身的客观规律,但在其整个"生命周期"中受人为因素影响明显。每一起社会安全事件,如民族宗教事件、恐怖袭击事件、集会游行等,其发生原因都是由于某种社会矛盾的长期积累,并且积累程度已经达到冲破社会基本价值体系和行为构架。具体引发社会安全事件的普通

---

① 本图由编者根据相关文献整理。
② 同上。

事件往往只是一个导火索,并不是深层次矛盾。正是因为诱因阶段社会安全事件存在这样的特点和规律,为政府和媒体提供了预测和监控的可能性。对于诱因阶段社会安全事件的及时处置至关重要,了解并把握民意,及时公布事态动向,做好舆论导向工作,可以有效避免事件的进一步恶化。

第二,暴发阶段。社会安全事件发生在社会领域,潜伏时间长,积累矛盾深,敏感性强,一旦暴发将会造成一定的生态、人员生命和财产威胁或损失。相关部门在诱因阶段的处置,会产生两种不同的结果:如果事件的预警和监测工作足够支撑对事件诱因阶段的把控,相关部门能够及时解决问题、化解矛盾,事态就会进入平息期,就会有效避免其暴发;如果在诱因阶段预警信息没有及时全面发布或在处置过程中出现工作失误,可能导致事态进一步恶化,并极有可能引发社会安全事件。"石首事件"就是一起典型的在诱因阶段没有妥善处置,信息公开不到位而引发的群体性事件。①

第三,扩散或衰退阶段。社会安全事件的扩散或衰退阶段在四个阶段中持续时间最长,导火索事件已经发生,事件背后的深层次矛盾依然存在。此时的民众已由暴发期的感性冲动转向理性成熟的思考阶段,他们不仅追求事件的客观真实动态,还渴望得到对事件的深度分析和妥善的处理结果。因此,在此阶段政府和媒体要保持和民众的沟通互动,及时掌握民众实际诉求和内心所需。在做好危机处理工作的前提下,尽量弥补事件本身和间接带来的损失,全面提升信息公开程度,听取民众意见,不断调整应对和补偿方案,把扩散时间压缩到最短,尽快消除事件危害。

第四,恢复阶段。这一阶段,事件已基本得到解决,事件相关责任人已依法受到制裁,受害人也得到相应补偿。同时,经过理性思考,民众情绪逐渐恢复平静,社会基本价值体系和行为构架在局部范围内得到修复。但是,这一阶段的处置依旧不可掉以轻心。因为根据社会安全事件四阶段的生命周期理论,从宏观上讲,其本身就是一个循环过程,即恢复阶段和诱因阶段是首尾相连的。而事件背后的矛盾是长期存在的,关键在于其能否突破社会基本价值体系和行为构架的束缚,一旦挣脱束缚,同类社会安全事件将伴随导火索事件的出现而再次暴

---

① 参见田豆豆:《湖北省委书记省长亲赴石首平息群体事件》,https://news.ifeng.com/mainland/200906/0622_17_1214338.shtml,2020年10月7日访问。

发。因此,在事件后期政府对正义的守护、对社会道德的维护是对民众最好的回应,同时要给民众足够的信任和反思时间,让问题得到真正的解决。

按照我国对突发事件的分类标准,后文将围绕社会安全事件展开研究,重点从群体踩踏事件、恐怖袭击事件、涉外突发事件进一步展开分析相关应急知识与技能。

第三节 群体踩踏类事件及其应急知识与技能

一、2014年上海"12·31"外滩拥挤踩踏事件[①]

1. 2014年上海"12·31"外滩拥挤踩踏事件概述

从2011年起,上海市黄浦区政府、上海市旅游局和上海广播电视台每年都在外滩风景区举办新年倒计时活动。这是上海标志性的年度市民迎新活动,活动举办时,黄浦江两岸灯光齐开,绚丽非凡。2014年12月31日晚,跨年灯光秀表演在黄浦江对岸的上海中心大厦举办。

2014年12月31日晚20时起,外滩风景区人员进多出少,大量游客涌向外滩观景平台。23时35分,许多外来游客和当地市民兴奋地聚集在外滩欣赏美景,迎接新年的到来。但是,因人流过于密集,上下江堤的人流不断对冲后在阶梯中间形成僵持,人流向下的压力陡增,导致外滩陈毅广场东南角延伸向黄浦江观景台的人行阶梯底部有人不慎摔倒,随即引发多人摔倒、叠压,群体性踩踏事件就此发生。事件导致36人死亡、49人受伤。

事发后,习近平总书记、李克强总理等中央领导高度重视,并分别作了重要指示,要求上海市全力以赴救治伤员,并妥善落实各项善后工作,迅速查明事故原因,同时要吸取惨痛教训,并及时向社会各界发布事故信息。时任上海市委书记韩正、市长杨雄也对本次突发事故高度重视,要求调查工作组迅速进行事故原因彻查,并严肃追究责任,深刻吸取教训,杜绝类似事件的再次发生。依据《突发事件应对法》和《上海市实施〈中华人民共和国突发事件应对法〉办法》等相关法

[①] 参见"12·31"外滩陈毅广场拥挤踩踏事件联合调查组:《"12·31"外滩陈毅广场拥挤踩踏事件调查报告》,http://www.sdjj.gov.cn/articles/ch00035/201501/9a364811-e457-4e95-9971-cfb497a3b99e.html,2020年10月7日访问。

律法规,上海市在第一时间组建了市政府联合调查组,由市委常委、常务副市长屠光绍任组长,副市长周波任副组长,并召集了市政府相关副秘书长、市监察局、市安全监管局、市公安局、市应急办、市政府法制办、市卫生计生委、市旅游局等多部门相关负责同志共同参与事故调查和处置,迅速组织有关应急管理领域、公共安全管理及法律等各方面专家对事故进行科学分析和论证。

2015年1月21日,上海市公布"12·31"外滩拥挤踩踏事件(以下简称"上海踩踏事件")调查报告,认定这是一起对群众性活动预防准备不足、现场管理不力、应对处置不当而引发的拥挤踩踏并造成重大伤亡和严重后果的公共安全责任事件。黄浦区政府和相关部门对这起事件负有不可推卸的责任。调查报告建议,对包括黄浦区区委书记、区长在内的11名党政干部进行处分。①

2. 上海踩踏事件现场基本情况

(1) 外滩风景区

外滩风景区是黄浦区辖区内的公共区域,东起黄浦江防汛墙、西至中山东一路和中山东二路西侧人行道、南起东门路北侧人行道、北抵苏州河南岸,面积约3.1平方公里。

(2) 陈毅广场

陈毅广场处于外滩风景区中部(与中山东一路335号至309号段隔路相望),毗邻南京东路东端,且与中山一路相连,公共活动区域约2877平方米。此处通过大阶梯及大坡道连接的黄浦江观景平台,属外滩风景区的最佳观景位置。此外,由于地理位置优势,交通便利,陈毅广场常常人流如潮,是外滩风景区人员流量最大、密度最高的区域。

(3) 拥挤踩踏事发现场

事发现场位于陈毅广场东南角通往黄浦江观景平台的上下人行通道阶梯处。阶梯自上而下分两组共17级,两组阶梯间距2.3米,阶梯两侧有不锈钢条状扶手。阶梯宽度6.2米,最高处距地面高度3.5米,纵深8.4米。详见图4-3、图4-4。

---

① 参见《上海外滩拥挤踩踏事件调查报告全文》,http://www.chinanews.com/gn/2015/01-21/6990536.shtml,2020年10月7日访问。

第四章　社会安全事件及其应急知识与技能

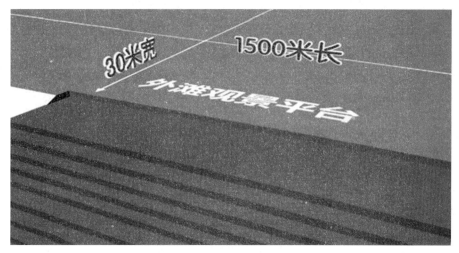

图 4-3　外滩观景平台模拟图①

图 4-4　陈毅广场与观景台台阶模拟图②

（4）外滩风景区周边情况

在外滩风景区的东侧，隔黄浦江相望的是浦东陆家嘴地区，有上海东方明珠

---

① 图片来自网络，https://ps.ssl.qhmsg.com/bdr/300_115_/t026d258cbcb074b26f.jpg，2020 年 8 月 20 日访问。
② 参见《上海外滩踩踏事件案例分析》，https://wenku.baidu.com/view/cb0229a69a6648d7c1c708a1284ac850ac0204c5.html，2020 年 8 月 20 日访问。

塔和新落成的上海中心等标志性建筑。在外滩风景区西侧,沿中山东一路有外滩历史建筑群,素有"世界建筑博览会"之美称,与中山东路、延安东路、广东路、福州路、汉口路、九江路、南京东路、北京东路等相通,交通便捷,人流拥挤。游人可经由陈毅广场等中山东一路东侧区域直上阶梯到达观景平台,浦江两岸的景观灯和建筑物一览无余。外滩源位于中山东一路33号,靠近外滩风景区且距离陈毅广场约550米,即"12·31"拥挤踩踏事故发生地。

3. 上海市相关部门、单位跨新年倒计时活动准备情况

(1) 新年倒计时活动变更的有关情况

鉴于安全等方面存在一定的不可控因素,黄浦区政府在与上海市旅游局、上海广播电视台协商后,于2014年11月13日向市政府提请暂停在外滩风景区举行新年倒计时活动,另选地点举办新年活动,且将活动参与人数控制在3000人左右,主办单位是黄浦区政府和上海广播电视台。对此,市政府表示同意,并明确要求"谁主办、谁负责",坚决执行属地管辖,切实把责任落到实处。2014年12月9日,黄浦区政府第76次常务会议决定,2015年新年倒计时活动在外滩源举行,具体由黄浦区旅游局承办。同时,要求相关部门将诸多保障措施落实到位。12月26日,黄浦公安分局作出《大型群众性活动安全许可决定书》,同意区旅游局举办新年倒计时活动的申请。

(2) 黄浦区有关准备情况

黄浦区政府。黄浦区政府于2014年12月9日召开的第76次常务会议明确:"区公安分局要会同区市政委(即黄浦区市政管理委员会,以下简称'黄浦区市政委')等部门做好活动预案,尽快梳理活动当天全区范围内各类迎新活动,认真研究应对方案,做到统筹协调、有序安排,合理部署各类保障力量,确保外滩、人民广场、新天地等重点地区安全有序。"12月31日当晚,黄浦区政府未严格落实24小时专人值班和领导带班制度。

黄浦公安分局。12月25日,黄浦公安分局制定了新年倒计时活动安全保卫工作方案,主要内容是成立新年倒计时活动安保工作指挥部,下设现场管控、外滩及南京路沿线秩序维护两个分指挥部。新年倒计时活动共安排安保警力771名,主办方保安180名。其中,外滩、南京路沿线秩序维护警力350名(陈毅广场60名,阶梯处7名),其余警力分别用于外滩源活动现场管控、反恐处突、综合保障、公共安全管理、机动力量武警等。

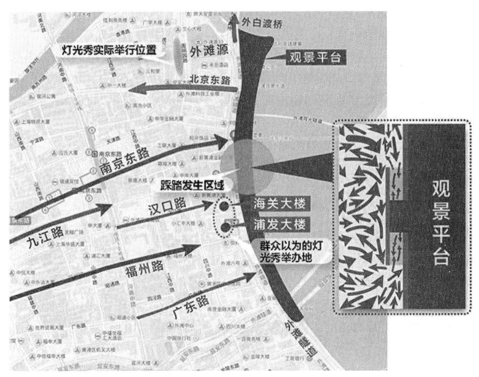

图 4-5　外滩源与外滩风景区地图[①]

黄浦区市政委。12月31日,黄浦区市政委及其下设的黄浦区外滩风景区管理办公室,共安排了108名城市管理执法人员和社会辅助力量,参加外滩风景区中班时段的管理工作(中班日常工作时间为14时15分至22时15分,当日安排的工作时间为14时15分至次日凌晨1时)。

黄浦区旅游局。12月30日上午9时30分,黄浦区新闻办召开新闻发布会,由黄浦区旅游局对外发布了新年倒计时活动信息。但是,由于信息向社会公众发布力度不够,大部分公众未知晓新年倒计时活动方案变更,仍向外滩风景区聚集。

(3) 上海市公安局有关工作情况

2014年12月19日、24日,上海市公安局先后召开两次党委会议,专题研究部署元旦春节安保维稳工作。12月25日、28日,又召开各公安分局领导专题会

---

① 图片来源网络,https://p0.ssl.qhimgs1.com/bdr/300_115_/t026a4d48754baabdda.jpg,2020年8月20日访问。

议,转发公安部《关于切实做好 2015 年元旦春节期间安保维稳工作的通知》,就做好元旦春节安保维稳工作提出明确要求。12 月 30 日,上海市公安局主要领导在安保维稳工作动员部署视频会上强调,上海中心的亮灯和灯光秀仪式可能造成陆家嘴、外滩等相关区域短时间内游客大量聚集,要按照"一活动一方案""一点一方案"的要求,制订周密的安保工作方案和应急处置预案,加强活动现场警力配置。

4. 事发当晚外滩景区人流变化情况及应对情况

(1) 事发当晚外滩景区人员流量总体情况①

事发当晚 20 时起,外滩风景区人员进多出少,大量市民、游客涌向外滩观景平台,人员呈逐步聚集态势。事后,根据上海市通信管理局、上海市公安局、地铁运营企业(即申通集团)等部门、单位提供的数据综合分析,事发当晚外滩风景区的人员流量为:20 时至 21 时约 12 万人,21 时至 22 时约 16 万人,22 时至 23 时约 24 万人,23 时至事件发生时约 31 万人。

根据大数据分析,事发当晚,外滩区域(包括陈毅广场)确实拥挤异常,人流量已经达到平时最高值的 3 倍多。

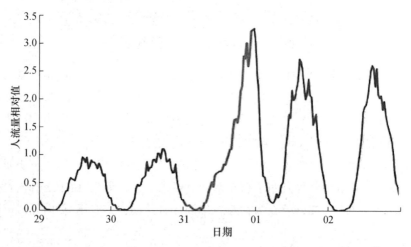

图 4-6　2014 年 12 月 29 日—2015 年 1 月 2 日外滩区域人流量趋势②

---

① 参见杨静:《大数据智能分析:外滩踩踏事故背后》,http://www.cbdio.com/BigData/2015-01/23/content_2320296.htm,2020 年 8 月 12 日访问。

② 参见《外滩踩踏事故背后的大数据分析》,http://www.360doc.com/content/15/0124/00/9539013_443224787.shtml,2020 年 8 月 20 日访问。

事发当晚 20 时 30 分左右,南京东路地铁站也曾出现过一个人流高峰。事发当时并不是陈毅广场人流量最大的时候,陈毅广场两次人流量高峰分别出现在 21 时、24 时。

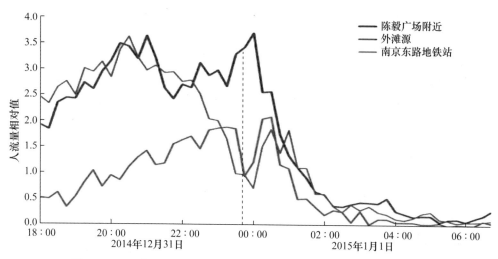

图 4-7　2014 年 12 月 31 日—2015 年 1 月 1 日外滩区域人流量趋势图①

(2) 外滩风景区人员流量监测和报告情况

2014 年 12 月 31 日 20 时 12 分,上海市公安局指挥中心要求黄浦公安分局指挥中心整点上报外滩风景区和南京路步行街人员流量情况。20 时 20 分,黄浦公安分局指挥中心报告称,根据经验判断,外滩观景平台上约有 5 成的人流,南京路(河南路至中山东一路)人员流量 5 至 6 成。

20 时 27 分,上海市公安局指挥中心要求黄浦公安分局指挥中心每半小时上报外滩风景区和南京路步行街人员流量情况。21 时 14 分,黄浦公安分局指挥中心上报,陈毅广场人员流量 5 成,情况尚属正常;21 时 39 分,黄浦公安分局指挥中心指挥员致电外滩分指挥部,询问外滩风景区和南京路步行街人员流量情况,后者答复人流均为 6 至 7 成,但电台和电话记录未显示上报上海市公安局指挥中心;22 时 45 分,黄浦公安分局上报上海市公安局指挥中心,外滩风景区观景平台人员流量为 5 至 6 成。

---

① 参见《外滩踩踏事故背后的大数据分析》,http://www.360doc.com/content/15/0124/00/9539013_443224787.shtml,2020 年 8 月 20 日访问。

（3）黄浦公安分局警力调配情况

20时25分，黄浦公安分局局长助理要求指挥中心紧急汇集辖区各派出所可调用的所有警力。21时09分，该助理再次致电，外滩风景区仍由黄浦公安分局副局长、外滩分指挥部现场指挥长负责指挥，南京路沿线交由另一副局长指挥，并对警力部署进行了调整。21时13分，黄浦公安分局又从辖区5家派出所紧急调集40名警察增援南京路沿线，22时左右到岗。21时18分，又调集20名警察增援外滩分指挥部，21时44分到岗。

此后，黄浦公安分局根据人员流量情况，陆续对现有警力部署进行调整。经调查，截至23时30分，黄浦公安分局在外滩风景区、南京路沿线共安排警力510名，其中陈毅广场80名（阶梯处13名），南京路沿线150名。

5. 踩踏事件

2014年12月31日22时37分，外滩陈毅广场东南角北侧人行通道阶梯处的单向通行警戒带被冲破，现场维持秩序的民警力有不逮，导致潮水般的人群逆行涌向观景平台。23时23分至33分，平台上下人流对冲不断，一度陷入僵持之局，继而形成"浪涌"。23时35分，僵持人流向下的压力陡增，造成阶梯底部有人失衡跌倒，继而导致多人摔倒、叠压，最终致使本次群体性拥挤踩踏事件发生。

二、踩踏事件的应急知识与技能

1. 国外预防踩踏事件的风险预防模式[①]

国外应对群体性踩踏事件，已经形成了规范的风险预防模式：

第一，群体性活动人数风险预防模式。德国柏林地标勃兰登堡门前迎新活动已经举办多年，2012年12月31日21时，现场人数接近饱和；23时左右，现场人数升至百万，所有入口均被关闭。2013年元旦前夜，勃兰登堡门到胜利柱约2公里长的六一七大道上人潮涌动。活动现场总共有7个出入口，一旦人数超过设定上限，警方便会立即关闭入口。如果上海在某些公共区域设立聚集人数限制，控制人流规模，这一踩踏事件或许就不会发生。尤其是在大数据时代，应急管理者可以充分运用城市大数据基础设施和大数据分析技术，借助遍布全城的摄像头、互联网、手机、物联网和电子屏等，在统一的城市风险大数据平台上

[①] 参见陈荞：《专家建议改造外滩事故路段：让人流同向而行》，http://news.china.com.cn/2015-01/02/content_34458535.htm，2020年8月12日访问。

及时挖掘、抓取与分析这些数据,以便进行实时的人数控制与及时的风险预警。

第二,群体性活动场域风险预防模式。美国纽约时报广场享有"世界十字路口"之称,水晶球"从天而降"的倒计时跨年活动是百万人参与的超大狂欢派对。为了保证安全,纽约警方将时报广场分成若干区域,用障碍物隔开,游客一旦进入一个区域,便不能随随便便出入。一个区域被占满后,警方才开放下一个观众区域,直到所有的区域填满人群。在上海踩踏事件中,公众聚集并不是造成伤亡发生的根本原因,对公众聚集活动区域缺乏细致的风险管理与风险控制措施才是主因。因此,在一些高风险的人流聚集的公共场所,实行有效的活动区域控制不失为一种好的风险预防策略。

第三,群体性活动风险知识宣传预防模式。在2013年澳大利亚悉尼跨年庆典烟花会演中,现场观众达150万人。为保障安全,警方提前两周通过传媒向民众普及安全知识,并告知民众届时将扩大无饮酒区域以及警方将采取的各种措施等。这些举措让公众心中有数,增强自律。在上海踩踏事件中,由于缺乏风险认识,导致现场缺乏控制。因此,培养民众的安全意识,进行有效的风险知识宣传是风险预防的根本途径。对于管理者而言,从事后应急处置突发事件转向如何防范和理解风险,不仅是风险认识的最高境界,在此基础上形成的风险预防策略也是解决危机的基本之道。

第四,群体性活动导火线风险控制模式。在法国巴黎,为了保证新年期间外出庆祝市民的安全,烟花爆竹及一切易燃品都被禁止销售。在人流密集的香榭丽舍大街及埃菲尔铁塔附近区域,还禁止销售任何含酒精的饮品,这样,可能滋事的"酒鬼"数量大幅度减少。在我国群体性活动的应急管理中,可以吸收国际通用的禁止某些可能引发突发性事件物品的做法,统一对导火线风险进行控制。当然,这需要立足于我国应急管理的实际。面对日益复杂的城市社会安全形势,只有从灾后应急转向灾前的风险预防,才能有效避免或减少社会公共安全事件的发生。因此,如何找到具体的风险预防措施,这是应急管理转型的重要着力点,其中加强对导火线的管理就是一个可供选择的具体路径。

第五,群体性活动人数风险预防专人负责制。在英国伦敦,每年都会有几十万人到泰晤士河边观看新年焰火表演,在议会广场等人流集中区域,有专人负责统计人数。如果人数达到各区块所能承载人数上限,则停止放行。一般说来,国外非常重视由专业人员对社会安全事件进行风险预防,分工明确且专业性强。在应急管理过程中,不仅有远离具体活动范围的专业管理人员,还有在现场负责的一线专业人员,他们细致参与风险预防的每一个过程,并根据现场情况进行动态管理与监控。尤其是举办大型活动时,如歌舞、体育赛事和宗教集会等活动,这些现场的专业人员会根据活动性质、人数限制、现场人员密集度、警力布置和救援力量等进行实时管理,把握群体性活动每一个重要环节的细节。

总之,在长期应对群体性活动过程中,国外很多国家已形成了具体的风险防范规范、要求和措施,在事前根据不同类型风险制定不同的应急预案,同时配备完善的应急物资、专业人员和相关制度,力图做到"有备无患",实现有效防止社会安全事件发生的目的。上海踩踏事件就是由于风险预防意识不足、经验缺乏及工作不到位造成的,因此国外的经验对我们有重要的借鉴意义。

2. 预防踩踏类社会安全事件的基本策略[①]

通过对上海踩踏事件和国外经验的分析,对照我国的风险预防制度和实践,主要有以下启示:

第一,公共安全事件风险阈值的科学发现与合理设置。上海踩踏事件反映出我国在风险管理中风险阈值意识的缺乏。在公共安全事件中,对于风险高、影响广和人流量大的群体性活动,需要明确界定其风险预防阈值,要及时确定应对标准,一旦越过阈值就意味着需要采取积极的风险预防措施。尤其是突发性公共安全事件,导致的社会危害重大且不可逆转,因此更需要制订相应的风险预防计划。

第二,风险预防目标的设立。设立风险目标是为了减少突发性公共安全事件的风险,为了采取针对性极强的风险预防措施,需要设立明确的风险预防目标。在上海踩踏事件中,由于缺乏明确的风险预防目标,管理者对群体性聚集活动发展情形作出了错误的预判和错误的风险计算。预防目标的设立就是一种风险"反推",它与风险预测一样都能有效降低风险,并且激励创造性地找到风险预防具体可行的方案。为了确立风险预防目标,首先要对风险可能产生的后果进行有效预测,然后根据风险可能导致的后果等级判断是否需要采取风险预防行为及采取什么样的行为,风险后果的预防措施就转化成为风险预防目标。在上海踩踏事件中相关部门明显缺乏风险预防目标,导致风险预防行为缺失、模糊及无针对性。当然,风险预防目标设定需要符合成本效益原则,同时要结合具体的社会环境、经济条件和相关技术,进行相关的制度建设,以确保风险预防措施切

---

① 参见王玲玲、周利敏:《公共安全、风险预防及治理策略选择——以"12·31"上海外滩踩踏事件为例》,载《广州大学学报》(社会科学版)2016年第12期。

实可行,从而顺利实现风险预防目标。

第三,有效的风险评估。风险预防是建立在风险评估的基础上,为了减少或消除突发性社会安全事件,要对相关风险进行全方位、深层次和科学性评估。上海踩踏事件反映了相关职能部门在风险评估上存在缺陷,如果只是依靠经验和直觉进行评估或者缺乏风险评估意识,就会使得风险预防行为不到位甚至出现严重偏差。在风险社会中,需要根据不同类型的社会安全事件及发展新趋势,在风险评估思维和评估技术方面进行变革以适应风险防范的需要。在风险评估的基础上,进一步确定风险等级及处理的优先次序,并进行相应的风险权衡。风险等级的确定还要根据活动性质、场域特点、人群规模、社会影响和风险类型进行权衡和取舍。有了前期的风险评估,才能制定综合性的风险应对策略,进而采取积极有效的风险防范行为。

第四,民众参与风险预防。风险预防是在高度复杂与不确定情形下进行的应对行为,因此风险预防策略需要多元参与和协同制定。群体性活动不仅需要相关职能部门加强管理与有效疏导,作为活动的主体即普通民众,也需要提升风险预防意识。只有民众主动参与风险预防行动,才能避免自己或他人成为事故的制造者,并在面对事故时能采取积极有效的措施。因此,为了使风险预防决策更加理性、风险预防行为更加谨慎,在决策过程中,应当吸收可能受影响的民众及利益相关方参与。同时,在高度复杂和不确定的社会中,民间社会也能自下而上地采取积极行动,这是突发性群体事件风险预防中尤为重要的环节。民众散布在社会各个角落,通过微信、微博等社交软件及网络视频等途径,能及时、有效发布风险预警信息、讨论风险预防策略以及采取相应的预防行动,有利于克服政府行动缓慢、信息阻塞和行动单一等科层制局限。因此,"自上而下"与"自下而上"双向联动的风险预防机制,有利于调动民众参与风险预防的积极性,以最大限度地消除或减少潜在社会风险带来的冲击。

3. 踩踏事件应急知识与技能

(1) 遭遇拥挤人群的应急技能

第一,在遭遇拥挤的人群时,若感觉周边人群出现异常情绪和行为,或人流产生拥挤和骚乱,应开始着手自我保护与身边家人的防护;应做到沉着镇静,不盲目追随人群行动。应事先了解所在区域的位置以及相关的出入口,尤其是安全通道等。意识到自己的位置可能与人群发生碰撞或是其他被波及的情况时,应立刻采取行动躲避。切记不要随意奔跑,以免摔跤倒地。若附近有商店等,则可进去暂时停留以避开人群,不要逆冲人群。

第二,若不幸被卷入人流中,务必首先站稳双脚,保持身体平衡。如有可能,抓住身边一件牢固的物体,待人群过去后迅速离开现场。切勿贴近商店的玻璃橱窗等处,以免因其碎裂而受伤。保持自身重心,不可采取前倾或者低重心的姿势,若是出现鞋带散开或鞋子被踩掉,也不要贸然处理。待拥挤的人潮离开后,应在第一时间离开所在地。

第三,在汹涌的人群中行动时应用一只手紧握另一只手腕,通过手肘撑开并略弯腰的方式,来为自己争取一定空间以保证呼吸顺畅。如带孩子遭遇拥挤的人群,应注意保护其不被踩伤,可将其抱住。

第四,时刻保持自己内心的平静和镇定,不论遇到什么危急情形,都应克制自己的情绪,切忌被他人的恐慌所感染。同时,应时刻保持谨慎,尤其是在拥挤的人群中。一旦被裹挟至人流中,牢记和大多数人的方向保持一致,绝不可轻易逆行。同时,注重发扬团队精神,良好的组织纪律是应对危机事件的重中之重。

(2)因拥挤而摔倒时的应急技能[①]

第一,一旦不幸被他人碰撞而摔倒在地,要设法靠近墙壁、面向墙壁;应尽快将身体蜷缩成球状,同时双手紧扣置于颈后,保护好头、颈、胸、腹部,并大声呼喊求救,告知周围的人不要再拥挤。

第二,当意识到自己前方有人已经被挤倒,应立刻停止前进,同时大声呼救,向后方的人群呼喊不要继续向前移动。如有可能,马上与周围的组成人墙,防止后面人流冲击。

(3)已经发生踩踏事故时的应急技能

第一,如已经发生踩踏事故,应及时报警(拨打110、119或120等),赶快联系外援,积极寻求专业人士的帮助。

第二,在专业的医务人员到达现场前,应积极采取行动开展自救和互救。发生严重踩踏事件时,最多见的伤害就是骨折、窒息。应将伤者平放在木板上或较硬垫子上,解开衣领、围巾等,保持伤者呼吸道畅通。

第三,当发现伤者出现呼吸、心跳停止时,务必及时做人工呼吸,并辅之以胸外按压等急救措施。

[①] 参见陈荞:《专家建议改造外滩事故路段:让人流同向而行》,http://news.sina.com.cn/c/2015-01-02/025931352639.shtml,2020年10月7日访问。

第四节 恐怖袭击及其应急知识与技能

一、昆明火车站暴力恐怖事件

毫无疑问,世界各国当前的反恐形势异常严峻。与其他暴力犯罪相比,恐怖活动的威胁极大且影响极为恶劣。近些年来,国内种族分裂、宗教极端分子和暴力恐怖主义三支力量勾结各类国外恐怖组织,蓄意制造了多起暴力恐怖事件,严重威胁和损害民众的生命和财产安全以及社会稳定。其中,昆明火车站2004年3月发生了一起典型的严重暴力恐怖事件。

1. 基本案情

2014年3月1日21时许,统一着装的暴徒蒙面持刀在云南昆明火车站广场售票厅等处砍杀无辜群众,导致31人死亡、141人受伤的惨剧。反恐力量与公安机关闻讯后紧急出动,"PTU反恐处突机动警务作战单元"的民警也迅速赶到现场,当场击毙4名暴恐分子并擒获1人。[①]

2. 案件经过

2014年3月1日21时12分,5名歹徒潜入昆明火车站站前广场东棚的候车室,拿出事先准备好的凶器,对周围群众进行大肆砍杀。一名暴徒在12秒内刺伤了7人,另一名暴徒在售票厅内50秒内劈砍了13人次,造成12名无辜人员受伤或死亡。铁路警察迅速对人群进行疏散并与暴徒进行搏斗,暴徒见势不妙便向火车站东侧移动。在此过程中,在火车站广场值班的警察和协警协同配合,与暴力恐怖分子进行搏斗交锋。在徒手格斗的过程中,数位警察与保安人员献出了宝贵的生命。

21时16分,有群众报警称昆明火车站广场发生了多人打斗事件。根据属地管辖原则,有关部门命令当地铁路公安机关迅速出动。此后,由于事态的严重升级,北京路派出所、PTU反恐处突7号和8号车以及相关警察、医护人员等也陆续赶到事发现场。

21时22分,北京路派出所民警赶到现场,发现3名男子和2名女子挥舞着砍刀,从火车站一路逃往北京路。警方迅速疏散民众,同时拦截犯罪嫌疑人。在

---

① 参见《昆明火车站发生暴力恐怖袭击事件》,http://photo.sina.com.cn/zt/xc/kunmingterrorism/index.html,2020年10月7日访问。

警民齐心合力下,暴徒在永平路与北京路交叉口被封锁包围。警察鸣枪警告无果后,将暴徒击伤,但后者依旧凶狠攻击警察。此后,反恐处置特警到达,在距暴徒约 15 米的地方,特警果断地装上子弹,并鸣枪示警,但暴徒依旧不为所动,一意孤行。在一个暴徒距离枪口约 1 米时,特警果断开枪将其击倒,但其他 4 个暴徒仍没有停止,继续发动进攻。在此情况下,特警陆续开枪将 4 人击倒,从而在 15 秒内制止了暴徒的疯狂行为。在处置事件过程中,共有 2 名铁路安全人员丧生,6 名铁路警察和 3 名铁路安全人员受伤,昆明市公安局 3 名警察和 4 名协警受伤。

二、恐怖主义的概念与特征

1. 恐怖主义的定义

恐怖主义的定义是长期困扰公共安全的一个重大理论问题。长期以来,学者、民间研究机构、国家及国际组织对恐怖主义的概念众说纷纭,站在不同的立场,定义恐怖主义的出发角度不同,得出的概念就会产生很大的差别。美国国务院 1997 年的定义为:"由次国家组织或隐蔽人员对非战斗目标(包括平民和那些非武装或不值勤上岗的军事人员)发动的,常常是意图影响受众的、有预谋的、有政治目的的暴力活动。"[1]中国学者胡联合的定义是:"一种旨在通过制造恐怖气氛、引起社会注意以威胁有关政府或社会,为达到某种政治或社会目标服务的,无论弱者或强者都可以采用的,针对非战斗目标(特别是无辜平民目标)的暗杀、爆炸、绑架与劫持人质、劫持交通工具、施毒、危害计算机系统以及其他形式的违法或刑事犯罪性质的暴力、暴力威胁或非暴力破坏活动。"[2]以其本质特征为核心,以其危害为基础,兼顾各方面因素,可将恐怖主义定义为使用或煽动利用多种无规则的暴力手段,袭击平民、网络、公用设施、政府或军事目标等,企图达到政治目的或社会目的的一种违法犯罪行为。

对恐怖主义的理论研究最早可以追溯至 19 世纪德国的卡尔·海因策和约翰内斯·莫斯特。海因策认为,不使用大规模杀伤性武器就不能使受压迫者获得自由;莫斯特则认为,解放大众使用暴力是合法的。20 世纪 60 年代,恐怖主义开始在世界范围内传播。在现代化与全球化过程中,经济发展差距、政治差异、文明冲突等因素使得恐怖主义加速泛滥;而国家间的政治博弈与网络信息技术的发展使得恐怖主义的组织性、破坏力和暴力性都不断增加,对恐怖主义的治

---

[1] 转引自胡联合:《准确把握恐怖主义的基本含义》,载《国际政治研究》2006 年第 3 期。
[2] 同上。

理更是成为各国面临的一个重大难题。

据统计,目前世界上已为人所知的恐怖组织有上千个之多,且包罗万象、类型迥异。针对恐怖主义的研究是必须且急迫的,而不同国家、不同学者由于立场与出发点不同,对恐怖主义的定义和理论尚有一定区别。根据挫折—攻击理论,恐怖主义活动产生的主要原因是恐怖主义组织及其成员在追求目标过程中产生的挫折感。但是,对于导致目标追求者产生挫折感的原因,学术界的说法不大相同,主要有以下观点:一是社会存在各方面的不平等,强调社会经济、政治的不平等是产生挫折的根源;经济上的贫富分化、政治上的独裁霸权及贪污腐败、社会大众被歧视与社会地位日趋边缘化等都是引发人们心理上的受挫感的诱因;二是阶级压迫论,强调的是统治阶级的压迫政策与压迫使人产生挫折感;三是地位不协同论。当经济得到快速发展之后,一些人在取得经济地位后会同样思考政治地位,但当这种诉求没有被满足时,这种挫折感便产生了;四是相对剥夺理论。随着经济发展与政治条件改善,人们会对现实与未来有所期望,但当这种期望与现实差距过大时人们就会产生相对剥夺感。这种内心参照与现实之间的差距所形成的相对剥夺感,容易造成严重的挫折感。当这种差距与剥夺感达到一定程度时,就很容易发生暴力。

另外,在社会发展或政治改善过程中,当某一个点突然中断时,会产生人们的期望与现实之间的差距,这种差距会造成"短期障碍",导致的挫折则可能引起暴力。这种剥夺感所导致的挫折不仅存在于内心和现实的对比之中,还存在于与参照群体的对比之中。当一个人认为比自己类似地位或能力的人拥有的要少,那么这个时候无论他已经得到多少都会有一种剥夺感,并产生挫折感。[1] 人们在受挫后产生的攻击行为会为自身或社会文化与社会控制所抑制,也会为攻击后所需要承担的不良后果和惩罚所抑制。但是,这种抑制并不能彻底消除挫折,而是可能引起更大的挫折感,使得压力增加,并将攻击的矛头直接指向干预方或是转为其他间接形式的攻击。[2]

2. 恐怖袭击的手段

随着科学技术的不断发展,加之国际社会对恐怖分子的联合打击,反恐形势不断变化,恐怖分子袭击的手段不断发展,向更具备破坏性、强隐蔽性、高突发性

---

[1] 参见胡联合:《当代世界恐怖主义与对策》,东方出版社2001年版,第141页。
[2] 参见〔美〕詹姆斯·多尔蒂、小罗伯特·普法尔茨格拉夫:《争论中的国际关系理论》,阎学通、陈寒溪译,世界知识出版社1987年版,第292—300页。

等方面发展。

(1) 爆炸袭击。这是恐怖分子惯用的袭击手段，主要针对平民。恐怖分子可能选取人口相对聚集的活动场所，如商场、学校、公园、餐厅、交通枢纽、公共交通工具等，也可能选取具有重大意义的地标性建筑，如著名的旅游景点、纪念性建筑物等地点，还可能袭击城市基础设施，造成城市功能的瘫痪，从而引起恐慌。恐怖分子通常以爆炸物为袭击工具，爆炸物相对较易制作，可从民用品中提取，也便于伪装、运输、安置。爆炸物可采取遥控、定时、人体炸弹、汽车炸弹等多种途径投放，突发性强，难于防范和安检。一旦袭击成功，就会造成人员大量伤亡、建筑物极度毁坏以及财产严重损失，造成社会恐慌，影响社会经济、政治安全。在已经发生的多起涉恐涉爆案件中，都发现了恐怖分子制作、储存、使用爆炸物品的事实。

(2) 劫持、砍杀。劫持人质、劫持交通工具等是恐怖分子常用的手段。恐怖分子企图通过有目的的劫持，达到其政治目的。如俄罗斯轴承厂文化宫劫持人质事件，恐怖分子就是通过劫持人质来要挟政府释放被关押的恐怖分子头目。砍杀，是赤裸裸利用刀具或其他冷兵器对无辜的群众进行攻击。这种手段，工具方便准备，可多点同时采取行动，能造成恐怖气氛的蔓延。这种方式通常为极端恐怖分子所采用。在新疆乌鲁木齐2009年"7·5"事件中，多名无辜群众就是被这种极端的方式所杀害。

(3) 投毒、纵火、刺杀。投毒就是投掷有毒物品致人严重伤害或死亡，可投放于水源地、食物或直接与人接触。这种方式取材容易，比如说农药、灭鼠药等都可以造成人身伤害，达到恐怖袭击的目的。同时，恐怖分子也极易采取纵火手段。刺杀主要是针对具有重要影响力的关键人物，原以色列总统拉宾就是在1995年遭到恐怖袭击身亡。

(4) 网络袭击。利用网络散布谣言以达到制造恐怖气氛的目的也是恐怖分子常用的手段。目前，城市的信息化、智能化进一步推进，恐怖分子可能通过网络攻击政府电脑程序和相关城市基础信息服务系统，造成系统故障，严重的甚至可以导致城市瘫痪。

(5) 核、生化袭击。通过散布核放射性物质，使人遭受辐射照射，危害不可估量。2001年10月，美国发生多起通过邮件散布炭疽病菌的事件，先后造成5人死亡，影响十分恶劣。同时，恐怖分子可能利用有害生物或生物产品对人进行直接的攻击。例如，有许多化工企业进行生产会产生附带的有毒物质，如不加以严格管理,一旦被恐怖分子窃取利用,将其投放到食品或饮用水中,会造成巨大的杀伤力。1995年东京地铁沙林毒气袭击事件,就是一个典型的利用化学武器进行恐怖袭击的案件。

3. 恐怖袭击的特征

(1) 恐怖袭击目标的多样性。恐怖分子以往的袭击目标主要针对政府公务人员、军警部门、城市基础设施等,特别是具有重要价值的国家领导人或是具有重要影响力的任务。随着打击恐怖分子的力度不断加大,各国都加强了重要目标、重要人物的警戒、警卫工作。恐怖分子越来越趋向于袭击无辜的平民,预警、防卫难度也相应地不断增大。特别是人口密度大、经济价值高的公共场所,极易成为恐怖分子的选择目标,如伦敦地铁爆炸案、莫斯科大剧院人质危机、纽约世贸大厦人质危机都具备上述特点。

(2) 恐怖袭击手段的残忍性。为了形成强烈的示范效应,重创群众的心理,引起更大的恐慌,恐怖分子往往会采取越来越极端的袭击方式和试图造成越来越大的破坏力,以引起更强悍的社会影响力。从昆明火车站暴力恐怖事件来看,恐怖分子利用刀具在公共场所袭击无辜群众,造成极其恶劣的社会影响。

(3) 恐怖袭击具有一定的组织性。恐怖分子在袭击前都会进行周密的计划、充分的准备,并按照一定步骤有目的地实施暴恐活动。重大的恐怖袭击,往往准备时间长,策划周密,对参与恐怖袭击的人员进行系统化培训等,而且其背后通常都有强有力的势力支持,为其提供必要的物资、装备、资金的保障。

三、恐怖袭击带来的危害

第一,影响国家政治稳定,造成恶劣的社会影响。恐怖分子往往以民族矛盾和宗教矛盾为借口,通过发动恐怖袭击,吸引国内民众的注意力,加剧各种社会矛盾,造成社会秩序混乱,从而引起国际社会的关注,造成巨大的政治压力,以达到其政治目的。例如,昆明市政府新闻办发布消息称,昆明火车站暴力恐怖事件事发现场证据表明,这是一起由新疆分裂势力精心策划组织的严重暴力恐怖事件。

第二,影响城市经济发展,造成巨大的经济损失。恐怖袭击会造成巨大的直接经济损失。恐怖分子选取的往往都是具有较高政治、经济价值的目标,采取极端手段,破坏力大。以美国2001年"9·11"恐怖袭击事件为例,恐怖袭击造成建筑物坍塌损毁、大量人员伤亡、巨额财产损失等,直接经济损失高达上千亿美元。

同时,恐怖袭击还造成无法估量的间接经济损失。我国2004年发生昆明暴力恐怖事件后,国内外在昆明的经济投资在一段时间内大幅度下滑,同时广大市民为了自身安全减少了出行、购物、用餐、娱乐等消费,这些都影响到昆明的经济发展。旅游业作为昆明的重要产业,一度极为萧条,国内外游客由于担心安全,不愿意去昆明旅游。与此同时,政府用于反恐维稳的费用消耗巨大,投入安全保卫的资金更多,财政支出大幅增加。

第三,影响社会稳定大局,社会秩序破坏严重。恐怖袭击不仅造成巨大的人员伤亡,由此带来的威慑效应不可低估,迫使政府采取更加强硬的保卫措施。同时,广大民众为了自身安全,不得不改变正常的生活方式,以减少遭受恐怖袭击的可能。昆明火车站发生暴力恐怖事件后,很多人甚至一度不敢坐火车。这些都在一定程度上严重破坏了昆明的社会秩序。

四、政府对恐怖袭击事件的预防与应对措施

暴力恐怖活动是社会危机的产物。因此,从"治本"的层面看,化解并消除暴力恐怖滋生土壤的根本策略在于解决各种社会问题。首先,解决社会问题离不开经济建设,要大力缩减贫富差距。其次,需要整个社会形成合力,要尊重不同民族的精神、信仰和风俗,从而加快各民族的融合。最后,要进一步实现覆盖全社会的保障机制:一方面要完善社会福利制度,尤其是老少边穷地区民众的福利保障;另一方面也要关注民众的社会福利保障。

在政府层面构建反恐机制主要可从以下三个方面推进:

1. 建立健全政府反恐应对机制系统

建立政府主导的应对机制。我国应积极谋求建立和完善具有自身特色的反恐机制,并根据各地实际情况提升反恐防暴水平。具体而言,各地各部门应明确划分各自的防控职责和权力,避免权责混淆、互相推诿。须明确对反恐各主题加以划分,并且使各主题相互关联,明确相关部门各自的任务。此外,应建立并落实在反恐过程中客观有效的监督制约机制,只有通过政府主导的应对和监督机制,方能通过相关法律法规保障反恐工作发挥应有的作用。

2. 完善反恐应急机制

应充分考虑我国独有的反恐特点以及反恐过程中存在的问题,大力建构并完善相关反恐应急机制,实现对现有反恐机制的优化改进。首先,我国应重视反恐的情报因素,积极健全情报网络,同时重视和加强恐怖活动易发地区的情报监控。其次,鉴于我国面临的反恐形势日益严峻,但反恐专业人才稀缺,应大力加强并培育充足的反恐专业人才,以增强我国的反恐专业人才储备。与此同时,要定期举办各种反恐防暴演练,以强化公安、武警、军队等多方协同作战的水平。最后,我国应积极加快构建完整的反恐救护体系,在恐怖活动发生时方可有效落实救援和抢险职责,保障广大群众的人身及财产安全。

3. 加强防恐宣传教育

政府应加强防恐宣传教育,一方面,利用广播、电视、网络等现代科技传播手段,加强日常演练,全面强化民众应急自救互救能力,从而实现即使发生公共安全危机,也能把社会尤其是民众生命损失降至最低。另一方面,民众训练有素,方能在危机第一现场做好应急措施等各方面的工作,达到有效应对公共安全危机的终极目的。因此,政府应该提早做好预防工作,加大宣传防恐知识的力度,让民众充分了解关于反恐的知识,增强民众反恐观念,传授民众自救互救知识和技能,让民众在暴恐活动中能够自我保护并尽可能成功脱险,从而增强民众反恐的信心。同时,政府应该组织心理专业人士对民众进行"减负"辅导,提高民众对恐怖事件的心理承受能力,让民众在面对恐怖事件时能够处变不惊,积极应对。一旦民众的防恐意识得到提高,自然就会参与政府的反恐行动中,而有了民众的支持,政府打击暴恐活动的成功率将会更高。此外,政府要加强反恐宣传和演练。如通过媒体大张旗鼓地宣传党和国家的反恐政策和法律,开展防恐防暴演练,拓宽民众参与反恐维稳渠道。

五、恐怖袭击的应急知识与技能

1. 如何识别恐怖袭击嫌疑人

恐怖袭击犯罪嫌疑人会有一些不同寻常的举止行为:(1)生活作息异常。长期昼伏夜出,生活习性反常。(2)屋内异常。居住房屋内有异常声响、气味。(3)垃圾异常。常出现非生活垃圾。(4)交往复杂、异常。(5)物品异常。常携带异常物品出入。以上异常行为应引起警惕,发现后应及时报警、举报。

此外,恐怖袭击嫌疑人往往有以下特点:(1)神情异常。神情恐慌,说话支支吾吾,东张西望。(2)着装异常。穿着打扮、随身物品与其身份明显不符或与季节不协调。(3)谎称熟人、刻意接近有关人员。(4)言语蛮横或暴力拒绝检查。(5)频繁进出人流密集的大型场所。(6)反复在警戒区周边出现等。

2. 如何正确报警

在涉恐报警时需要注意:(1)情绪稳定、保持冷静,切忌因不安和恐慌影响自己作出正确判断；(2) 事先判断自身是否遭遇险境，若存在潜在威胁，应在第一时间做好个人防护，如及时撤离危险区或寻找附近的躲避场所；(3) 向有关人员报告最关键的内容，包括地点、时间、发生什么事件、后果等。

3. 应对公共场所遭遇恐怖袭击

在公共场所遭遇恐怖袭击时应当做到：(1) 及时躲避。在人流密集的公共场所遇到恐怖袭击事件时，应尽快寻找合适的隐蔽点或寻找紧急出口；来不及撤离的，应做好个人防护和隐蔽，以等候专业人员的救援。(2) 及时报警。拨打110向警方求助。(3) 自救与互救。(4) 协助调查。向警方等提供必要的案情信息，协助其早日完成调查。

第五节 涉外突发事件及其应急知识与技能

一、"5·13"越南撤侨事件

由于历史争议及领土争端等问题，中国与越南之间的摩擦时有发生，仅2011年6月至8月，越南国内就至少发生了近10起反华游行事件。其中，最为严重的暴力事件为2014年5月13日爆发的暴力打砸中资企业事件，该事件对中国在越侨民的生命财产构成严重威胁，也给中国与越南的外交关系蒙上阴影。

1. 事件经过

2014年5月13日，越南爆发了过去30年来最为严重的反华事件。触发事件的直接原因是，越南以中国侵略其领土为由，对中国企业"海洋石油981"钻井平台在西沙群岛周边进行的油气勘探工作进行干扰和阻挠。在越南国内反华情绪高涨的大背景下，5月11日，越南南部爆发大规模反华游行示威，相当数量的暴民和别有用心者混迹其中，名为抗议中国实为暴力抢劫。在越南政府的纵容下，5月13日，示威活动开始扭曲演变，形成恶性暴力反华骚乱，暴徒高喊反华口号，打砸抢掠、纵火焚烧数十家中资企业，造成中国在越公民2人死亡、300多人受伤，多家中资企业以及日韩等国企业受到严重破坏。①

在5月13日发生的反华事件中，越南政府存在恶意纵容导致情况恶化的行为。有鉴于此，中国于5月18日开始启动相关应急响应机制。中国外交部发言

---

① 参见《5·13越南打砸中资企业事件》，https://baike.so.com/doc/7376353-7644579.html，2020年8月20日访问。

人洪磊表示:"自今年5月13日起,越南多地发生打砸抢烧外国企业的严重暴力事件,造成中国公民伤亡和财产损失,破坏了中越交流与合作的气氛和条件。为此,中方从即日起已提升中国公民赴越旅游安全提示级别,调整为'暂勿前往',并暂停部分双边交往计划。中方将视形势发展,研究采取进一步措施。"与此同时,中国驻越使馆发表公告,明确提醒在越人员做好自身的安全防护,尽量不要外出等。

5月17日凌晨4时许,中国政府派出国内最大的医疗专机金鹿航空救援到达越南,对16名伤势较为严重的中国在越公民进行治疗并将其运回国内。中国跨部门工作组也迅速赶赴越南河静省医院看望在本次恶性事件中无辜遇袭而受伤的在越中国公民,并慰问和鼓励中冶台塑钢厂项目基地中受到暴乱影响的中国工人。5月18日凌晨5时许,时任四川省常务副省长钟勉亲自抵达机场,向回国人员表示亲切慰问。同日16时许,由中国政府组织的2架南航包机自越南

图4-8 越南撤侨事件图片①

---

① 参见《祖国母亲接你回家!天朝最近的几次撤侨行动!》,https://m.tiexue.net/touch/thread_8724788_1.html?classid=1800&contentid=5774589,2020年8月20日访问。

飞抵成都,顺利接回本次暴力事件中受伤人员百余人,同时随行的有中冶集团等企业员工290多人。5月19日,交通运输部门调动"五指山"号轮船到达越南河静省永安港,并且另调"南海救199"号前往相关海域待命,空中则有直升机B-7136在三亚待命。此外,中国海上搜救中心、海南省海事局等有关部门在本次援救中24小时对一线船舶加以动态跟踪和关注,确保船舶航行以及随行人员的安全。5月20日16时许,载有873名在越中国公民的"紫荆12"号客轮平安抵达海口市秀英港,加上此前抵达的"五指山"号、"铜鼓岭"号和"白石岭"号客轮,中国政府派出的四艘客轮共接返3553名中方在越人员。至此,除去部分必要的留守人员外,在本次恶性暴力事件中受影响的3860名中国企业员工全部顺利返回国内。

2. 事件后续

在越南发生暴力打砸事件后,中国政府有关部门密切关注此事,并通过外交渠道发出严厉警告,要求越南政府尽快赔偿在事件中受伤的中国公民和中资企业,并且在此后进一步加强对于中国在越公民的生命财产安全的保护。在社会各界舆论的不断敦促和谴责之下,越南政府迫于形势对中国在越企业在本次事件中遭受的损失予以补偿,对中方在越人员的不幸遭遇表示道歉并加以赔偿。在中国有关方面的严厉警告和不断敦促下,本次越南暴力反华事件已得到越南政府的回应,中国的撤侨行动也已取得令人欣慰的效果。越南政府企图利用这次骚乱向中国施压,迫使中国在相关领土争端中让步的阴谋终被彻底粉碎。

二、涉外突发事件及其应急知识与技能

从上述涉外案例中可以看出,华侨华人和中国公民侨居所在国的政治经济形势、文化差异、自然环境、流行病等因素均可能导致涉外突发事件。如果华侨华人与所在国当地居民的利益冲突不能尽早得到协调化解,则可能发生悲剧甚至可能演变为影响国家间关系的重要不确定因素。因此,在涉外突发事件的应急处置上,必须加强与相关国家和国际组织的合作,同时强化相关人员对于涉外突发事件及其相关的应急知识和技能的认知:

第一,从涉外突发事件的性质来看,由于该类突发事件与国外相关,存在风险高、敏感度高、难以管辖等特点,因此需要加快对于涉外应急这一领域的合法性与合理性探究。作为负责任的大国,中国应努力建立并完善涉外预警机制,在事件中积极开展营救和在事件发生后进行救济。此外,涉外紧急情况不一定会

导致外交或政治事件,而是更多地考验我们政府的公共服务水平,尤其是在提供国际公共服务方面。从现实的角度来看,我国政府对于外交事务方面的管理应有更为深刻的认识。

第二,从我国对于涉外突发事件的管理主体来看,涉外紧急事件的特殊性往往不能及时有效地体现在管理过程中,在实际处理涉外紧急情况时往往会形成覆盖多个部门的大范围应急管理的状况。因此,外交部门应尽可能处置具有广泛影响力的涉外紧急事件,由地方应急部门则管理、应对国际化程度不高的紧急事件。同时,我国应注重涉外事务的日常管理,并应设立专门的职能部门,对现有服务和管理体系的有效性进行测试。这样,一旦发生涉外紧急情况,则可通过现有指标等迅速判断事件的性质和走向,并可以根据事件的严重程度进行相应的紧急处理。

第三,从涉外突发事件的处理方式看,我国的海外军事营救工作应遵循最低限度原则和善意程序。我国《国防法》已经阐明了基于国家的主权、统一、领土完整和安全进行的军事活动的合法性。据此,在国外进行军事救援任务时,应遵守"国民保护原则"和"非战斗撤离工作"的内在要求和精神。在事件发生国不愿或不能保证我国公民的人身安全的前提下,我国可依法按规定采取相应的紧急军事保护行动。一旦实现保护我国公民的目标,即应迅速撤出军事力量,并且不得干涉其他国家的主权或领土完整。

鉴于部分涉外事件固有的不透明性,以及随之引发的社会公众对于政府有关部门的质疑等,我国政府的相关主管机构不应回避这类国家间的差异问题,而是应当依法处理并及时向社会公布结果。此外,现阶段我国外交部门应当完善并升级海外华侨华人的相关个人资料、档案数据库等,并且与海关出入境管理部门、公安部门、驻外使领馆等有关单位进行合作与信息共享,同时应当鼓励我国海外侨民自愿进行登记,从而便于我国政府为其提供更好的生命和财产安全的庇护。

第四,从国际化的趋势看,中国可以参考和借鉴国外的做法,大力培养和利用民间组织(如在当地的华侨社区等),鼓励它们积极有效地参与到涉外紧急情况的应急管理事务中去,切实在民间加强同广大民众的合作联系。在涉外重大突发事件中,有关部门应重视并充分利用这些境外机构和企业,一方面可以减少相关政府部门的工作量,另一方面可以有效提高涉外应急响应的工作效率。因此,我国应借鉴国际社会危机管理的经验模式,充分利用非政府组织、慈善机构和社区机构等深入民心的影响力,尝试以非正式的方式处理涉外紧急情况。换句话说,将建立健全跨部门的涉外紧急事件应急体系并将其与国际安全合作机制相结合,整合我国国内和海外的应急力量和民间资源,最终形成由中央政府领导的、其他机构和组织部门协同参与的涉外应急联动机制。

第五,从风险预警的角度看,我国有关部门应切实提高对涉外突发事件风险防范的认识,从而实现在日常应对中增强防范和处置的能力。作为世界第二大经济体和最大的发展中国家,我国的海外投资必将继续扩大,无论是政府部门、企业还是个人,在访问海外地区时都必须增强风险意识并采取良好的风险防范措施。外交部、使领馆等部门应向我国在海外的公民及相关企业单位提供当地最新信息资源以及相关的安全和风险预警信息。同时,各涉外管理部门应构建并完善自身的风险预警和实时监测机制。此外,我国政府应大力完善预警信息发布的渠道,让更多的受众获取相关的重要信息资源。这需要有关部门提高信息的传播效率。目前,我国外交部等涉外部门一般通过其官方网站或是新闻发布会等向海内外中国公民发布海外各地区和国家的安全信息,向广大侨民传递安全知识并提醒他们注意人身和财产安全。例如,外交部于 2011 年 11 月开通中国领事服务网,为出境中国公民和机构提供"一站式"海外安全信息和领事服务。其中,"中国公民出国"和"中国公民在海外"等相关安全防范栏目,已覆盖了 190 多个国家与城市。今后,有关部门的安全服务和信息资源的提供可进一步扩大受众群体,为海内外中国公民提供 24 小时涉外保护与服务热线应答。同时,可借助互联网、海外安全短信平台、电视、广播、当地侨社、电话、传真等渠道和形式提供领事保护信息。

与此同时,作为在海外的侨民和机构,毫无疑问会受到所在地涉外突发事件的最直接、最深刻的影响。因此,在应急处理方面应做到:

1. 了解所在国家和地区的相关安全信息

企业在选择海外投资地点时要坚持"不评估不立项"的谨慎原则,唯有明确所在国、所在城市和地区的当前形势和安全状况,以及明确自身的安全防范、应急水平的前提下,方能考虑海外投资事宜。我国公民侨居海外也应当时刻注重个体和家庭的防护工作,务必常常关注并留意政府有关部门和涉外专业人士发布的相关安全预警信息,从而做到心中有数、有备无患,并落实自身和家人的生命财产保护措施。此外,世界各国的文化风俗各异,因此我国公民侨居海外应首先充分了解当地的法律法规和风俗,避免因此产生剧烈的、不必要的冲突。同时,应及时关注所在国的新闻媒体、广播、通信、报刊等提供的资讯,熟悉周边的地理和人文环境,从整体上提高自身安全防范和涉外应急管理的意识、技能。

2. 完善相关登记,提高应急响应效率

原则上,我国驻外使领馆是第一保护责任主体,境外公民一旦安全遭受威胁,应在第一时间与相关使领馆联系和沟通。因此,境外公民和企业应主动完善相关信息,从而为与本国政府的应急协调沟通奠定基础。当前,我国外交部领事司虽然已推出"出国及海外中国公民自愿登记"系统,但由于海外侨民往往不愿自觉进行相关必要信息的登记,因此情况并不乐观。事实上,我国有关涉外管理部门更多是主动收集海外侨民和企业的所在地点、工作(经营)情况等基本信息,从而实现对于该类信息的整合和维护工作,以便在必要时可以及时有效地提供有针对性的救助服务。当前,有关涉外部门仍应采取行动积极落实登记制度,同时应为出境人员提供较为便捷的登记手续。

3. 寻求驻外使领馆的帮助

2004年,经国务院批准,由外交部牵头、国务院其他部门参加的境外中国公民和机构安全保护工作部际联席会议制度成立,统一指挥、协调境外涉中国公民和企业的重大领事保护事件的处置工作,以加快重大危机事件的外交解决程序,提高工作效率。如果发生境外涉中国公民的安全事件,则会立即启动相应的应急机制。此外,经过不断探索和实践,截至2011年我国已基本建立中央、地方、驻外使领馆和企业"四位一体"的境外安全保护工作联动机制,境外公民和企业应急救援协调机制得到进一步完善。

4. 积极寻求境外民间组织的帮助

涉外突发事件爆发后,当事人(受害者)应尽快寻求境外民间力量的协助。社会组织等民间应急管理力量投入境外公民和企业保护工作,能在很大程度上解决我国当前涉外保护资源无法满足实际需要的局面,也能很好地化解诸如人手不足、对当地情况不够了解等常见难题。此外,境外的中国侨团、行业商会、乡亲会等组织扎根并发端于民间,具有通过不同渠道获取信息能力的优势,在涉外突发事件发生后可迅速发挥本土社会资源的预警及协助作用。

5. 积极寻求驻外志愿者的帮助

近些年来,我国驻外使领馆充分利用当地资源开展领事保护与协助工作,建立并逐步完善具有我国特色的领事协助志愿者制度。自该制度建立至今,已有数千名涉外志愿者协助驻外使领馆开展领事保护工作。因此,如遭遇涉外突发事件，境外公民和企业应充分利用这一资源，加强对自身生命财产安全的保护。

　　涉外应急管理能力是国家治理能力的重要方面，尤其是进入 21 世纪后，我国公民和企业逐步走向广阔的世界舞台并发出自己的声音，推动我国对外开放程度不断加深，与世界各国的联系也随之更为紧密。正因如此，我国境外居民和相关企业遭遇各种涉外突发事件的可能性较以往更大，相关人员受到的影响也将更为深刻，因此也就更需要我国政府切实有效地完善并提高涉外应急管理能力建设，以有效维护涉外事件中广大公民和企业的人身、财产安全。

主要参考文献

[1] 范维澄、闪淳昌等:《公共安全与应急管理》,科学出版社 2017 年版。

[2] 黄典剑、李文庆主编:《现代事故应急管理》,冶金工业出版社 2009 年版。

[3] 孔令栋、马奔主编:《突发公共事件应急管理》,山东大学出版社 2011 年版。

[4] 〔美〕劳伦斯·巴顿:《组织危机管理》(第 2 版),符彩霞译,清华大学出版社 2002 年版。

[5] 刘钧:《风险管理概论》(第二版),清华大学出版社 2008 年版。

[6] 刘霞、向良云:《公共危机治理》,上海交通大学出版社 2010 年版。

[7] 〔美〕罗伯特·希斯:《危机管理》,王成等译,中信出版社 2004 年版。

[8] 〔美〕迈克尔·K. 林德尔(Michael K. Lindell)等:《公共危机与应急管理概论》,王宏伟译,中国人民大学出版社 2016 年版。

[9] 〔英〕迈克尔·里杰斯特:《危机公关》,陈向阳、陈宁译,复旦大学出版社 1995 年版。

[10] 莫利拉、李燕凌:《公共危机管理:农村社会突发事件预警、应急与责任机制研究》,人民出版社 2007 年版。

[11] 〔美〕诺曼·R. 奥古斯丁等:《危机管理》,北京新华信商风险管理有限责任公司译校,中国人民大学出版社 2004 年版。

[12] 裘江南、王雪华等:《突发事件应急知识管理的模型与方法》,科学出版社 2016 年版。

[13] 闪淳昌、薛澜主编:《应急管理概论——理论与实践》,高等教育出版社 2012 年版。

[14] 谭力文主编:《风险防范》,民主与建设出版社 2001 年版。

[15] 唐钧:《政府风险管理:风险社会中的应急管理升级与社会治理转型》,中国人民大学出版社 2015 年版。

[16] 童星等:《中国应急管理:理论、实践、政策》,社会科学文献出版社 2012

年版。

[17] 王宏伟编著:《公共危机与应急管理:原理与案例》,中国人民大学出版社 2015 年版。

[18] 俞可平主编:《治理与善治》,社会科学文献出版社 2000 年版。

[19] 张成福等:《公共危机管理:理论与实务》,中国人民大学出版社 2009 年版。

[20] 张永理、李程伟主编:《公共危机管理》,武汉大学出版社 2010 年版。

[21] 赵麟斌主编:《危机公关》,北京大学出版社 2010 年版。

[22] 赵永茂等主编:《公共行政、灾害防救与危机管理》,社会科学文献出版社 2011 年版。

[23] 钟开斌:《风险治理与政府应急管理流程优化》,北京大学出版社 2011 年版。

[24] 周晓丽:《灾害性公共危机治理:基于体制、机制和法制的视界》,社会科学文献出版社 2008 年版。

后 记

本书内容涵盖自然灾害、事故灾难、公共卫生事件、社会安全事件等方面的应急知识与技能，涉及范围广，内容较丰富。本书是多学科知识的交叉，既有管理学方面的理论知识，又涉及心理学、社会学、信息技术等，并将理论指导与实际案例分析相融合。本书有助于提高社会公众的安全意识和应急处理能力，减少突发事件造成的损失，从而在整体上提高社会应急管理水平。

在本书编写过程中，国内外学者对应急知识与技能的研究成果使我们受益匪浅，在此对他们表示深深的谢意。同时，特别感谢上海工程技术大学杨慧舜老师，上海视觉艺术学院李雅琼老师，华东政法大学公共安全管理专业花银叶、徐佳慧、叶丽荣、赖天等研究生，他们对本书的资料搜集、整理与编撰做了大量工作。在具体分工上，汪伟全负责全书统稿和第四章"社会安全事件及其应急知识与技能"；杨慧舜负责第一章"自然灾害及其应急知识与技能"；李雅琼负责第二章"事故灾难及其应急知识与技能"；赖天负责第三章"突发公共卫生事件及其应急知识与技能"。

最后，特别感谢华东政法大学教务处的资助，让本书得以顺利出版。感谢北京大学出版社的工作人员为本书的出版所付出的辛勤劳动。

汪伟全

2020 年 10 月 5 日

于华东政法大学集英楼